awk & sed

Helmut Herold

awk & sed

Die Profitools zur
Dateibearbeitung und -editierung

3., überarbeitete Auflage

An imprint of Pearson Education

München • Boston • San Francisco • Harlow, England
Don Mills, Ontario • Sydney • Mexico City
Madrid • Amsterdam

Bibliografische Information Der Deutschen Bibliothek

Die Deutsche Bibliothek verzeichnet diese Publikation in der Deutschen Nationalbibliografie;
detaillierte bibliografische Daten sind im Internet über <http://dnb.ddb.de> abrufbar.

Umwelthinweis:
Dieses Produkt wurde auf chlorfrei gebleichtem Papier gedruckt.

5 4 3 2 1

05 04 03

ISBN 3-8273-2094-1

3., überarbeitete Auflage
ein Imprint der Pearson Education Deutschland GmbH,
Martin-Kollar-Straße 10–12, D-81829 München/Germany

Einbandgestaltung: Marco Lindenbeck, mlindenbeck@webwo.de
Lektorat: Sylvia Hasselbach, shasselbach@peason.de
Herstellung: Philipp Burkart, pburkart@pearson.de
Satz: reemers publishing services gmbh, Krefeld, www.reemers.de
Druck und Verarbeitung: Media Print, Paderborn
Printed in Germany

Inhaltsverzeichnis

1 Einleitung

Ursachen erkennen, das eben ist Denken,
und dadurch allein werden Empfindungen zu Erkenntnissen und
gehen nicht verloren, sondern werden wesenhaft und beginnen auszustrahlen.

aus Siddhartha, Hesse

Dieses Buch stellt die mächtigen Linux-Unix-Werkzeuge **awk** und **sed** vor, die jeder (ob nun normaler Benutzer, Softwareentwickler oder Administrator), der mit diesen Systemen arbeitet, beherrschen sollte.

Dieses Buch gliedert sich in zwei Teile:

Kapitel 2 dieses Buch stellt dabei die vielseitige und leistungsfähige Sprache **awk** vor. **awk** eignet sich hervorragend dazu, die tagtäglich anfallenden Analysen und Manipulationen von Daten leicht und elegant durchführen zu lassen. Mit **awk** lassen sich – ähnlich zum UNIX-Kommando **egrep** – Dateien nach bestimmten vorgegebenen regulären Ausdrücken durchsuchen.

Anders als bei **egrep** können allerdings zu den regulären Ausdrücken auch Aktionen angegeben werden, die auszuführen sind, wenn eine Zeile gefunden wird, die durch den entsprechenden regulären Ausdruck abgedeckt wird.

Typische Aktionen sind z.B. das Extrahieren bestimmter Felder solcher Zeilen oder das Ersetzen von gefundenem Text durch einen anderen. Die Syntax von **awk** ist sehr stark an die der Programmiersprache C angelehnt. Allerdings nimmt **awk** – im Gegensatz zu C – gerade bei der Verarbeitung von Texten dem Programmierer sehr viel Arbeit ab. Dieser Komfort muss allerdings mit einer geminderten Verarbeitungsgeschwindigkeit bezahlt werden.

Trotz dieses kleinen Nachteils wird **awk** sehr oft in der praktischen SW-Entwicklung als Prototypingtool eingesetzt. Bei der Vorstellung von **awk** wird hier folgendermaßen vorgegangen:

- Ein **awk-Schnellkursus** stellt zunächst die wesentlichen Elemente von **awk** vor und vermittelt so dem Leser auf wenigen Seiten einen Überblick zu diesem mächtigen Programmierwerkzeug.
- Die nachfolgende **vollständige Beschreibung von awk** macht den Leser unter Einbeziehung zahlreicher Beispiele systematisch mit der **awk**-Sprache vertraut.

- Umfangreiche **awk-Anwendungsbeispiele** zeigen dem Leser nicht nur die Vielseitigkeit von **awk**, sondern stellen auch andere nützliche Konzepte der Informatik (wie z.B. Datenbank-Operationen oder topologisches Sortieren) vor.

Kapitel 3 stellt den Stream-Editor **sed** vor. **sed** ist – im Gegensatz zu anderen UNIX-Editoren wie z.B. **ed**, **vi** und **ex** – ein *nicht-interaktiver Editor*, der die Editieranweisungen entweder aus einer Datei oder von der Kommandozeile liest. **sed** wird meist für systematische und sich wiederholende Textmanipulationen verwendet. So wird **sed** häufig in Shellskripts aufgerufen, um Texte aus Dateien zu extrahieren oder an Dateien bestimmte Modifikationen, wie z.B. das Entfernen aller Leerzeilen, vorzunehmen.

Bei der Vorstellung von **sed** wird wie folgt vorgegangen:

- Zunächst werden die **Aufrufmöglichkeiten von sed** gezeigt.
- Die nachfolgende **vollständige Beschreibung von sed** vermittelt anhand zahlreicher Beispiele dessen Handhabung.
- Die abschließenden **sed-Anwendungsbeispiele** zeigen schließlich den Einsatz von **sed** beim tagtäglichen Arbeiten mit UNIX (wie z.B. einen History-Mechanismus für die Bourne-Shell) oder innerhalb des SW-Entwicklungsprozesses (wie z.B. die automatische Erstellung einer Cross-Reference-Liste für C-Module).

Im Anhang wird eine Übersicht zu den bei den entsprechenden Werkzeugen und Kommandos zugelassenen regulären Ausdrücken gegeben.

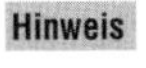

Alle wichtigen Programmbeispiele befinden sich als gezippte tar-Datei **proftool.tgz** auf der WWW-Seite http://www.addison-wesley.de/service/herold/ und können heruntergeladen werden.

2 awk – Eine Programmiersprache zur Verarbeitung und Analyse von Daten

Ein Mann, der recht zu wirken denkt,
muss auf das beste Werkzeug halten.

Goethe

Geschichte und awk-Versionen

Der seltsame Name *awk* setzt sich aus den Anfangsbuchstaben seiner Schöpfer zusammen: Alfred V. **A**ho, Peter J. **W**einberger, Brian W. **K**ernighan.

Die erste awk-Version wurde 1977 entwickelt und 1985 durch eine verbesserte Version abgelöst. Diese neue Version wird hier beschrieben. Auf den früheren UNIX System V Realisierungen hatte die alte awk-Version den Programmnamen *awk* und die neue den Namen *nawk*. Ab System V Release 3.1 hat dann die alte Version den Namen *oawk* und das Programm *awk* stellt die neue awk-Version zur Verfügung.

Ziele

Die drei Entwickler setzten sich als Entwurfsziel, ein einfaches und mächtiges Programmierwerkzeug zu schaffen, mit dem die tagtäglich anfallenden Analysen und Manipulationen von Daten leicht und elegant durchgeführt werden können.

Mit diesem Ziel vor Augen schufen sie eine vielseitige und leistungsfähige Sprache, die unter den UNIX-Dienstprogrammen ihresgleichen sucht.

Charakteristika

Mit awk lassen sich eine oder mehrere Dateien nach bestimmten Textmustern untersuchen. Werden diese Textmuster gefunden, kann man bestimmte Aktionen veranlassen, wie etwa den gefundenen Text durch einen anderen ersetzen.

Die Syntax von awk ist in sehr vielem der Programmiersprache C verwandt, was nicht verwundert, da mit Brian W. Kernighan einer der Väter von C an der Entwicklung von awk beteiligt war.

awk-Programme sind üblicherweise sehr kurz, häufig nur eine oder zwei Zeilen, aber auch komplexe Probleme und Programmieraufgaben lassen sich mit dieser Sprache lösen.

Einsatzgebiete

Neben dem alltäglichen Einsatz beim Bearbeiten von Datenbeständen eignet sich awk auch sehr gut zum *Prototyping*. Hierbei wird ein Programm zunächst in awk entworfen und ausgetestet, um zum einen schrittweise komplexe Probleme anzugehen und zum anderem den gefundenen Algorithmus schnell auf Realisierbarkeit, Komplexität usw. hin untersuchen zu können. Die endgültige Realisierung wird dann in einer anderen Sprache vorgenommen.

Zum Beispiel wurden bereits Compiler in awk realisiert. Obwohl deren Verarbeitungsgeschwindigkeit sehr langsam war, benötigte man nur ein Drittel der Entwicklungszeit, die es gebraucht hätte, um diese Aufgabe in C zu lösen. Man verfügte also schon sehr früh über eine Prototypversion des Compilers, den man bereits testen und analysieren konnte, während er schrittweise in C umgeschrieben wurde, um seine Verarbeitungsgeschwindigkeit zu erhöhen.

Inzwischen werden auch Programme wie **awkcc** oder **a2p** angeboten, die awk-Skripts in C-Programme bzw. in Perl-Skripts umformen.

2.1 awk-Schnellkursus

In diesem Kapitel wird ein kurzer Überblick über die wesentlichen Konstrukte von awk gegeben, um dem Leser so auf wenigen Seiten bereits zu Beginn einen Einblick in das mächtige Tool awk zu vermitteln.

2.1.1 Einfaches Beispiel

Man habe z.B. eine Datei *bundliga*, die die Ergebnisse des letzten Bundesliga-Spieltags in der folgenden Form enthält:

```
Muenchen - Nuernberg                    3 : 2     34000 Zuschauer
Kaiserslautern - Moenchengladbach       2 : 1     28260 Zuschauer
Uerdingen - Homburg                     3 : 0     10000 Zuschauer
St.Pauli - Bremen                       0 : 0     20600 Zuschauer
Leverkusen - Dortmund                   1 : 0     22000 Zuschauer
Stuttgart - Karlruhe                    2 : 0     34000 Zuschauer
Bochum - Koeln                          0 : 1     21000 Zuschauer
Frankfurt - Waldhof                     3 : 1     20000 Zuschauer
Duesseldorf - HSV                       1 : 1     35000 Zuschauer
```

Es sind nun alle Heim-Mannschaften aufzulisten, die gewonnen haben. Dies kann mit folgendem Kommando erreicht werden:

```
awk  '$4 > $6  { print $1 }'  bundliga
      Pattern    aktion        zu verarbeitende Datei
```

Die obige Kommandozeile bewirkt, dass awk mit dem vom Benutzer geschriebenen Programm (in ' ' angegeben) aufgerufen wird. Die dabei zu verarbeitenden Daten werden aus der Datei *bundliga* genommen.

Die in ' ' angegebenen Zeichen stellen das vollständige awk-Programm dar:

- Das Pattern `$4 > $6` trifft auf alle Zeilen zu, in welchen der Wert des 4. Feldes (4. Spalte) größer als der Wert des 6. Feldes (6. Spalte) ist. Ein *pattern* ist eine Mustervorgabe.
- Die Aktion `{ print $1 }` veranlaßt dann das Drucken des 1. Feldes (1. Spalte).

Man erhält folgende Ausgabe:

```
Muenchen
Kaiserslautern
Uerdingen
Leverkusen
Stuttgart
Frankfurt
```

Wenn z.B. alle Paarungen auszugeben sind, die mit einem Unentschieden endeten, so kann folgende Kommandozeile angegeben werden:

```
awk  '$4 == $6  { print $1, "-", $3, $4 ":" $6 }'  bundliga
```

Hierfür ergibt sich folgende Ausgabe:

```
St.Pauli - Bremen 0:0
Duesseldorf - HSV 1:1
```

2.1.2 Struktur eines awk-Programms

Jedes awk-Programm in diesem Einführungskapitel ist eine Folge von

pattern { aktion }

Ein solches awk-Programm tastet die vorgegebenen Daten Zeile für Zeile ab und sucht nach Zeilen, für die die in Pattern (Muster) vorgegebene Bedingung erfüllt ist. Für jede Zeile, bei welcher die Muster-Überprüfung erfolgreich ist, wird die zugehörige *aktion*[1] ausgeführt, die immer in { .. } anzugeben ist.

Allerdings ist es auch möglich, entweder *pattern* oder *{aktion}*, aber nicht beide in einer awk-Anweisung wegzulassen.

Wenn ein Pattern ohne *{aktion}* angegeben ist, wie z.B. in

```
awk '$4 > 2' bundliga
```

dann wird jede Zeile, auf die das *pattern* zutrifft, vollständig ausgegeben:

1. kann sich auch aus mehreren Teilaktionen zusammensetzen.

```
Muenchen - Nuernberg                               3 : 2     34000 Zuschauer
Uerdingen - Homburg                                3 : 0     10000 Zuschauer
Frankfurt - Waldhof                                3 : 1     20000 Zuschauer
```

Wenn eine Aktion ohne *pattern* angegeben ist, wie z.B. in

```
awk '{ print $1 " schiesst zuhause " $4 " Tore" }' bundliga
```

dann wird diese Aktion für jede Zeile ausgeführt:

```
Muenchen schiesst zuhause 3 Tore
Kaiserslautern schiesst zuhause 2 Tore
Uerdingen schiesst zuhause 3 Tore
St.Pauli schiesst zuhause 0 Tore
Leverkusen schiesst zuhause 1 Tore
Stuttgart schiesst zuhause 2 Tore
Bochum schiesst zuhause 0 Tore
Frankfurt schiesst zuhause 3 Tore
Duesseldorf schiesst zuhause 1 Tore
```

2.1.3 Aufrufsyntax eines awk-Programms

Ein awk-Programm kann auf vier verschiedene Arten aufgerufen werden:

awk *'awk-programm' eingabedatei(en)*

Das angegebene Programm verarbeitet alle *eingabedatei(en)*.

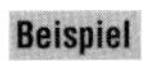

```
awk  '$6 > $4'  bundlig1  bundlig2
```

gibt alle Spielergebnisse aus der 1. und 2. Bundesliga (aus den beiden Dateien *bundlig1* und *bundlig2*) aus, bei denen die Auswärtsmannschaft gewonnen hat.

awk *'awk-programm'*

Sind keine *eingabedatei(en)* angegeben, verarbeitet das Programm alle nachfolgenden Bildschirmeingaben (bis EOF[1]).

Beispiel

```
$ awk  '$1 > 0 { print $1, ";mit MWST: " $1*1.16 }'↵
123↵
123 ;mit MWST: 142.68
-903↵
4711↵
4711 ;mit MWST: 5464.76
Strg-D
$
```

1. *Strg-D* unter UNIX.

Für jede eingegebene positive Zahl wird die entsprechende Zahl ohne und mit Mehrwertsteuer (16% angenommen) ausgegeben.

awk -f *programmdatei*

Hier wird das awk-Programm nicht direkt auf der Kommandozeile angegeben, sondern ist in einer *programmdatei* gespeichert. Diese Form des Aufrufs ist bei längeren awk-Programmen von Vorteil. In diesem Fall würden die Daten wieder von der Standardeingabe gelesen.

Beispiel

```
$ cat mwst.awk[↵]
$1 > 0 { print $1, ";mit MWST: " $1*1.16 }
$ awk -f mwst.awk[↵]
123[↵]
123 ;mit MWST: 142.68
-903[↵]
4711[↵]
4711 ;mit MWST: 5464.76
Strg-D
$
```

awk -f *programmdatei eingabedatei(en)*

Hier wird das awk-Programm nicht direkt auf der Kommandozeile angegeben, sondern ist in einer *programmdatei* gespeichert. Diese Form des Aufrufs ist bei längeren awk-Programmen von Vorteil. In diesem Fall werden die Daten aus den *eingabedatei(en)* verarbeitet.

Beispiel

```
$ cat mwst.awk[↵]
$1 > 0 { print $1, ";mit MWST: " $1*1.16 }
$ cat betraege[↵]
123
-903
4711
$ awk -f mwst.awk  betraege[↵]
123 ;mit MWST: 142.68
4711 ;mit MWST: 5464.76
$
```

Die Verwendung von einfachen Hochkommas (in den ersten beiden der obigen Aufrufformen) ist erforderlich, um Zeichen, die für die Shell eine Sonderbedeutung haben, vor verfrühter Interpretation zu schützen.

Der Name für eine Programmdatei (in den letzten beiden der obigen Aufrufformen) ist frei wählbar. Um jedoch awk-Programme auf den ersten Blick von anderen Dateien unterscheiden zu können, ist es empfehlenswert, Namen von awk-Programmdateien mit »`.awk`« enden zu lassen.

Beispiel Um den folgenden Aufruf

```
cat *.c
```

mit einem awk-Aufruf nachzubilden, muss folgende Kommandozeile eingegeben werden:

```
awk '{ print }' *.c
```

2.1.4 Einfache Ausgabe

Jede Zeile ausgeben

```
{ print }    oder    { print $0 }
```

$0 entspricht der ganzen Zeile. In den obigen Beispielen wurde kein Pattern vorgegeben, so dass die entsprechende Aktion auf jede Zeile angewendet wird.

Nur bestimmte Felder ausgeben

```
{ print $1, $3, $4 $5 $6 }
```

Mit *bundliga* als Eingabedatei wird folgendes ausgegeben:

```
Muenchen Nuernberg 3:2
Kaiserslautern Moenchengladbach 2:1
Uerdingen Homburg 3:0
St.Pauli Bremen 0:0
Leverkusen Dortmund 1:0
Stuttgart Karlruhe 2:0
Bochum Koeln 0:1
Frankfurt Waldhof 3:1
Duesseldorf HSV 1:1
```

Ausdrücke, die in einer **print**-Anweisung durch ein Komma getrennt sind, werden durch ein Leerzeichen voneinander getrennt ausgegeben.

Text ausgeben

```
$6 > $4  { print $3 " gewinnt in " $1 }
```

Wenn einfacher Text auszugeben ist, so muss dieser mit ".. " geklammert werden. Mit *bundliga* als Eingabedatei wird

```
Koeln gewinnt in Bochum
```

ausgegeben.

NF – Die Anzahl von Feldern

```
{ print NF, $1, $(NF-1), $NF }
```

awk zählt die Felder einer Zeile und legt die Anzahl in der Builtin-Variablen **NF** ab. **$** kann im Zusammenhang mit jedem möglichen Ausdruck angegeben werden. Im Beispiel »Bundesliga« würde eine Zeile aus 8 Feldern bestehen, so dass **$NF** in **$8** und **$(NF-1)** in **$7** resultieren würde. Somit ergibt sich folgende Ausgabe für *bundliga*:

```
8 Muenchen 34000 Zuschauer
8 Kaiserslautern 28260 Zuschauer
8 Uerdingen 10000 Zuschauer
8 St.Pauli 20600 Zuschauer
8 Leverkusen 22000 Zuschauer
8 Stuttgart 34000 Zuschauer
8 Bochum 21000 Zuschauer
8 Frankfurt 20000 Zuschauer
8 Duesseldorf 35000 Zuschauer
```

NR – Die aktuelle Zeilennummer

```
{ print "Spiel", NR, $1 $2 $3 }
```

Eine andere Builtin-Variable ist **NR**, welche die bisher gelesenen Zeilen mitzählt. Somit gibt dieses Programm mit *bundliga* als Eingabedatei folgendes aus:

```
Spiel 1 Muenchen-Nuernberg
Spiel 2 Kaiserslautern-Moenchengladbach
Spiel 3 Uerdingen-Homburg
Spiel 4 St.Pauli-Bremen
Spiel 5 Leverkusen-Dortmund
Spiel 6 Stuttgart-Karlruhe
Spiel 7 Bochum-Koeln
Spiel 8 Frankfurt-Waldhof
Spiel 9 Duesseldorf-HSV
```

2.1.5 Formatierte Ausgabe

print ist für die schnelle und einfache Ausgabe ausgelegt. Soll dagegen eine Ausgabe formatiert werden, so ist **printf** (für C-Programmierer keine Neuheit) zu verwenden. Hier werden nun einige der Formatierungsmöglichkeiten angegeben.

Die allgemeine Form der **printf**-Anweisung ist:

printf(*format, wert1, wert2, ..., wertn***)**

format ist als String anzugeben und legt fest, wie die einzelnen Werte (*wert1, wert2, ..., wertn*) auszugeben sind. In *format* können sowohl einfache Zeichen als auch Formatiervorgaben enthalten sein. Die einfachen Zeichen werden unverändert ausgegeben. Die Formatiervorgaben beginnen immer mit % gefolgt von einigen Zeichen, welche die Formatierung für die einzelnen Werte festlegen.

Die erste Formatiervorgabe schreibt vor, wie *wert1* anzugeben ist, die zweite, wie *wert2* auszugeben ist usw. Es müssen also genau soviele Formatiervorgaben in *format* vorhanden sein, wie Werte auszugeben sind.

Beispiel

```
{ printf("%s spielt gegen %s %3d : %2d\n", $1, $3, $4, $6) }
```

format enthält hier 4 Formatiervorgaben:

- erstes **%s** gibt vor, dass **$1** als String auszugeben ist,
- zweites **%s** gibt vor, dass **$3** als String auszugeben ist,
- **%3d** gibt vor, dass **$4** als ganze Zahl in einem 3 Stellen breiten Feld auszugeben ist,
- **%2d** gibt vor, dass **$6** als ganze Zahl in einem 2 Stellen breiten Feld auszugeben ist,
- Der Rest von *format* wird unverändert ausgegeben; **\n** am Ende bedeutet, dass ein Zeilenvorschub nach der Ausgabe durchzuführen ist.

Für das Beispiel »Bundesliga« wird folgendes ausgegeben:

```
Muenchen spielt gegen Nuernberg   3 :  2
Kaiserslautern spielt gegen Moenchengladbach   2 :  1
Uerdingen spielt gegen Homburg   3 :  0
St.Pauli spielt gegen Bremen   0 :  0
Leverkusen spielt gegen Dortmund   1 :  0
Stuttgart spielt gegen Karlruhe   2 :  0
Bochum spielt gegen Koeln   0 :  1
Frankfurt spielt gegen Waldhof   3 :  1
Duesseldorf spielt gegen HSV   1 :  1
```

Beispiel

```
{ printf("%-20s: %6d Zuschauer; %3d Tore gefallen\n", $1, $7, $4+$6)}
```

- **%-20s** gibt vor, dass **$1** linksbündig mit mindestens 20 Stellen auszugeben ist,
- **%6d** gibt vor, dass **$7** als ganze Zahl in einem 6 Stellen breiten Feld auszugeben ist,
- **%3d** gibt vor, dass der Wert aus der Summe von **$4+$6** als ganze Zahl in einem 3 Stellen breiten Feld auszugeben ist.

Für das Beispiel »Bundesliga« wird folgendes ausgegeben:

```
Muenchen            :  34000 Zuschauer;   5 Tore gefallen
Kaiserslautern      :  28260 Zuschauer;   3 Tore gefallen
Uerdingen           :  10000 Zuschauer;   3 Tore gefallen
St.Pauli            :  20600 Zuschauer;   0 Tore gefallen
```

```
Leverkusen          :  22000 Zuschauer;   1 Tore gefallen
Stuttgart           :  34000 Zuschauer;   2 Tore gefallen
Bochum              :  21000 Zuschauer;   1 Tore gefallen
Frankfurt           :  20000 Zuschauer;   4 Tore gefallen
Duesseldorf         :  35000 Zuschauer;   2 Tore gefallen
```

2.1.6 Vergleichsmöglichkeiten im Pattern

Einfache Vergleiche

```
$4 > $6 { print $1 }
```

gibt alle Heimmannschaften aus, die gewonnen haben.

Vergleiche mit Berechnungen

```
$4+$6 > 3 { printf("In %s fielen mehr als 3 Tore\n", $1)}
```

gibt aus:

```
In Muenchen fielen mehr als 3 Tore
In Frankfurt fielen mehr als 3 Tore
```

Text-Vergleiche

```
$1=="Muenchen" { printf("Im Olympiastadion fielen %d Tore\n",$4+$6) }
```

gibt aus:

```
Im Olympiastadion fielen 5 Tore
```

Der Operator == überprüft auf Gleichheit.

Verknüpfen von mehreren Vergleichen

```
$4>$6 && $7>20000 { printf("%s siegt vor mehr als 20000 Zuschauer\n",$1) }
```

gibt aus:

```
Muenchen siegt vor mehr als 20000 Zuschauer
Kaiserslautern siegt vor mehr als 20000 Zuschauer
Leverkusen siegt vor mehr als 20000 Zuschauer
Stuttgart siegt vor mehr als 20000 Zuschauer
```

Im Unterschied dazu gibt

```
$4>$6       { printf("%s siegt; ", $1) }
$7>20000    { printf("mehr als 20000 Zuschauer in %s",$1) }
            { printf("\n") }
```

folgendes aus:

```
Muenchen siegt; mehr als 20000 Zuschauer in Muenchen
Kaiserslautern siegt; mehr als 20000 Zuschauer in Kaiserslautern
Uerdingen siegt;
mehr als 20000 Zuschauer in St.Pauli
Leverkusen siegt; mehr als 20000 Zuschauer in Leverkusen
Stuttgart siegt; mehr als 20000 Zuschauer in Stuttgart
mehr als 20000 Zuschauer in Bochum
Frankfurt siegt;
mehr als 20000 Zuschauer in Duesseldorf
```

Verschiedene Vergleichsmuster können mit Klammern und den logischen Operatoren **&&** (AND), **||** (OR) und **!** (NOT) zu einem Muster verknüpft werden.

2.1.7 BEGIN und END

Die zum Pattern **BEGIN** gehörige *aktion*

BEGIN { *aktion* }

wird einmal ausgeführt, bevor die erste Eingabezeile verarbeitet wird.

Die zum Pattern **END** gehörige *aktion*

END { *aktion* }

wird ausgeführt, nachdem die letzte Eingabezeile verarbeitet wurde.

Das folgende awk-Programm *ergeb.awk*

```
BEGIN { printf("%20s - %-20s | %s\n",
               "Heimmannschaft", "Gastmannschaft", "Ergebnis")

        printf("-------------------------------------------+")
        printf("---------\n")
      }
      { printf("%20s - %-20s | %2d : %2d\n", $1, $3, $4, $6);
      }
END   { printf("-------------------------------------------+")
        printf("---------\n")
      }
```

gibt für den Aufruf

```
awk -f ergeb.awk bundliga
```

folgendes aus:

```
      Heimmannschaft - Gastmannschaft       | Ergebnis
-------------------------------------------+---------
            Muenchen - Nuernberg            |  3 :  2
      Kaiserslautern - Moenchengladbach     |  2 :  1
```

```
          Uerdingen - Homburg                 |  3 :  0
           St.Pauli - Bremen                  |  0 :  0
         Leverkusen - Dortmund                |  1 :  0
          Stuttgart - Karlruhe                |  2 :  0
             Bochum - Koeln                   |  0 :  1
          Frankfurt - Waldhof                 |  3 :  1
        Duesseldorf - HSV                     |  1 :  1
----------------------------------------------+---------
```

2.1.8 Eigene Variablen in einem awk-Programm

Es ist möglich, eigene Variablen in einem awk-Programm zu verwenden. Solche Variablen müssen nicht wie in höheren Programmiersprachen deklariert werden, sondern werden automatisch bei ihrem ersten Auftauchen angelegt und initialisiert:

- mit 0 bei numerischen Variablen
- mit " " (leerer String) bei String-Variablen

Beispiel Das awk-Programm *ausgew.awk*:

```
$6 > $4  { ausgew = ausgew + 1 }
END      { print ausgew, "Auswaertsmannschaft(en) haben/hat gewonnen" }
```

gibt folgendes aus:

```
1 Auswaertsmannschaft(en) haben/hat gewonnen
```

Das awk-Programm *zuschau.awk*:

```
    { sum = sum + $7 }
END {  print NR, "Spiele"
       print "Gesamtzuschauer:", sum
       print "Durchschnitt pro Spiel:", sum/NR
    }
```

gibt folgendes aus:

```
9 Spiele
Gesamtzuschauer: 224860
Durchschnitt pro Spiel: 24984.4
```

Im folgenden Beispiel werden mehrere Teilaktionen in einer Aktion angegeben; in diesem Fall sind die Teilaktionen entweder mit Semikolon (;) oder Zeilenvorschub voneinander zu trennen:

```
$7 > max  { max =$7; team =$1 }
END       { print "Die meisten Zuschauer waren in", team, "(" max ")" }
```

Dieses Programm *zuschau2.awk* liefert folgende Ausgabe:

```
Die meisten Zuschauer waren in Duesseldorf (35000)
```

2.1.9 Konkatenation von Strings

Strings können konkateniert (zusammengehängt) werden, wie z. B. in

```
BEGIN   { print "Folgende Mannschaften erlitten Auswaertsniederlage:" }
$4 > $6 { verein = verein $3 " " }
END     { print verein }
```

Dieses Programm *auswverl.awk* liefert folgende Ausgabe:

```
Folgende Mannschaften erlitten Auswaertsniederlage:
Nuernberg Moenchengladbach Homburg Dortmund Karlruhe Waldhof
```

Für jede Zeile wird der Name der Gastmannschaft, falls diese verlor, mit einem folgenden Leerzeichen an den String der bisher bereits gesammelten glücklosen Gastmannschaften angehängt.

2.1.10 Builtin-Funktionen

awk verfügt über »fest eingebaute«, sogenannte Builtin-Funktionen. Dabei unterscheidet man

- numerische Funktionen (wie z. B. **sin**, **sqrt**),
- String-Funktionen (wie z. B. **length**, **substr**) und
- Ein/Ausgabe-Funktionen (wie z. B. **printf**).

Beispiel Die Funktion **length** bestimmt die Länge eines Strings. In diesem Beispiel (Programm *wc.awk*) soll die Anzahl der Zeichen, Wörter und Zeilen einer Datei bestimmt werden:

```
    { nz = nz + length($0)+1
      nw = nw + NF
    }
END { print NR, "Zeilen,", nw, "Woerter,", nz, "Zeichen" }
```

Da **length** nicht das Zeilenvorschub-Zeichen mitzählt, muss 1 aufaddiert werden. Für die Datei *bundliga* ergibt sich folgende Ausgabe:

```
9 Zeilen, 72 Woerter, 404 Zeichen
```

2.1.11 Auswahlanweisung if -else

Das awk-Programm *toto.awk*:

```
BEGIN { print "Die Totozahlen sind:" }
      { if ($4 > $6)
           printf("1  ")
        else if ($4 == $6)
                printf("0  ")
```

```
              else
                 printf("2  ")
       }
END    {  printf("\n") }
```

liefert für die Datei *bundliga* folgende Ausgabe:

```
Die Totozahlen sind:
1  1  1  0  1  1  2  1  0
```

Die Bedingung einer **if**-Anweisung muss mit (..) geklammert sein. Ist diese erfüllt, dann wird der darauffolgende Programmteil, ansonsten der zu **else** gehörige Programmteil ausgeführt.

2.1.12 Wiederholungsanweisungen

while

In einer Datei seien Städte abgespeichert; zu jeder Stadt ist das Erhebungsjahr, die in diesem Jahr ermittelte Einwohnerzahl (hypothetisch), die aktuelle Zuwachsrate in Prozent und ein Endejahr, bis zu dem die Einwohnerzahlen zu ermitteln sind, angegeben. So wird z. B. für die Eingabedatei *stadt.ein*

```
London 2000 10000000 5 2004
Paris 1999 9800000 6 2002
Berlin 2001 4200000 10 2005
```

die folgende Ausgabe erwartet:

```
London:
    2000 :   10000000 Einwohner
    2001 :   10500000 Einwohner
    2002 :   11025000 Einwohner
    2003 :   11576250 Einwohner
    2004 :   12155062 Einwohner

Paris:
    1999 :    9800000 Einwohner
    2000 :   10388000 Einwohner
    2001 :   11011280 Einwohner
    2002 :   11671956 Einwohner

Berlin:
    2001 :    4200000 Einwohner
    2002 :    4620000 Einwohner
    2003 :    5082000 Einwohner
    2004 :    5590200 Einwohner
    2005 :    6149220 Einwohner
```

Das zugehörige awk-Programm *stawachs.awk* könnte sein:

```
# einwohner  -  berechnet Einwohnerzahlen von Staedten in der Zukunft
#   Eingabe:  Stadt  Ausgangsjahr  Einwohnerzahl  Zunahme(%)  Endejahr
#   Ausgabe:  Einwohnerzahl fuer darauffolgende Jahre

{  printf("\n%s:\n", $1);
   i = $2
   einwohner = $3
   zunahme = $4/100
   while (i<=$5) {
      printf("\t%4d : %10d Einwohner\n", i, einwohner);
      einwohner = einwohner * (1 + zunahme)
      i = i + 1
   }
}
```

Die Bedingung einer **while**-Schleife muss mit (..) geklammert sein. Solange diese Bedingung erfüllt ist, wird der zugehörige Schleifenkörper ausgeführt; in diesem Beispiel sind dies die drei mit { .. } geklammerten Anweisungen.

leitet einen Kommentar ein. Der nach **#** angegebene Text wird von awk (bis zum Zeilenende) ignoriert und dient lediglich der Dokumentation eines Programms.

for

Auf einer Datei seien zu jedem Schüler einer Klasse seine Noten in einem Fach angegeben; die Anzahl der Noten der einzelnen Schüler ist dabei unterschiedlich. Es ist nun ein awk-Programm zu erstellen, das die Gesamtnote für jeden Schüler berechnet. Z.B. wird für die Eingabedatei *notelist.ein*:

```
Meier 1 2 3 2 3 1
Goldmann 2 4 5 3 2 1 4 3 1
Gatter 3 3 3 2
Maller 1 2
```

folgende Ausgabe erwartet:

```
                Meier: 2.00
             Goldmann: 2.78
               Gatter: 2.75
               Maller: 1.50
```

Das zugehörige awk-Programm *notdurch.awk* könnte sein:

```
# Notenberechnung
#   Eingabe:  Schuelername  note1  note2  note3 ....
#   Ausgabe:  Schuelername:  Gesamtnote

{  sum = 0
   for (i=2 ; i<=NF ; i=i+1)
```

```
        sum = sum + $i
    printf("%20s: %2.2f\n", $1, sum/(NF-1))
}
```

Die Initialisierung i=2 wird nur einmal durchgeführt. Danach wird die Bedingung i<=NF ausgewertet; falls diese sich als WAHR erweist, wird der Schleifenkörper (hier: Addition von $i auf sum) ausgeführt. Danach wird die Variable i (mit i=i+1) um 1 erhöht. Nun wird die Schleifenbedingung i<=NF wieder ausgewertet. Ist sie erfüllt, wird erneut der Schleifenkörper ausgeführt und i um 1 erhöht usw., bis die Schleifenbedingung (i<=NF) nicht mehr erfüllt ist.

2.1.13 Arrays

awk verfügt auch über Arrays.

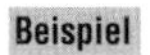

Es sind Zahlen von einer Datei zu lesen. Von dieser Zahlenfolge ist dann der Mittelwert und die Streuung zu berechnen. Diese Aufgabe erfüllt das folgende awk-Programm *mittstreu.awk*:

```
# mittstreu.awk - Berechnen von Mittelwert und Streuung einer Zahlenfolge
#   Eingabe:   zahl1
#              zahl2
#              zahl3
#                :
#   Ausgabe:   Mittelwert=..; Streuung=..

    {  zahl[NR] = $1         # Abspeichern der Zahlen in einem Array
       mittelwert = mittelwert + $1
    }
END {  if (NR > 1) {
          mittelwert = mittelwert / NR
          for (i=1 ; i<=NR ; i=i+1) {
             abweichung = zahl[i] - mittelwert
             streuung = streuung + abweichung * abweichung
          }
          streuung = streuung / (NR-1)
       }
       printf("Mittelwert=%.2f; Streuung=%.2f\n", mittelwert, streuung)
    }
```

Für jede Eingabezeile wird die gelesene Zahl im Array zahl abgespeichert; als Index wird in diesem Fall die Builtin-Variable **NR** verwendet, die automatisch mit jeder neuen Zeile inkrementiert wird. Im **END**-Pattern wird dann zunächst der Mittelwert aus der Summe aller Zahlen (mittelwert) geteilt durch die Anzahl der Zahlen (**NR**) ermittelt. Danach wird das Array zahl nochmals von Beginn an durchlaufen und zu jedem Wert seine Abweichung ermittelt; diese Abweichung wird quadriert auf die Variable streuung aufaddiert. Als Streuung ergibt sich dann der Wert von streuung geteilt durch die Anzahl von Zahlen minus 1.

Nach diesem kurzen Überblick über die Sprache *awk* wird im nächsten Kapitel die Sprache vollständig beschrieben. Dabei werden alle Konstrukte und Details der Sprache *awk* anhand zahlreicher Beispiele vorgestellt.

2.2 Die Sprache awk

Ein awk-Programm ist eine Folge von Anweisungen der Form:

pattern { *aktion* }
pattern { *aktion* }
  :   :

awk-Programme lesen Zeile für Zeile entweder aus einer bzw. aus mehreren Dateien nacheinander, wenn solche auf der Kommandozeile angegeben wurden, oder ansonsten von der Standardeingabe.

Für jede Eingabezeile prüft awk, ob das im *pattern* vorgegebene Muster aus dem awk-Programm auf diese Zeile paßt. Wenn eine solche Mustervorgabe auf eine Zeile paßt, dann wird die zugehörige { *aktion* } ausgeführt. Somit wird für jede Eingabezeile die gesamte Anweisungsfolge[1] des awk-Programms ausgewertet: Wenn alle *pattern*[2] für eine Zeile geprüft sind, wird die nächste Zeile aus der Eingabe bearbeitet und das awk-Programm wieder von Beginn an für diese Eingabezeile ausgeführt[3].

In einer awk-Anweisung kann entweder das *pattern* oder { *aktion* } weggelassen werden, aber nicht beides zugleich:

- Fehlende { *aktion* } bewirkt, dass alle Zeilen, für die das vorgegebene Pattern zutrifft, vollständig ausgegeben werden.
- Fehlendes *pattern* paßt auf alle Eingabezeilen; somit wird die angegebene {*aktion* } für jede Zeile aus der Eingabe ausgeführt.

Da sowohl *pattern* als auch { *aktion* } optional sind, müssen Aktionen immer mit {.. } geklammert werden, um sie von *pattern* unterscheiden zu können.

2.2.1 Format von awk-Programmen

awk-Anweisungen werden gewöhnlich in eigenen Zeilen angegeben:

pattern { *aktion* }
pattern { *aktion* }
  :   :

Dasselbe gilt auch für Teilaktionen innnerhalb von { *aktion* }:

1. ausgenommen BEGIN- und END-Anweisungen.
2. nicht angegebene Pattern passen immer.
3. ausgenommen BEGIN- und END-Anweisungen.

{ *teilaktion1*
 teilaktion2
   :
}

Allerdings können auch mehrere Anweisungen oder Teilaktionen in einer Zeile angegeben werden, wenn sie durch Semikolon getrennt sind. Ein Semikolon darf immer am Ende einer Anweisung oder Teilaktion angegeben werden. Die öffnende Klammer einer Aktion { muss sich immer in der gleichen Zeile wie das zugehörige *pattern* befinden; der Rest der Aktion einschließlich der schließenden Klammer } kann in einer der folgenden Zeilen angegeben werden.

Leerzeilen werden ignoriert.

Leer- und Tabulatorzeichen können vor oder nach Operatoren oder Operanden angegeben werden, um die Lesbarkeit eines awk-Programms zu verbessern.

Kommentare werden durch # eingeleitet; der Rest der Zeile nach # wird dann als Kommentar betrachtet und von awk nicht ausgewertet.

Als Eingabedatei für viele der nachfolgenden awk-Programmbeispiele wird die Datei *kaltabel* verwendet. Diese Datei enthält eine Nährwert-Tabelle:

```
Roggenbrot       222    7.5     45      0       Brot
Tintenfisch      68     15.3    +       170     Seefisch
Pumpernickel     201    5       43      0       Brot
Filet            182    18.6    +       60      Schweinefleisch
Bierschinken     235    15.5    +       85      Wurst
Spaghetti        362    12.5    75.2    0       eifreie Teigwaren
Aal              281    15      +       142     Suesswasserfisch
Leberwurst       420    12.4    +       85      Wurst
Hering           201    16.8    +       85      Seefisch
Vollkornnudeln   343    15      64      0       eifreie Teigwaren
Rotwurst         400    13.3    +       85      Wurst
Weissbrot        238    7.5     48      0       Brot
Kotelett         193    19      +       70      Schweinefleisch
Makrele          180    18.8    +       70      Seefisch
Karpfen          115    18      +       0       Suesswasserfisch
```

+ bedeutet: In Spuren

Jede Zeile enthält in der angegebenen Reihenfolge:

- Lebensmittelname
- kcal (bei 100g)
- Eiweiß (bei 100g) in g
- Kohlenhydrate (bei 100g) in g
- Cholesterin (bei 100g) in mg
- Lebensmittelgruppe

Diese Daten sind durch ein Tabulatorzeichen voneinander getrennt. Falls die Bezeichnung der Lebensmittelgruppe aus mehreren Wörtern zusammengesetzt ist (wie z.B. `eifreie Teigwaren`), sind diese Wörter durch ein Leerzeichen (nicht Tabulatorzeichen) voneinander getrennt.

Für den Rest dieses Kapitels wird *kaltabel* als Eingabedatei angenommen, wenn nicht anders angegeben. Um dem Leser ein ständiges Nachschlagen dieser Datei bei den folgenden Beispielen zu ersparen, befindet sich am Ende dieses Buches eine Seite (siehe Seite 275), auf der die Datei *kaltabel* angegeben ist.

2.2.2 Pattern

Abhängig davon, ob eine Pattern-Vorgabe (Muster-Vorgabe) für eine Eingabezeile paßt, wird die zugehörige *{ aktion }* (falls angegeben) ausgeführt.

Es werden sechs Typen von Pattern-Vorgaben unterschieden:

BEGIN { *anweisungen* }
Die *anweisungen* werden einmal ausgeführt, bevor die erste Eingabezeile verarbeitet wird.

END { *anweisungen* }
Die *anweisungen* werden einmal ausgeführt, nachdem die letzte Eingabezeile verarbeitet wurde.

ausdruck { *anweisungen* }
Die *anweisungen* werden für jede Eingabezeile ausgeführt, für die der *ausdruck* WAHR (verschieden von 0) ist.

/regulärer ausdruck/ { *anweisungen* }
Die *anweisungen* werden für jede Eingabezeile ausgeführt, die einen String enthält, für den der *reguläre ausdruck* zutrifft.

zusammengesetztes pattern { *anweisungen* }
Ein *zusammengesetztes pattern* verknüpft Ausdrücke mit
&& (logisches UND),
|| (logisches ODER),
! (Negation) und
() (runde Klammer).
Die *anweisungen* werden für jede Eingabezeile ausgeführt, für die das *zusammengesetzte pattern* paßt.

pattern1, pattern2 { *anweisungen* }
pattern1, pattern2 definiert einen Bereich von der ersten Zeile, auf die *pattern1* paßt, bis einschließlich der Zeile, auf die *pattern2* paßt; die *anweisungen* werden für alle Zeilen aus diesem Bereich ausgeführt.

▸ **BEGIN** und **END** dürfen nicht mit anderen Pattern-Typen kombiniert werden.

- **BEGIN** und **END** sind die einzigen Pattern-Typen, die immer mit einer { *aktion* } anzugeben sind.
- Ein Bereichspattern (*pattern1, pattern2*) darf nicht Teil eines anderen Patterns sein.

BEGIN

- Wenn mehr als ein **BEGIN** angegeben wird, werden die zugehörigen Aktionen in der angegebenen Reihenfolge ausgeführt.
- **BEGIN** muss nicht unbedingt am Anfang stehen.
- Typische Anwendungen von **BEGIN** sind, die Default-Einstellung[1] der Trennzeichen für Eingabefelder zu verändern oder Kopfzeilen auszugeben.

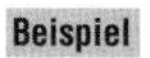

Die Builtin-Variable **FS** (***Field Separator***) legt die Trennzeichen von Eingabefeldern fest; ihre Voreinstellung ist ein Leerzeichen (schließt Tabulatorzeichen mit ein). Wenn nun **FS** auf ein anderes Zeichen gesetzt wird, so wird dies als Trennzeichen für Eingabefelder verwendet.

In diesem Beispiel soll nun die Paßwortdatei `/etc/passwd` bearbeitet werden. In dieser Datei befindet sich bekanntlich für jeden Benutzer eine Zeile, die Benutzername, verschlüsseltes Paßwort[2], User-ID, Group-ID, Kommentar, HOME-Directory und Login-Shell beinhaltet. Die einzelnen Felder sind mit Doppelpunkt voneinander getrennt. Ein Auszug aus einer Paßwortdatei könnte sein:

```
root:jhsdhj:0:2:Super-User:/:
hh:jhdhjh:14:3:Helmut Horten:/home/hh:
fm:jhsduzizfduh:127:3:Fritz Meier:/user2/fm:
mike:hgjdhjfhjfh:63:6:Michael Kermer:/home/mike:
```

Das folgende awk-Programm *allhome.awk*

```
BEGIN {  FS=":"
         print "Liste aller Benutzer mit zugehoeriger HOME-Directory"
      }
      {  print $1, $6
      }
```

gibt beim Aufruf

```
awk -f allhome.awk /etc/passwd
```

zu allen Benutzern den Benutzernamen und zugehörige HOME-Directory aus:

1. Voreinstellung.
2. Seit System V.4 wird das verschlüsselte Paßwort aus Sicherheitsgründen nicht mehr in `/etc/passwd`, sondern in `/etc/shadow` angegeben.

```
Liste aller Benutzer mit zugehoeriger HOME-Directory
root /
hh /home/hh
fm /user2/fm
mike /home/mike
```

END

Wenn mehr als ein **END** angegeben wird, werden die zugehörigen Aktionen in der angegebenen Reihenfolge ausgeführt.

END muss nicht unbedingt am Ende stehen.

Vergleichs-Ausdrücke

Hierbei gilt die folgende Angabe:

vergleichs-ausdruck { *anweisungen* }

Es werden zwei Arten von Ausdrücken unterschieden:

- numerische Ausdrücke
- String-Ausdrücke

Jeder Ausdruck kann als Operand für einen beliebigen Operator verwendet werden. Wenn ein Ausdruck einen numerischen Wert besitzt, der Operator aber einen String verlangt, dann wird der numerische Wert automatisch in einen String umgewandelt. Ebenso wird ein String in einen numerischen Wert umgewandelt, wenn ein Operator einen numerischen Wert verlangt.

Jeder Ausdruck kann als Pattern verwendet werden. Wenn ein verwendeter Ausdruck einen Wert verschieden von 0 liefert, wird dieses Pattern als passend für die momentane Eingabezeile interpretiert.

Typische Ausdruckspattern sind Vergleiche von Zahlen oder Strings.

awk kennt die folgenden Vergleichsoperatoren (In der Spalte »*anwendbar auf*« steht `N` für numerische Operanden und `S` für String-Operanden):

Operator	*Bedeutung*	*anwendbar auf*
<	kleiner alst	N, S
<=	kleiner gleich	N, S
==	gleich	N, S
!=	ungleich	N, S
>	größer als	N, S
>=	größer gleich	N, S
~	ist rechter String im linken String enthalten	S
!~	ist rechter String nicht im linken String enthalten	S

Wenn beide Operanden eines Vergleichsoperators numerisch sind, wird ein numerischer Vergleich durchgeführt (z. B. `3 > 5`).

Wenn beide Operanden eines Vergleichsoperators Strings sind, so wird ein String-Vergleich durchgeführt. Beim String-Vergleich wird Zeichen für Zeichen verglichen, wobei der interne Maschinenzeichensatz (meist ASCII) als Ordnungsreihenfolge genommen wird. Z. B. würde auf einer ASCII-Maschine gelten:

```
"Franz" < "Fritz"
"Hans"  < "Hansi"
```

Wenn einer der Operanden numerisch und der andere ein String ist, so wird der numerische Operand in einen String umgewandelt und ein String-Vergleich durchgeführt. Z. B. würde gelten:

```
3 > "13"
```

`3` würde in diesem Fall nach `"3"` umgewandelt und somit ist `"3"` größer als der String `"13"`.

Vorsicht ist geboten bei Werten, die zu groß sind, um numerisch dargestellt zu werden; so kann z. B.

```
10 < 1e5000
```

einen String-Vergleich nach sich ziehen[1].

Umwandlungen können durch einen kleinen »Trick« erzwungen werden:

zahl **""** Anhängen eines Null-Strings an eine numerische Zahl; somit wird eine Umwandlung der Zahl in einen String erzwungen.

string+**0** Aufaddieren von 0 auf einen String, um eine Umwandlung eines Strings in eine Zahl zu erzwingen

Der numerische Wert eines Strings ist der Wert des längsten Präfixes, das numerisch interpretierbar ist. Z. B. gibt

```
BEGIN { print "1E3"+0, "14E"+0, "E12"+0, "1mal2"+0 }
```

folgendes aus:

```
1000 14 0 1
```

Der String-Wert einer Zahl wird gebildet, indem die Zahl entsprechend der Formatvorgabe in der Builtin-Variablen **OMFT** (Voreinstellung: `"%.6g"`) formatiert wird. So gibt z. B.

```
BEGIN { print 1E3 "", 15e-3 "", E12 "", 10.23456789 "" }
```
[2]

1. Manche Maschinen werten zu große Werte auch einfach als numerische 0.
2. awk interpretiert `E12` als Variablennamen. Da dieser Variablen nirgends zuvor ein Wert zugewiesen wurde, setzt awk hierfür den Leerstring ein.

folgendes aus:

```
1000 0.015  10.2346
```

Der Aufruf

```
awk '$0 >= "S"' kaltabel
```

listet alle Zeilen auf, die mit einem Buchstaben »größer gleich S"[1] (S, T, U, V, W, ...) beginnen, und gibt somit aus:

```
Tintenfisch      68     15.3     +       170      Seefisch
Spaghetti        362    12.5     75.2    0        eifreie Teigwaren
Vollkornnudeln   343    15       64      0        eifreie Teigwaren
Weissbrot        238    7.5      48      0        Brot
```

Reguläre Ausdrücke

Hierbei gilt die folgende Angabe:

/regulärer ausdruck/ { *anweisungen* }

Ein *regulärer Ausdruck* ist ein Ausdruck, der Strings spezifiziert und/oder über Vorschriften beschreibt, welche Strings durch ihn abgedeckt sind:

1. Die Metazeichen von regulären Ausdrücken sind:

\ ^ $. [ ] | ( ) * + ?

Metazeichen haben eine Sonderbedeutung.

2. Ein einfacher regulärer Ausdruck ist einer der folgenden:

- **Ein einfaches Zeichen**, aber kein Metazeichen.
- Das **Metazeichen** \, das die Sonderbedeutung eines Metazeichens ausschaltet (z.B. *).
- **Escape-Sequenz**:

\a	Alert, Klingelton
\b	Backspace, Zurücksetzzeichen
\f	Formfeed, Seitenvorschub
\n	Newline, Zeilenvorschub
\r	Return; Wagenrücklauf
\t	Tabulator
\v	Vertikal-Tabulator
ddd	Zeichen, das dem Oktalwert *ddd* entspricht; für *ddd* können 1 bis 3 Ziffern von 0 bis 7 angegeben werden.

1. im Sinne des Alphabets auf S folgend.

\x*hh* Zeichen, das dem Hexadezimalwert *hh* entspricht; für *hh* können 1 bis 2 Ziffern von 0 bis 9 oder von a bis z bzw. von A bis Z angegeben werden.

\z Irgendein anderes Zeichen z, das hier nicht vorkommt; z. B. steht \\ für \ und \" für ".

- **^** steht für den Anfang eines Strings.
- **$** steht für das Ende eines Strings.
- **.** steht für jedes beliebige einzelne Zeichen
- Eine **Klasse von Zeichen**: z. B. [ABC] deckt eines der Zeichen A, B oder C ab.
- Eine **Klasse von Zeichen mit Abkürzungen**: z. B. deckt [a-zA-Z] alle Buchstaben ab (nicht Umlaute).
- Eine **Komplement-Klasse von Zeichen**: z. B. deckt [^0-9] alle Zeichen außer Ziffern ab.

3. Operatoren, die reguläre Ausdrücke zu größeren zusammenfassen

- **Alternation**: A|B deckt A oder B ab
- **Konkatenation**: AB deckt A unmittelbar gefolgt von B ab
- **null-oder-beliebig-viele**: A* deckt kein oder mehr A ab
- **ein-oder-beliebig-viele**: A+ deckt ein oder mehr A ab
- **null-oder-eins**: A? deckt kein oder ein A ab
- **runde Klammern**: (r) deckt gleiche Strings wie r ab

Die Priorität der Operatoren (in aufsteigender Folge):

|

Konkatenation

* + ? (besitzen untereinander gleiche Priorität)

( )

Im folgenden werden die einzelnen Konstrukte von regulären Ausdrücken genauer beschrieben.

Einfache Zeichen und Metazeichen

Ein regulärer Ausdruck, in dem nur Nicht-Metazeichen angegeben sind, repräsentiert genau diese Zeichen. Wenn die Sonderbedeutung eines Metazeichens ausgeschaltet werden soll, damit der reguläre Ausdruck das Zeichen selbst abdeckt, so muss ein Backslash \ diesem Metazeichen vorangestellt werden; z. B. repräsentiert \+ das Zeichen +.

Beispiel Der Aufruf

```
awk '/ei/' kaltabel
```

bewirkt folgende Ausgabe:

```
Filet           182   18.6   +      60    Schweinefleisch
Spaghetti       362   12.5   75.2   0     eifreie Teigwaren
Vollkornnudeln  343   15     64     0     eifreie Teigwaren
Weissbrot       238   7.5    48     0     Brot
Kotelett        193   19     +      70    Schweinefleisch
```

Escape-Sequenz

Einigen Escape-Sequenzen ist eine bestimmte Interpretation zugeordnet (z.B. **\n** bewirkt Zeilenvorschub). Für die anderen wird eine Sonderbedeutung (wie \" steht für ") ausgeschaltet.

Der Aufruf

```
awk 'BEGIN { print "\007Help\b\b\bilfe" }'
```

gibt zuerst ein akustisches Signal (`\007` steht für Klingeln) und dann die Zeichenfolge »`Help`« aus. Die darauffolgenden 3 Backspaces bewirken, dass die letzten 3 Buchstaben von »`Help`« wieder gelöscht werden. Als letztes wird »`ilfe`« ausgegeben, so dass das Wort »`Hilfe`« am Bildschirm erscheint. Escape-Sequenzen dürfen in Stringkonstanten und in regulären Ausdrücken verwendet werden.

Die Zeichen ^ , $ und . (Punkt)

Die Zeichen **^** und **$** stehen für Anfang und Ende eines Strings. Der Punkt **.** steht für jedes beliebige einzelne Zeichen.

Beispiel

^H	deckt jeden String ab, der mit `H` beginnt.
H$	deckt jeden String ab, der mit `H` endet.
^H$	deckt einen String ab, der nur das Zeichen `H` enthält.
^.$	deckt einen String ab der genau ein Zeichen enthält.
^...$	deckt einen String ab, der genau 3 Zeichen enthält.
...	deckt 3 beliebige aufeinanderfolgende Zeichen ab.
^\\.	deckt einen Punkt am Anfang eines Strings ab.

Der Aufruf

```
awk '/^.o/' kaltabel
```

gibt alle Zeilen aus *kaltabel* aus, die als 2. Zeichen den Buchstaben `o` enthalten:

```
Roggenbrot      222   7.5    45     0     Brot
Vollkornnudeln  343   15     64     0     eifreie Teigwaren
Rotwurst        400   13.3   +      85    Wurst
Kotelett        193   19     +      70    Schweinefleisch
```

Klasse von Zeichen (mit und ohne Abkürzungen)

Zeichen können zu einer Zeichenklasse zusammengefasst werden, indem sie mit [..] geklammert werden. Die in [..] angegebenen Zeichen decken genau ein Zeichen ab, wenn dieses in [..] angegeben ist.

Beispiel

[LKRAI] deckt eines der Zeichen `L`, `K`, `R`, `A` oder `I` ab.

Der Aufruf

```
awk '/[os]t$/' kaltabel
```

gibt alle Zeilen aus *kaltabel* aus, die mit »`st`« oder »`ot`« enden:

```
Roggenbrot      222   7.5    45    0     Brot
Pumpernickel    201   5      43    0     Brot
Bierschinken    235   15.5   +     85    Wurst
Leberwurst      420   12.4   +     85    Wurst
Rotwurst        400   13.3   +     85    Wurst
Weissbrot       238   7.5    48    0     Brot
```

Wenn ein ganzer Zeichenbereich abgedeckt werden soll, kann der Bindestrich verwendet werden, wobei das links davon stehende Zeichen die untere Grenze und das rechts davon stehende die obere Grenze festlegt.

Beispiel

[0-9] deckt eine Ziffer ab.

[a-zA-Z][0-9] deckt einen beliebigen Buchstaben (keine Umlaute oder ß) gefolgt von einer Ziffer ab.

Der Aufruf

```
awk '/^[L-T][b-p]/' kaltabel
```

gibt alle Zeilen aus *kaltabel* aus, die mit einem Buchstaben `L` bis `T` beginnen und als zweites Zeichen einen Buchstaben `b` bis `p` enthalten:

```
Roggenbrot      222   7.5    45     0     Brot
Tintenfisch     68    15.3   +      170   Seefisch
Spaghetti       362   12.5   75.2   0     eifreie Teigwaren
Leberwurst      420   12.4   +      85    Wurst
Rotwurst        400   13.3   +      85    Wurst
```

Fehlt der linke oder rechte Operand zu einem Bindestrich, so deckt er (Bindestrich) sich selbst ab und es handelt sich um keine Bereichsangabe.

Beispiel

[+-] deckt ein + oder – ab.

[-+] deckt ein + oder – ab.

[-A-Za-z_] deckt alle Buchstaben (keine Umlaute oder ß) einschließlich Bindestrich und Unterstrich ab.

Komplement-Klasse von Zeichen

Eine Komplement-Klasse von Zeichen ist eine Zeichenklasse, in der als 1. Zeichen ^ angegeben ist. Eine solche Klasse deckt genau ein Zeichen ab, wenn dieses nicht in [^ ..] angegeben ist.

Beispiel

[^a-z] deckt ein Zeichen ab, wenn dieses kein Kleinbuchstabe ist.

[^AEIOUaeiou] deckt ein Zeichen ab, wenn dieses kein Vokal ist.

^[AEIOUaeiou] deckt jeden String ab, der mit einem Vokal beginnt.

^[^AEIOUaeiou]$ deckt einen String ab, der nur aus einem Zeichen besteht, welches kein Vokal ist.

Der Aufruf

```
awk '/^[^L-T][^b-p]/' kaltabel
```

gibt alle Zeilen aus *kaltabel* aus, die nicht mit einem Buchstaben `L`, `M`, `N` bis `T` beginnen und gleichzeitig als 2. Zeichen nicht einen Buchstaben `b`, `c`, `d` bis `p` enthalten:

```
Aal              281     15      +       142       Suesswasserfisch
Karpfen          115     18      +       0         Suesswasserfisch
```

Außer den Zeichen \, ^ (am Anfang) und – (zwischen zwei Zeichen) repräsentieren alle Zeichen innerhalb einer Zeichenklasse sich selbst.

Beispiel

[$] deckt das Zeichen `$` ab.

^[^^] deckt außer `^` alle Zeichen am Anfang eines Strings ab.

Alternation

Der Alternationsoperator | wird verwendet, um eine Auswahl von Alternativen anzubieten. Wenn *r1* und *r2* reguläre Ausdrücke sind, dann deckt *r1* | *r2* jeden String ab, der von *r1* oder von *r2* abgedeckt wird.

Beispiel

Kapitel | Absatz deckt die Strings »`Kapitel`« und »`Absatz`« ab.

U[nN][iI] | F[Hh] | F[oO][sS]
deckt die Strings »`Uni`«, »`UNi`«, »`UnI`«, »`UNI`«, »`Fh`«, »`FH`«, »`Fos`«, »`FOs`«, »`FoS`« und »`FOS`« ab.

Der Aufruf

```
awk '/(Wurst|Teigwaren)$/' kaltabel
```

gibt alle Lebensmittel aus den Lebensmittelgruppen[1] `Wurst` und `Teigwaren` aus *kaltabel* aus:

```
Bierschinken     235     15.5    +       85        Wurst
Spaghetti        362     12.5    75.2    0         eifreie Teigwaren
```

1. Lebensmittelgruppen sind im letzten Feld einer Eingabezeile angegeben.

```
Leberwurst       420   12.4   +      85   Wurst
Vollkornnudeln   343   15     64     0    eifreie Teigwaren
Rotwurst         400   13.3   +      85   Wurst
```

Der Aufruf

```
awk '/[Wurst|Teigwaren]$/' kaltabel
```

gibt folgendes aus:

```
Roggenbrot       222   7.5    45     0    Brot
Pumpernickel     201   5      43     0    Brot
Bierschinken     235   15.5   +      85   Wurst
Spaghetti        362   12.5   75.2   0    eifreie Teigwaren
Leberwurst       420   12.4   +      85   Wurst
Vollkornnudeln   343   15     64     0    eifreie Teigwaren
Rotwurst         400   13.3   +      85   Wurst
Weissbrot        238   7.5    48     0    Brot
```

Konkatenation

Für Konkatenation ist kein eigener Operator vorgesehen. Wenn *r1* und *r2* reguläre Ausdrücke sind, dann deckt (*r1*)(*r2*)[1] einen String der Form s_1s_2 ab, wobei *r1* den Teilstring *s1* und *r2* den Teilstring *s2* abdecken muss. Die Klammern um *r1* und *r2* können auch weggelassen werden, wenn diese nicht den Alternationsoperator enthalten.

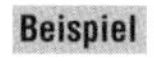

(Wein | Bier | Sekt) von der (Mosel | Isar | Wolga)
deckt 9 Strings ab: `"Wein von der Mosel"`, `"Bier von der Mosel"`, `"Sekt von der Mosel"`, `"Wein von der Isar"`, `"Bier von der Isar"`, `"Sekt von der Isar"`, `"Wein von der Wolga"`, `"Bier von der Wolga"`, `"Sekt von der Wolga"`

Der Aufruf

```
awk '/^(.ot)|(...p)/' kaltabel
```

gibt alle Zeilen aus *kaltabel* aus, die entweder ab dem 2. Zeichen die Zeichenfolge »`ot`« oder als 4. Zeichen den Buchstaben `p` haben:

```
Pumpernickel     201   5      43     0    Brot
Rotwurst         400   13.3   +      85   Wurst
Kotelett         193   19     +      70   Schweinefleisch
Karpfen          115   18     +      0    Suesswasserfisch
```

null-oder-beliebig-viele, ein-oder-beliebig-viele, null-oder-eins

Wenn r ein regulärer Ausdruck ist, dann deckt

(r)* jeden String ab, der sich aus *null-oder-beliebig-vielen* aufeinanderfolgenden Teil-Strings zusammensetzt, die jeweils durch r abgedeckt sind.

---

1. kein Leerzeichen zwischen (*r1*) und (*r2*).

(r)+ jeden String ab, der sich aus *einen-oder-beliebig-vielen* aufeinanderfolgenden Teil-Strings zusammensetzt, die jeweils durch r abgedeckt sind.

(r)? den Null-String („") oder jeden String ab, der durch r abgedeckt ist.

Beispiel

B* deckt den Null-String, »B«, »BB«, »BBB« usw. ab.

AB*C deckt die Strings »AC«, »ABC«, »ABBC«, »ABBBC« usw. ab.

AB+C deckt die Strings »ABC«, »ABBC«, »ABBBC« usw. ab.

ABB*C deckt die Strings »ABC«, »ABBC«, »ABBBC« usw. ab.

AB?C deckt die Strings »AC« und »ABC« ab.

[A-Z]+ deckt jeden String ab, welcher sich aus einen oder mehrere Großbuchstaben zusammensetzt.

(AB)+C deckt die Strings »ABC«, »ABABC«, »ABABABC« usw. ab.

Der Aufruf

```
awk '/wurst.*Wurst/' kaltabel
```

gibt alle Zeilen aus *kaltabel* aus, in denen der String »wurst« vor dem String »Wurst« vorkommt. Der String »Wurst« kann dabei an beliebiger Stelle in der Eingabezeile stehen, er muss lediglich nach »wurst« plaziert sein. Es ergibt sich folgende Ausgabe:

```
Leberwurst            420      12.4      +         85        Wurst
Rotwurst              400      13.3      +         85        Wurst
```

Runde Klammern

Die *runden Klammern* werden in regulären Ausdrücken verwendet, um festzulegen, wie die einzelnen Komponenten zu gruppieren sind. Man verwendet sie, um die vorgegebenen Prioritätsregeln zu durchbrechen.

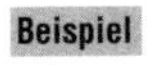

AB+C deckt die Strings »ABC«, ABBC«, ABBBC« usw. ab.

(AB)+C deckt die Strings »ABC«, »ABABC«, »ABABABC« usw. ab.

Komplexere Beispiele zu regulären Ausdrücken

Die folgenden regulären Ausdrücke passen auf Eingabezeilen, die

/^[0-9]+$/ nur aus Ziffern bestehen,

/^[0-9][0-9]$/ genau aus 2 Ziffern bestehen,

/^(\+|-)?[0-9]+\.?[0-9]*$/

genau eine Zahl enthalten; diese Zahl kann ein Vorzeichen und einen gebrochenen Anteil (mit . vom ganzzahligen Anteil getrennt) besitzen,

/^[+-]?[0-9]+[.]?[0-9]*$/

identisch zum vorherigen regulären Ausdruck sind.

Erlaubte Namen für C-Variablen lassen sich durch das in Bild 2.1 gezeigte Syntaxdiagramm beschreiben:

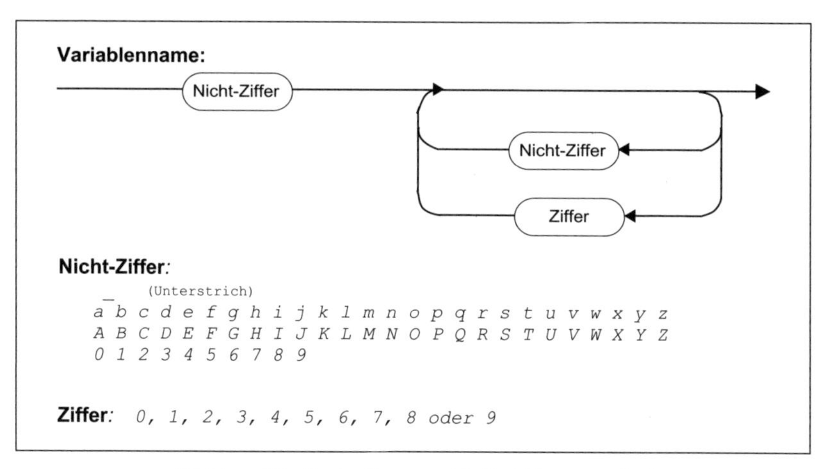

Abbildung 2.1: Syntaxdiagramm für Variablennamen in C

Beispiel Eine Datei *cvar.ein* enthalte eine Folge von Strings, wie z. B.

```
test
_HAllo23a
TEST2
17und4
Stern7*
Plus+
mittel_streifen_____
klammer()
_4711_
```

Es ist nun ein awk-Programm zu erstellen, das alle erlaubten C-Variablennamen aus dieser Datei linksbündig und alle unerlaubten Variablennamen mit 3 Tabulatorschritten eingerückt ausgibt, wie z. B.:

```
test
_HAllo23a
TEST2
                        17und4
                        Stern7*
                        Plus+
mittel_streifen_____
                        klammer()
_4711_
```

Das folgende awk-Programm *cvar.awk* erfüllt diese Aufgabe:

```
/^[a-zA-Z_]([a-zA-Z_0-9])*$/                      { print }
/^[^a-zA-Z_]|([a-zA-Z_].*[^0-9a-zA-Z_]+)$/  { print "\t\t\t" $0 }
```

Die in der Programmiersprache C erlaubten Gleitpunkt-Konstanten lassen sich durch das in Bild 2.2 gezeigte Syntaxdiagramm beschreiben:

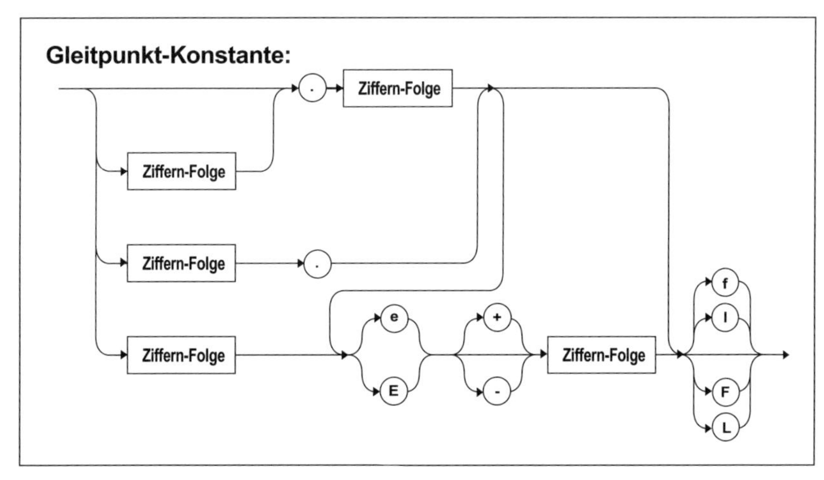

Abbildung 2.2: Syntaxdiagramm für Gleitpunkt-Konstanten in C

Beispiel Eine Datei *gleitp.ein* enthalte eine Folge von Zahlen, wie z. B.

```
2.3333333333e2531
3.41F
.123456E15
.e+12
3.e-12L
2.3e+3.24
666666.L
2737.F
233,12
12.e++231
1.2e
```

Es ist nun ein awk-Programm zu erstellen, das alle Eingabezeilen dieser Datei ausgibt und jede erlaubte Gleitpunkt-Konstante mit »`(erlaubt)`« markiert, wie z. B.:

```
2.3333333333e2531    (erlaubt)
            3.41F
       .123456E15    (erlaubt)
            .e+12
          3.e-12L    (erlaubt)
```

```
2.3e+3.24
 666666.L    (erlaubt)
   2737.F    (erlaubt)
   233,12
12.e++231
     1.2e
```

Das folgende awk-Programm *gleitp1.awk* erfüllt diese Aufgabe:

```
{ printf("%30s    ", $0) }
/^([0-9]*[.][0-9]+|[0-9]+[.])[flFL]?$/                    {printf("(erlaubt)")}
/^([0-9]*[.][0-9]+|[0-9]+[.]?)[eE][+-]?[0-9]+[flFL]?$/ {printf("(erlaubt)")}
{ printf("\n") }
```

Die Operatoren ~ und !~

Der Operator ~ steht für »*enthält*« und der Operator **!~** steht für »*enthält nicht*«.

Reguläre Ausdrücke in **/** .. **/** können als rechter Operand bei den Operatoren ~ und **!~** angegeben werden:

ausdruck ~ **/***regulärer ausdruck***/**
: liefert WAHR, wenn der reguläre Ausdruck ein Teilstring des Strings ist, der durch *ausdruck* repräsentiert wird.

ausdruck **!~** **/***regulärer ausdruck***/**
: liefert WAHR, wenn der reguläre Ausdruck kein Teilstring des Strings ist, der durch *ausdruck* repräsentiert wird.

Beispiel Der Aufruf

```
awk  '$6 ~ /ei/' kaltabel
```

gibt alle Zeilen aus *kaltabel* aus, bei denen im 6. Feld »ei« enthalten ist:

```
Filet              182    18.6    +       60      Schweinefleisch
Spaghetti          362    12.5    75.2    0       eifreie Teigwaren
Vollkornnudeln     343    15      64      0       eifreie Teigwaren
Kotelett           193    19      +       70      Schweinefleisch
```

Beispiel Der Aufruf

```
awk  '$6 !~ /ei/' kaltabel
```

gibt alle Zeilen aus *kaltabel* aus, bei denen im 6. Feld nicht »ei« enthalten ist:

```
Roggenbrot         222    7.5     45      0       Brot
Tintenfisch        68     15.3    +       170     Seefisch
Pumpernickel       201    5       43      0       Brot
Bierschinken       235    15.5    +       85      Wurst
Aal                281    15      +       142     Suesswasserfisch
Leberwurst         420    12.4    +       85      Wurst
Hering             201    16.8    +       85      Seefisch
```

```
Rotwurst          400    13.3   +     85    Wurst
Weissbrot         238    7.5    48    0     Brot
Makrele           180    18.8   +     70    Seefisch
Karpfen           115    18     +     0     Suesswasserfisch
```

Beispiel Der Aufruf

```
awk '/ei/' kaltabel
```

ist die Kurzform zu:

```
awk '$0 ~ /ei/' kaltabel
```

und gibt alle Zeilen aus *kaltabel* aus, die »ei« enthalten:

```
Filet             182    18.6   +     60    Schweinefleisch
Spaghetti         362    12.5   75.2  0     eifreie Teigwaren
Vollkornnudeln    343    15     64    0     eifreie Teigwaren
Weissbrot         238    7.5    48    0     Brot
Kotelett          193    19     +     70    Schweinefleisch
```

Beispiel Das awk-Programm *kohlehy.awk*

```
BEGIN { print "Kohlenhydrate sind in folgenden Lebensmitteln"
        print "nicht nur in Spuren enthalten:"
        print "---------------------------------------------"
      }
$4 ~ /^[0-9]+[.]?[0-9]*$/ { print $1 }
```
[1]

gibt folgendes aus:

```
Kohlenhydrate sind in folgenden Lebensmitteln
nicht nur in Spuren enthalten:
---------------------------------------------
Roggenbrot
Pumpernickel
Spaghetti
Vollkornnudeln
Weissbrot
```

Reguläre Ausdrücke können auch in Strings abgespeichert werden.

Beispiel Das awk-Programm *kohlehy2.awk*

```
BEGIN { print "Kohlenhydrate sind in folgenden Lebensmitteln"
        print "nicht nur in Spuren enthalten:"
        print "---------------------------------------------"
```

1. Anstelle dieser Zeile hätte man hier auch

```
$4 !~ /+/ {print $1}
```

angeben können.

```
        zahl = "^[0-9]+[.]?[0-9]*$"
      }
$4 ~ zahl  { print $1 }
```

gibt folgendes aus:

```
Kohlenhydrate sind in folgenden Lebensmitteln
nicht nur in Spuren enthalten:
-----------------------------------------------
Roggenbrot
Pumpernickel
Spaghetti
Vollkornnudeln
Weissbrot
```

Da Ausdrücke konkateniert werden können, kann ein regulärer Ausdruck sich auch aus mehreren Teilstrings zusammensetzen.

Beispiel Das awk-Programm *gleitp2.awk*

```
BEGIN {  zf       = "[0-9]+"
         zfopt    = "[0-9]*"
         pkt      = "[.]"
         pktopt   = "[.]?"
         eE       = "[eE]"
         vorz     = "[+-]?"
         suffix   = "[flFL]?"

         gltpkt1 = "^(" zfopt pkt zf "|" zf pkt ")" suffix "$"
         gltpkt2 = "^(" zfopt pkt zf "|" zf pktopt ")" eE vorz zf suffix "$"
      }
                { printf("%30s    ", $0) }
$0 ~ gltpkt1    { printf("(erlaubt)") }
$0 ~ gltpkt2    { printf("(erlaubt)") }
                { printf("\n") }
```

gibt alle Eingabezeilen einer Datei aus und kennzeichnet alle erlaubten C-Gleitpunkt-Konstanten mit »`(erlaubt)`«. Dieses Programm ist sicher leichter zu erstellen und besser lesbar als das früher vorgestellte Programm für die gleiche Aufgabe.

Auf eine kleine Besonderheit ist eventuell[1] zu achten, wenn Metazeichen ausgeschaltet werden müssen:

$0 ~ /\[\.[0-9]+\]/ ist identisch zu

$0 ~ "(\\[\\.[0-9]+\\]"

Während in einem regulären Ausdruck nur ein Backslash (\) benötigt wird, um ein Metazeichen auszuschalten, müssen in einem String dafür 2 Backslashes

1. Für manche awk-Realisierungen gilt diese Besonderheit nicht.

angegeben werden, da awk zuerst den String verarbeitet und alle einfachen \ auflöst, so dass ein zusätzlicher \ notwendig wird, um einen »*Ausschalt-Backslash*« aus dieser String-Auswertung auszunehmen.

Wenn allerdings der rechte Operand eines »Beinhaltungs«-Operators eine benutzerdefinierte Variable oder eine Feld-Variable ist, wie in

$0 ~ gleitpkt_zahl

wird der zusätzliche Backslash nicht benötigt.

Zusammengesetzte Pattern

Hierbei gilt die folgende Angabe:

zusammengesetztes pattern { anweisungen }

Ein *zusammengesetztes pattern* ist ein Ausdruck, der andere Pattern mit runden Klammern (..) klammert oder mit einem der folgenden logischen Operatoren[1] verknüpft:

|| *logisches ODER*: Ein so zusammengesetztes Pattern liefert WAHR, wenn zumindest eines der verknüpften Pattern WAHR liefert.

&& *logisches UND*: Ein so zusammengesetztes Pattern liefert WAHR, wenn alle der verknüpften Pattern WAHR liefern.

! *Negation*: negiert den Wahrheitswert des entsprechenden Patterns.

Beispiel Der Aufruf

```
awk '/[Ff]isch/ && $5>70' kaltabel
```

gibt alle Zeilen aus *kaltabel* aus, die die Strings »Fisch« oder »fisch« enthalten und zusätzlich noch einen Cholesterinwert größer als 70 besitzen:

```
Tintenfisch     68     15.3     +     170     Seefisch
Aal             281    15       +     142     Suesswasserfisch
Hering          201    16.8     +     85      Seefisch
```

Beispiel Der Aufruf

```
awk '($6~/[Ff]leisch/ || $6~/Wurst/) && $3>13' kaltabel
```

gibt alle Fleisch- und Wurstwaren aus *kaltabel* aus, die mehr als 13g Eiweiß in 100g aufweisen:

```
Filet           182    18.6     +     60      Schweinefleisch
Bierschinken    235    15.5     +     85      Wurst
Rotwurst        400    13.3     +     85      Wurst
Kotelett        193    19       +     70      Schweinefleisch
```

1. sind in aufsteigender Priorität angegeben (! hat höchste Priorität).

Beispiel Der Aufruf

```
awk '/fleisch/ || /Teig/' kaltabel
```

gibt alle Zeilen aus *kaltabel* aus, die die Strings »`fleisch`« oder »`Teig`« enthalten:

```
Filet              182    18.6    +       60      Schweinefleisch
Spaghetti          362    12.5    75.2    0       eifreie Teigwaren
Vollkornnudeln     343    15      64      0       eifreie Teigwaren
Kotelett           193    19      +       70      Schweinefleisch
```

Die gleiche Ausgabe erhält man mit:

```
awk '/fleisch|Teig/' kaltabel
```

Die Operatoren && und || werten ihre Operanden von links nach rechts aus; die Auswertung stoppt sofort, wenn der Wahrheitswert des Gesamtausdrucks bereits festliegt.

Beispiel Es sind alle Wurstarten und die Lebensmittel, die auf 500g mehr als 1250 kcal besitzen, auszugeben; bei der Ausgabe muss der kcal-Gehalt auf 500 g mit ausgegeben werden. Der Aufruf

```
awk '/Wurst/ || (i=$2*5)>1250 {print $1, i " (kcal auf 500g)"}' kaltabel
```

erzeugt die folgende falsche Ausgabe:

```
Bierschinken 910 (kcal auf 500g)        < ----- falsch
Spaghetti 1810 (kcal auf 500g)
Aal 1405 (kcal auf 500g)
Leberwurst 1405 (kcal auf 500g)         < ----- falsch
Vollkornnudeln 1715 (kcal auf 500g)
Rotwurst 1715 (kcal auf 500g)           < ----- falsch
```

Der Grund für die falsche Ausgabe von kcal-Werten bei Wurstwaren liegt darin, dass bereits die 1. Bedingung `/Wurst/` erfüllt ist, somit die 2. Bedingung (mit der Zuweisung des 5fachen kcal-Gehalts an `i`) nicht ausgewertet wird und `i` deshalb den Wert ausgibt, der für das letzte Lebensmittel berechnet wurde.

Richtige Ausgaben erreicht man z.B. mit

```
awk '(i=$2*5)>1250 || /Wurst/ {print $1, i " (kcal auf 500g)"}' kaltabel
```

oder mit

```
awk '($2*5)>1250 || /Wurst/ {print $1, $2*5 " (kcal auf 500g)"}' kaltabel
```

```
Bierschinken 1175 (kcal auf 500g)
Spaghetti 1810 (kcal auf 500g)
Aal 1405 (kcal auf 500g)
Leberwurst 2100 (kcal auf 500g)
Vollkornnudeln 1715 (kcal auf 500g)
Rotwurst 2000 (kcal auf 500g)
```

Bereichsangaben

Hierbei gilt die folgende Angabe:

pattern1, pattern2 { *anweisungen* }

pattern1, pattern2 definiert einen Bereich von der 1. Zeile, auf die *pattern1* paßt, bis einschließlich der Zeile, auf die *pattern2* paßt; die Anweisungen werden für alle Zeilen aus diesem Bereich ausgeführt.

Beispiel Der Aufruf

```
awk '/Leberwurst/, /Makrele/' kaltabel
```

legt einen Bereich fest, der sich von der 1. Zeile, die einen String »`Leberwurst`« enthält, bis zu einschließlich der Zeile, die einen String »`Makrele`« enthält, erstreckt. Alle Zeilen aus diesem Bereich werden ausgegeben:

```
Leberwurst        420   12.4   +    85    Wurst
Hering            201   16.8   +    85    Seefisch
Vollkornnudeln    343   15     64   0     eifreie Teigwaren
Rotwurst          400   13.3   +    85    Wurst
Weissbrot         238   7.5    48   0     Brot
Kotelett          193   19     +    70    Schweinefleisch
Makrele           180   18.8   +    70    Seefisch
```

FNR enthält immer die aktuelle Nummer der gerade gelesenen Zeile. **FILENAME** enthält immer den Namen der Datei, aus der momentan gelesen wird. Beides sind Builtin-Variablen.

Man erhält mit

```
awk 'NR==2, NR==5 {print FILENAME ": Zeile",FNR,$0}' kaltabel
```

folgende Ausgabe:

```
kaltabel: Zeile 2 Tintenfisch    68    15.3   +    170   Seefisch
kaltabel: Zeile 3 Pumpernickel   201   5      43   0     Brot
kaltabel: Zeile 4 Filet          182   18.6   +    60    Schweinefleisch
kaltabel: Zeile 5 Bierschinken   235   15.5   +    85    Wurst
```

Eine Mustervorgabe *pattern1,pattern2* kann nicht Teil einer der anderen Typen von Pattern sein.

2.2.3 Aktionen

Während die zuvor beschriebenen Pattern festlegen, wann etwas für die Eingabezeilen durchzuführen ist, legen die Aktionen fest, was für die über Pattern ausgewählten Eingabezeilen zu tun ist.

Manchmal ist eine Aktion sehr einfach: ein **print** oder eine Zuweisung. In anderen Fällen kann eine Aktion aus einer Vielzahl von Anweisungen bestehen, die durch neue Zeilen oder durch Semikolons voneinander zu trennen sind.

Die **Anweisungen in Aktionen** können sein:

- *ausdrücke*, mit Konstanten, Variablen, Zuweisungen, Funktionsaufrufe usw.
- **print** *ausdruck-liste*
- **printf**(*format*, *ausdruck-liste*)
- **if** (*ausdruck*) *anweisung*
- **if** (*ausdruck*) *anweisung* **else** *anweisung*
- **while** (*ausdruck*) *anweisung*
- **for** (*ausdruck* **;** *ausdruck* **;** *ausdruck*) *anweisung*
- **for** (*variable* **in** *array*) *anweisung*
- **do** *anweisung* **while** (*ausdruck*)
- **break**
- **continue**
- **next**
- **exit**
- **exit** *ausdruck*
- { *anweisungen* }

Bevor die Aktionen genauer behandelt werden, sollen die **awk-Operatoren für Ausdrücke** aufgelistet werden.

Operatoren

Die Operatoren sind in der Tabelle 2.1 in zunehmender Priorität angegeben (z.B. hat **$** höhere Priorität als **||**). Die Angaben in der Spalte »Auswertung« haben folgende Bedeutung:

(l->r) bedeutet, dass diese Operatoren bei gleicher Priorität »*von links nach rechts*« ausgewertet werden: `3*4/2` entspricht `(3*4)/2` und nicht `3*(4/2)`.

(r->l) bedeutet, dass diese Operatoren bei gleicher Priorität »*von rechts nach links*« ausgewertet werden: `2^2^4` entspricht `2^(2^4)` und nicht `(2^2)^4`.

<table>
<tr><th>Operatoren
(in Klammern der Name)</th><th>Beispiel</th><th>Bedeutung des Beispiels</th><th>Auswertung</th></tr>
<tr><td>= += -= *= /= %= ^=
(Zuweisungsoperatoren)</td><td><code>a += 2</code></td><td>a = a + 2</td><td>(r->l)</td></tr>
<tr><td>?:
(Bedingungsoperator)</td><td><code>a?b:c</code></td><td>Wenn a WAHR liefert, dann b, ansonsten c ausführen</td><td>(r->l)</td></tr>
<tr><td>||
(logisches ODER)</td><td><code>a || b</code></td><td>liefert WAHR (Wert 1), wenn a oder b WAHR sind, sonst FALSCH (Wert 0)</td><td>(l->r)</td></tr>
<tr><td>&&
(logisches UND)</td><td><code>a && b</code></td><td>liefert WAHR (Wert 1), wenn a und b WAHR sind, sonst FALSCH (Wert 0)</td><td>(l->r)</td></tr>
<tr><td>in
(Array-Mitgliedsoperator)</td><td><code>x in a</code></td><td>liefert WAHR (Wert 1), wenn a[x] existiert, sonst FALSCH (Wert 0)</td><td>(l->r)</td></tr>
<tr><td>~ !~
(Beinhaltungsoperatoren)</td><td><code>$3 ~ /haus/</code></td><td>liefert WAHR (Wert 1), wenn das 3.Feld einen String »haus« enthält, sonst FALSCH (Wert 0)</td><td>(l->r)</td></tr>
<tr><td>< <= == != >= >
(relationale Operatoren)</td><td><code>a < b</code></td><td>liefert WAHR (Wert 1), wenn a kleiner als b ist, sonst FALSCH (Wert 0)</td><td>(l->r)</td></tr>
<tr><td>Konkatenation</td><td><code>"Ha" "llo"</code></td><td>resultiert in dem String »Hallo«; es existiert kein eigener Konkatenationsoperator</td><td>(l->r)</td></tr>
<tr><td>+ -
(Addition, Subtraktion)</td><td><code>a + b</code></td><td>Summe von a und b</td><td>(l->r)</td></tr>
<tr><td>* / %
(Multiplikation, Division, Modulo)</td><td><code>a * b</code></td><td>Multiplikation von a mit b</td><td>(l->r)</td></tr>
<tr><td>+ -
(Vorzeichenoperatoren)</td><td><code>-a</code></td><td>negiert den Wert von a</td><td>(l->r)</td></tr>
<tr><td>!
(logische Negation)</td><td><code>!(a > b)</code></td><td>liefert WAHR (Wert 1), wenn a kleiner gleich b ist, sonst FALSCH (Wert 0)</td><td>(l->r)</td></tr>
<tr><td>^
(Potenzierungsoperator)</td><td><code>a ^ 3</code></td><td>a3</td><td>(r->l)</td></tr>
</table>

Tabelle 2.1: awk-Operatoren für Ausdrücke

Operatoren (in Klammern der Name)	*Beispiel*	*Bedeutung des Beispiels*	*Auswertung*
++ -- (Präfixoperatoren)	`x = ++a`	entspricht: a = a + 1; x = a;	(l->r)
++ -- (Postfixoperatoren)	`x = a++`	entspricht: x = a; a = a + 1;	(l->r)
$ (Feldoperator)	`$i + 3`	Wert des Felds i plus 3	(l->r)
( ) (Gruppierungsoperator)	`(a + b) * c`	Multiplikation von c mit der Summe aus a und b	(l->r)

Tabelle 2.1: awk-Operatoren für Ausdrücke

Die Angabe von **$++*n*** entspricht **$(++*n*)**, was bedeutet, dass zunächst *n* um 1 erhöht und dann auf den Inhalt des *n+1*.ten Feldes zugegriffen wird.

Soll dagegen der Wert des *n*.ten Feldes um 1 inkrementiert werden, so muss **++$*n*** angegeben werden, was **++($*n*)** entspricht. Eine Angabe wie **$*n*++** entspricht **($*n*)++**, was bedeutet, dass der Wert des *n*.ten Feldes um 1 inkrementiert wird, nachdem auf ihn zugegriffen wurde. Soll dagegen *n* um 1 erhöht werden, nachdem auf den Inhalt des *n*.ten Feldes zugegriffen wurde, so muss **$(*n*++)** angegeben werden.

Ausdrücke

Ein *ausdruck* wird gebildet, indem sogenannte Primär-Ausdrücke und andere Ausdrücke mit Operatoren verknüpft werden.

Die Primär-Ausdrücke sind dabei die einfachen Bausteine und umfassen Konstanten, Variablen, Funktionsaufrufe und Array-Elemente, die alle in den nachfolgenden Abschnitten beschrieben werden.

Konstanten

Es existieren zwei Arten von Konstanten:

- **String-Konstanten**
  sind Zeichenkette, die mit „ .. “ geklammert sind, wie z. B.: „`Eimer`“, „“ oder „`Hallo, wie gehts`“. String-Konstanten können auch Escape-Sequenzen enthalten, wie z. B. „`\b\n\"Hallo\"!`“.
- **numerische Konstanten**
  Diese Konstantengruppe umfasst die ganzen Zahlen (wie z. B. `4700`) und die Gleitpunktzahlen (wie z. B. `3.14`, `0.12e-4` oder `413.5E3`). Verschiedene Darstellungen der gleichen Zahl (wie z. B. `1e4` und `10000`) besitzen den gleichen Wert.

Alle Zahlen werden in Gleitpunktdarstellung gespeichert, wobei die Genauigkeit von der entsprechenden Maschine abhängt.

Variablen

Eine Variable hat einen String-Wert, einen numerischen Wert oder auch beides.

Da awk-Variablen nicht wie in anderen Programmiersprachen unter Angabe eines Datentyps deklariert werden, wird der Datentyp implizit bestimmt. Wenn notwendig, konvertiert awk einen String in einen numerischen Wert und umgekehrt. Eine nicht explizit initialisierte Variable hat den String-Wert „" (Null-String) und den numerischen Wert 0.

In Ausdrücken können drei Arten von Variablen verwendet werden:

- vom Benutzer gewählte Variablen,
- Builtin-Variablen,
- Feld-Variablen.

Vom Benutzer gewählte Variablen

Die Syntax für die vom Benutzer gewählten Variablennamen ist in Bild 2.3 gezeigt.

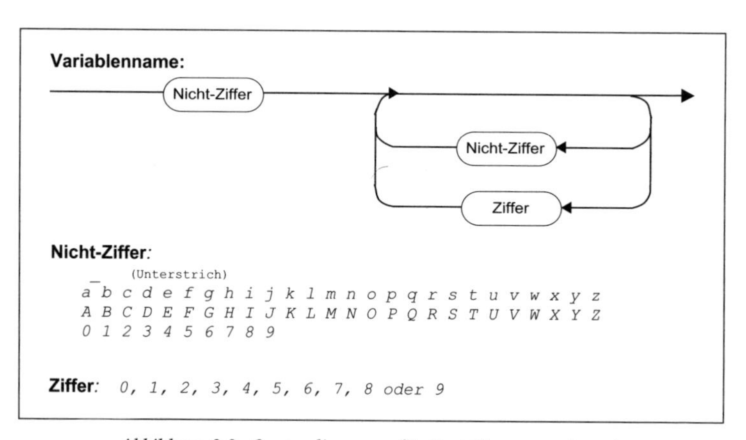

Abbildung 2.3: Syntaxdiagramm für Variablennamen in awk

Builtin-Variablen

awk kennt die in Tabelle 2.2 genannten **Builtin-Variablen**:

Variablenname	*Bedeutung*	*Voreinstellung*
ARGC	Anzahl der Argumente in der Kommandozeile.	-
ARGV	Array, das die Argumente aus der Kommandozeile enthält.	-
ENVIRON	Array, das die Werte der Environment-Variablen enthält; Indizes für dieses Array sind die Namen der Environment-Variablen.	-
FILENAME	Name der momentanen Eingabedatei.	-
FNR	(*File Number of Records*) Anzahl der bisher gelesenen Eingabezeilen in der momentanen Eingabedatei.	-
FS	(*Field Separator*) Trennzeichen für Eingabefelder.	" " [1]
NF	(*Number of Fields*) Anzahl der Felder in der momentanen Eingabezeile.	-
NR	(*Number of Records*) Anzahl der bisher gelesenen Eingabezeilen (eventuell über mehrere Eingabedateien weitergezählt).	-
OFMT	(*Output ForMaT*) Ausgabe-Format für Zahlen.	"%.6g"
OFS	(*Output Field Separator*) Trennzeichen für die Ausgabefelder.	" " [2]
ORS	(*Output Record Separator*) Trennzeichen für die Ausgabezeilen.	"\n"
RLENGTH	Länge eines Strings, der durch Aufruf der Funktion **match** ermittelt wurde.	-
RS	(*input Record Separator*) Trennzeichen für die Eingabezeilen: Will man bei awk das Neuezeilezeichen nicht als Trennzeichen für eine Eingabezeile haben, so kann man diese Voreinstellung verändern. Daher wird auch im Englischen bei einer Eingabezeile nicht von *line* gesprochen, sondern der Begriff *record* verwendet.	"\n"
RSTART	Start eines Strings, der durch Aufruf der Funktion **match** ermittelt wurde.	-
SUPSEP	(*SUPscript SEParator*) Trennzeichen für die verschiedenen Indizes bei mehrdimensionalen Arrays.	"\034"

Tabelle 2.2: Builtin-Variablen im awk

Diese Variablen können innerhalb von Ausdrücken verwendet werden und dürfen vom Benutzer mit anderen Werten vorbesetzt werden. Zusätzlich gilt folgendes:

1. Leerzeichen.
2. Leerzeichen.

- **FILENAME** wird jedesmal neu gesetzt, wenn eine neue Eingabedatei eröffnet wird.
- **FNR**, **NF** und **NR** werden jedesmal neu gesetzt, wenn eine neue Eingabezeile gelesen wird.
- **NF** wird jedesmal neu gesetzt, wenn der Inhalt von **$0** sich ändert oder wenn ein neues zusätzliches Feld erzeugt wird.
- **RLENGTH** und **RSTART** werden jedesmal neu gesetzt, wenn die Funktion **match** aufgerufen wird.

Die Builtin-Variable **ENVIRON** wurde mit dem System V Release 4 eingeführt. Über diese Variable kann auf die Variablen aus der Shellumgebung zugegriffen werden. **ENVIRON** ist ein Array, in dem der Index den Namen der Environment-Variablen hat und das zugehörige Array-Element den Inhalt dieser Environment-Variablen enthält.

Beispiel Mit dem folgenden awk-Programm *env.awk* kann man sich z.B. alle Environment-Variablen anzeigen lassen:

```
BEGIN { for (i in ENVIRON)
            print i "=" ENVIRON[i]
      }
```

Ruft man

```
awk -f env.awk
```

auf, wird z.B. folgendes ausgegeben:

```
PATH=/bin:/usr/bin:/home/egon/bin:.
CDPATH=:/home/egon:/usr:/home/graphgruppe
EDITOR=emacs
LOGNAME=egon
MAIL=/usr/spool/mail/egon
PS1=!>$PWD:
PS2=noch nicht fertig:
SHELL=/bin/sh
HOME=/home/egon
TERM=ansi
PWD=/home/egon/awk
TZ=MET-1MESZ,M3.5.0,M9.5.0/03
MAILCHECK=100
```

Feld-Variablen

Feld-Variablen setzen sich aus **$** und der Feld-Nummer zusammen: **$1**, **$2**, ..., **$NR**. **$0** steht für die ganze Zeile. Feld-Variablen können genau so wie andere Variablen behandelt werden, insbesondere können ihnen auch neue Werte zugewiesen werden.

Beispiel Das awk-Programm *eiw_1kg.awk*

```
BEGIN { FS = OFS = "\t" }
$3>15 { $3 *= 10
        $3 = $3 " Eiweiss auf 1kg"
        print
      }
```

setzt in der zu **BEGIN** gehörigen Aktion die Builtin-Variablen **FS** und **OFS** auf Tabulatorzeichen.

Für jedes Lebensmittel, das mehr als 15g Eiweiß auf 100g enthält, wird zuerst der alte Inhalt der Feld-Variablen **$3** mit 10 multipliziert, um die Eiweiß-Werte für 1kg zu erhalten, und der String » `Eiweiss auf 1kg`« an diesen Wert angehängt. **print** gibt dann den Inhalt von **$0** aus. Dieses Programm liefert für die Datei *kaltabel* folgende Ausgabe:

```
Tintenfisch     68    153 Eiweiss auf 1kg   +   170    Seefisch
Filet           182   186 Eiweiss auf 1kg   +   60     Schweinefleisch
Bierschinken    235   155 Eiweiss auf 1kg   +   85     Wurst
Hering          201   168 Eiweiss auf 1kg   +   85     Seefisch
Kotelett        193   190 Eiweiss auf 1kg   +   70     Schweinefleisch
Makrele         180   188 Eiweiss auf 1kg   +   70     Seefisch
Karpfen         115   180 Eiweiss auf 1kg   +   0      Suesswasserfisch
```

Durch die Veränderung von **$3** wurde auch der Inhalt von **$0** verändert. Ebenso gilt die Umkehrung: Jedesmal, wenn der Inhalt von **$0** verändert wird, werden auch die Inhalte der Variablen **$1**, **$2** usw. und **NF** angepaßt.

Feld-Variablen können auch unter Verwendung von Ausdrücken angegeben werden: **$(NF-1)** ist das vorletzte Feld der Eingabezeile. Die Klammern sind notwendig: **$NF-1** wäre nämlich der Wert von **$NF** minus 1.

Beispiel Eine Datei *sporterg* enthalte Sportresultate:

```
100m-Lauf   3  9,50sec 9,49sec 9,48sec 9,47sec 9,46sec 9,45sec 9,44sec
Weitsprung  5  9,00m 9,01m 9,02m 9,03m 9,04m  9,05m 9,06m 9,07m
Dreisprung  4  19,01m 19,02m 19,03m 19,04m 19,05m 19,06m 19,07m
Hochsprung  2  2,51m 2,52m 2,53m 2,54m 2,55m 2,56m 2,57m 2,58m
```

Das 2. Feld gibt dabei an, an welcher Stelle in der Liste der Resultate der momentan aktuelle Rekord[1] für die entsprechende Sportart steht.

Der Aufruf

```
awk '{ print $1, $($2+2) }' sporterg
```

gibt dann folgendes aus:

1. Die vorgegebenen Rekorde könnten vielleicht im Jahr 2010 zutreffen.

```
100m-Lauf 9,48sec
Weitsprung 9,04m
Dreisprung 19,04m
Hochsprung 2,52m
```

Es können auch neue Feld-Variablen eingeführt werden, indem auf ein nicht in der Eingabezeile existierendes Feld zugegriffen und ihm ein Wert zugewiesen wird.

Beispiel Das awk-Programm *luecke.awk*

```
$5 > 80 { $10 = "*" }
        { print }
```

gibt für *kaltabel* folgendes aus:

```
Roggenbrot      222   7.5    45     0     Brot
Tintenfisch     68    15.3   +      170   Seefisch             *
Pumpernickel    201   5      43     0     Brot
Filet           182   18.6   +      60    Schweinefleisch
Bierschinken    235   15.5   +      85    Wurst                *
Spaghetti       362   12.5   75.2   0     eifreie Teigwaren
Aal             281   15     +      142   Suesswasserfisch     *
Leberwurst      420   12.4   +      85    Wurst                *
Hering          201   16.8   +      85    Seefisch             *
Vollkornnudeln  343   15     64     0     eifreie Teigwaren
Rotwurst        400   13.3   +      85    Wurst                *
Weissbrot       238   7.5    48     0     Brot
Kotelett        193   19     +      70    Schweinefleisch
Makrele         180   18.8   +      70    Seefisch
Karpfen         115   18     +      0     Suesswasserfisch
```

Entstehen bei der Einführung neuer Feld-Variablen Lücken, so werden die dazwischenliegenden Feld-Variablen automatisch erzeugt und mit Null-Werten besetzt. Wie viele Feld-Variablen möglich sind, ist systemabhängig, meist aber ist ihre Anzahl auf unter Tausend pro Eingabezeile begrenzt.

Funktionen

Man unterscheidet hierbei zwischen schon vordefinierten Funktionen, den sogenannten *Builtin-Funktionen*, und Funktionen, die der Benutzer sich selbst definiert.

Builtin-Funktionen

Tabelle 2.3 zeigt die **arithmetischen Builtin-Funktionen**.

Funktion	*Rückgabewert*
atan2(y,x)	Arcustangens von y/x im Intervall $[-\pi,\pi]$
cos(x)	Cosinus von x (x im Bogenmaß)
exp(x)	Exponential-Funktion: e^x
int(x)	ganzzahliger Anteil von x
log(x)	natürlicher Logarithmus von x: ln x
rand(x)	Zufallszahl r, für die gilt: 0 <= r < 1
sin(x)	Sinus von x (x im Bogenmaß)
sqrt(x)	Quadratwurzel von x : $\sqrt{x}$
srand(x)	neuen Startwert x für Zufallszahlenfolge setzen; wird beim Aufruf von srand() kein x angegeben, so setzt awk als Startwert die aktuelle Zeit.

Tabelle 2.3: Arithmetische Builtin-Funktionen im awk

Beispiel Das folgende awk-Programm *mathfunk.awk*:

```
BEGIN { pi=3.1415
        print "atan2(0,-10)=" atan2(0,-10)
        print "cos(3*pi)=" cos(3*pi)
        print "exp(2)=" exp(2)
        print "log(exp(1))=" log(exp(1))
        print "int(pi)=" int(pi) ", int(-pi)=" int(-pi)
        print "sin(3*pi/2)=" sin(3*pi/2)
        print "sqrt(5)=" sqrt(5)
        print "rand()=" rand() ", rand()=" rand()
      }
```

gibt folgendes aus:

```
atan2(0,-10)=3.14159
cos(3*pi)=-1
exp(2)=7.38906
log(exp(1))=1
int(pi)=3, int(-pi)=-3
sin(3*pi/2)=-1
sqrt(5)=2.23607
rand()=0.17572, rand()=0.513855
```

Die **Builtin-String-Funktionen** sind in Tabelle 2.4 zusammengefaßt:

Funktion	*Beschreibung*	*Rückgabewert*
`gsub(`*r,s*`)`	ersetze überall in `$0` *r* durch *s*	Anzahl der Ersetzungen
`gsub(`*r,s,t*`)`	ersetze überall im String *t* den String *r* durch *s*	Anzahl der Ersetzungen
`index(`*s,t*`)`	suche 1. Vorkommen des Strings *t* im String *s*	Wenn gefunden: Anfangsposition von *t*, sonst 0
`length(`*s*`)`	bestimme Länge des Strings *s*; wird beim Aufruf von `length()` kein String *s* angegeben, so entspricht dies der Angabe `length($0)`.	Anzahl der Zeichen im String *s*
`match(`*s,r*`)`	überprüfe, ob *s* einen Teil-String enthält, der *r* entspricht	Wenn ja, Anfangsposition des Teil-Strings, sonst 0; zusätzlich werden die Builtin-Variablen `RSTART` und `RLENGTH` von dieser Funktion gesetzt.
`split(`*s,a*`)`	zerlege *s* entsprechend den Trennzeichen in `FS` in einzelne Felder und lege diese Felder im Array *a* ab	Anzahl der Felder
`split(`*s,a,tr*`)`	zerlege *s* entsprechend den Trennzeichen in *tr* in einzelne Felder und lege diese Felder im Array *a* ab	Anzahl der Felder
`sprintf(`*fmt, ausdr-liste*`)`	formatiere die Werte der in *ausdr-liste* angegebenen Ausdrücke entsprechend der Format-Vorgabe *fmt*	Formatierter String
`sub(`*r,s*`)`	ersetze in `$0` den längsten am weitesten links stehenden Teil-String *r* durch *s*	Anzahl der Ersetzungen
`sub(`*r,s,t*`)`	ersetze in *t* den längsten am weitesten links stehenden Teil-String *r* durch *s*	Anzahl der Ersetzungen
`substr(`*s,p*`)`	liefere ab Position *p* den Rest des Strings *s*	Teil-String von s ab Position p
`substr(`*s,p,n*`)`	schneide aus String *s* ab Position *p* einen Teil-String der Länge *n* aus	Ausgeschnittener Teil-String
`tolower(`*s*`)`	ersetze im String *s* alle Groß- durch Kleinbuchstaben. `tolower` liefert einen manipulierten String als Rückgabewert, während der String *s* selbst nicht verändert wird.	Umgewandelter String

Tabelle 2.4: Builtin-String-Funktionen im awk

Funktion	*Beschreibung*	*Rückgabewert*
`toupper(s)`	ersetze im String *s* alle Klein- durch Groß buchstaben. `toupper` liefert einen manipulierten String als Rückgabewert, während der String *s* selbst nicht verändert wird.	Umgewandelter String

Legende:

r für einen regulären Ausdruck (entweder als String oder in / .. / angegeben)

s für einen String-Ausdruck

t für einen String-Ausdruck

n für eine ganze Zahl

p für eine ganze Zahl

Tabelle 2.4: Builtin-String-Funktionen im awk

Im folgenden werden die Builtin-String-Funktionen anhand von Beispielen genau erläutert:

gsub(r,s) und gsub(r,s,t)

Beispiel Das awk-Programm *gsub1.awk*:

```
/[bB]rot/  { gsub(/rot/, "read")
             print
           }
```

ersetzt alle Vorkommen von »rot« in jeder Eingabezeile, die »brot« oder »Brot« enthält, durch »read«:

```
Roggenbread         222     7.5     45      0       Bread
Pumpernickel        201     5       43      0       Bread
Weissbread          238     7.5     48      0       Bread
```

Beispiel Eine Datei *gleitk.ein* enthalte Gleitkommazahlen[1] (nicht Gleitpunktzahlen):

```
2,3
3,14
11,1289
-1,23
0,45
```

Diese Zahlen sollen nun aufaddiert werden; dazu muss zuerst das Komma durch einen Punkt ersetzt werden, um diese Zahlen in Gleitpunkt-Darstellung umzuformen. Das folgende awk-Programm *gsub2.awk* bewerkstelligt dies:

1. eine pro Zeile.

```
    { gsub(/,/, ".");
      summe += $0
    }
END { gsub(/\./, ",", summe)
      print summe
    }
```

Dieses Programm auf obige Datei angewandt, gibt folgendes aus:

```
15,7889
```

Bei der Funktion **gsub** sind drei Punkte zu beachten:

1. Wenn **$0** durch diese Funktion verändert wird, werden die entsprechenden Felder und **NF** angepaßt.

Das awk-Programm *gsub3.awk*

```
/eifreie/ { print "NF=" NF ":", $0
            gsub(/eifreie/, "")
            print "NF=" NF ":", $0
            print "----------"
          }
```

gibt für die Datei *kaltabel* folgendes aus:

```
NF=7: Spaghetti       362    12.5    75.2    0       eifreie Teigwaren
NF=6: Spaghetti       362    12.5    75.2    0        Teigwaren
----------
NF=7: Vollkornnudeln  343    15      64      0       eifreie Teigwaren
NF=6: Vollkornnudeln  343    15      64      0        Teigwaren
----------
```

2. Sich überlappende Strings werden nicht zweimal ersetzt.

Das awk-Programm *gsub4.awk*

```
BEGIN  { wort="Rokkokokirche"
         gsub(/kok/, "stil", wort)
         print wort
       }
```

gibt `Rokstilokirche` und nicht `Rokstilstilirche` aus.

3. Wenn das Zeichen **&** im 2.Argument s vorkommt, so wird es durch den mit *r* beschriebenen Teil-String ersetzt.

Das awk-Programm *gsub5.awk*

```
BEGIN  { wort="kanada"
         gsub(/a/, "ala", wort)
         print wort
       }
```

gibt folgendes aus:

```
kalanaladala
```

Dieselbe Ausgabe erreicht man mit dem awk-Programm *gsub6.awk*

```
BEGIN  { wort="kanada"
         gsub(/a/, "&l&", wort)
         print wort
       }
```

Das awk-Programm *gsub7.awk*

```
BEGIN  { wort="Kinderschuhe"
         gsub(/[aeiou]/, "-&-", wort)
         print wort
       }
```

gibt folgendes aus:

```
K-i-nd-e-rsch-u-h-e-
```

Man habe z. B. folgenden Text in der Datei *ringel.txt* stehen:

```
Ich habe dich,
Lotte, so lieb.
Hast auch du mich
Lieb? Nein, vergib.

Nah oder fern
Gott sei dir gut.
Mein Herz hat gern
An dir geruht.
```

Um diesen Text in ein Gedicht von Joachim Ringelnatz umzuformen, reicht das folgende einfache Programm *ringel.awk* aus:

```
{ gsub(/[aeiouAEIOU]+/, "&bi")
  print
}
```

Ruft man nun

```
awk -f ringel.awk  ringel.txt
```

auf, so wird das entsprechende Gedicht von Joachim Ringelnatz ausgegeben:

```
Ibich habibebi dibich,
Lobittebi, sobi liebib.
Habist aubich dubi mibich
Liebib? Neibin, vebirgibib.
```

```
Nabih obidebir febirn
Gobitt seibi dibir gubit.
Meibin Hebirz habit gebirn
Abin dibir gebirubiht.
```

Wenn die Sonderbedeutung von **&** ausgeschaltet werden soll, so muss **\&** angegeben werden.

index(s,t)

```
awk  'BEGIN { print index("Rokkoko", "ko") }'
```

gibt 4 aus.

```
awk  'BEGIN { print index("Rokkoko", "kom") }'
```

gibt 0 aus.

length(s)

```
awk  'BEGIN { print length("Hallo") }'
```

gibt 5 aus.

```
awk  'BEGIN { print length("") }'
```

gibt 0 aus.

Die Angabe von **length()** entspricht der Angabe von **length($0)**.

match(s,r)

sucht den Teil-String in s, der durch den regulären Ausdruck[1] r beschrieben wird. Existieren mehrere, so wird der am weitesten links stehende genommen. Diese Funktion liefert die Anfangsposition des gefundenen Teil-Strings als Rückgabewert. Diese Anfangsposition wird ebenfalls in die Builtin-Variable **RSTART** abgelegt. Die Länge des Teil-Strings wird in die Builtin-Variable **RLENGTH** geschrieben. Falls kein Teil-String gefunden wird, liefert diese Funktion den Wert 0 und setzt die Variablen **RSTART** und **RLENGTH** auf den Wert 0.

Das awk-Programm *match1.awk*

```
BEGIN { name = "schoschonen"
        x = match(name, /scho[n]*/)
        print x, RSTART, RLENGTH, substr(name, RSTART, RLENGTH)
      }
```

1. Im Unterschied zur Builtin-Funktion `index` erlaubt `match` die Angabe eines regulären Ausdrucks als Suchmuster.

gibt folgendes aus:

```
1 1 4 scho
```

Das awk-Programm *match2.awk*

```
BEGIN { name = "schoschonen"
        x = match(name, /scho[n]+/)
        print x, RSTART, RLENGTH, substr(name, RSTART, RLENGTH)
      }
```

gibt folgendes aus:

```
5 5 5 schon
```

split(s,a) und split(s,a,tr)

Das awk-Programm *split1.awk*

```
BEGIN  { groesse = split("28.Mai.1999 12Uhr:13", datum, "[ .:]")
         print "Groesse des Arrays:", groesse
         print "datum[1]=" datum[1]
         print "datum[2]=" datum[2]
         print "datum[3]=" datum[3]
         print "datum[4]=" datum[4]
         print "datum[5]=" datum[5]
       }
```

gibt folgendes aus

```
Groesse des Arrays: 5
datum[1]=28
datum[2]=Mai
datum[3]=1999
datum[4]=12Uhr
datum[5]=13
```

sprintf(format, ausdr-liste)

Die Funktion

sprintf(*format*, *ausdr1, ausdr2, ... , ausdrn*)

liefert einen String, in dem die Werte der Ausdrücke *ausdr1, ausdr2, ... , ausdrn* entsprechend der *format*-Vorgaben[1] formatiert enthalten sind.

sprintf unterscheidet sich von der gleichnamigen C-Funktion darin, dass der formatierte String als Funktionsergebnis geliefert wird und nicht wie in C in das 1. Argument geschrieben wird.

1. Alle möglichen *format*-Vorgaben sind bei `printf` beschrieben.

Das awk-Programm *sprintf1.awk*

```
BEGIN { a = "Betrag"
        b = 200.156
        x = sprintf("%20s: %5.2f", a, b)
        print x
      }
```

gibt folgendes aus (Zahlenausgabe gerundet):

```
Betrag: 200.16
```

Eine Datei *sprintf2.ein* enthalte folgende Zahlen:

```
-3
34.5
12567
-653.
0
-0.23
-12.34
-1234567.89
1276543.21
-654321
```

Es ist nun ein awk-Programm zu erstellen, das für eine solche Datei die folgende formatierte Ausgabe bewirkt:

```
         -3 :            -3,00.- Euro
       34.5 :            34,50.- Euro
      12567 :         12.567,00.- Euro
      -653. :          -653,00.- Euro
          0 :             0,00.- Euro
      -0.23 :            -0,23.- Euro
     -12.34 :           -12,34.- Euro
-1234567.89 :    -1.234.567,89.- Euro
 1276543.21 :     1.276.543,21.- Euro
    -654321 :      -654.321,00.- Euro
```

Dies kann man mit dem folgenden awk-Programm *sprintf2.awk* erreichen.

```
BEGIN { vierziffer = "[0-9][0-9][0-9][0-9]"
      }
      { zahl = $0
        if (zahl < 0) {
           negativ = 1
           zahl = -zahl
        } else
           negativ = 0
        zzahl = sprintf("%.2f", zahl)    # wandle Zahl in Form ..zzzz.zz um
        sub(/\./, ",", zzahl)            # Ersetze Gleitpunkt durch Komma
        while (zzahl ~ vierziffer)       # mind. 4 zusammenhgde. Vorkomma-Ziffern
```

```
            sub(/[0-9][0-9][0-9][,.]/, ".&", zzahl)  # Ersetze zzz, oder zzz.
                                                     # durch .zzz, oder .zzz.
        if (negativ)
            zzahl = "-" zzahl
        ausgabe = sprintf("%20s : %20s", $0, zzahl ".- Euro")
        print ausgabe
    }
```

Dieses Programm könnte auch ohne die explizite Unterscheidung von positiven und negativen Zahlen realisiert werden.

sub(r,s) und sub(r,s,t)

Das awk-Programm *sub1.awk*

```
/[bB]rot/   { sub(/rot/, "read")
              print
            }
```

ersetzt das am weitesten links stehende »rot« in jeder Eingabezeile, die »brot« oder »Brot« enthält, durch »read«:

```
Roggenbread        222     7.5      45      0       Brot
Pumpernickel       201     5        43      0       Bread
Weissbread         238     7.5      48      0       Brot
```

sub(r,s) entspricht **sub(r,s,$0).**

Bei dieser Funktion sind die folgenden zwei Punkte zu beachten:

1. Wenn **$0** durch diese Funktion verändert wird, werden die entsprechenden Felder und **NF** angepaßt.

Das awk-Programm *sub2.awk*

```
/Seefisch/  { print "NF=" NF ":", $0
              sub(/Seefisch/, "Fisch vom Meer")
              print "NF=" NF ":", $0
              print "----------"
            }
```

gibt für die Datei *kaltabel* folgendes aus:

```
NF=6: Tintenfisch    68     15.3     +      170     Seefisch
NF=8: Tintenfisch    68     15.3     +      170     Fisch vom Meer
----------
NF=6: Hering         201    16.8     +      85      Seefisch
NF=8: Hering         201    16.8     +      85      Fisch vom Meer
----------
NF=6: Makrele        180    18.8     +      70      Seefisch
NF=8: Makrele        180    18.8     +      70      Fisch vom Meer
----------
```

2. Wenn das Zeichen & im 2. Argument *s* vorkommt, wird es durch den mit *r* beschriebenen Teil-String ersetzt.

Das awk-Programm *sub3.awk*

```
BEGIN  { wort="kanada"
         sub(/a/, "ala", wort)
         print wort
       }
```

gibt folgendes aus:

```
kalanada
```

Dieselbe Ausgabe erreicht man mit folgendem awk-Programm *sub4.awk*:

```
BEGIN  { wort="kanada"
         sub(/a/, "&l&", wort)
         print wort
       }
```

Wenn die Sonderbedeutung von & ausgeschaltet werden soll, muss \& angegeben werden.

substr(s,p) und **substr(s,p,n)**

Wenn bei **substr(s,p,n)** die Anzahl der Zeichen ab Position p weniger als n ist, wird lediglich der Rest des Strings zurückgegeben.

Das awk-Programm *substr1.awk*

```
    { nr++;
      laeng[nr] = length($1)        # Laenge von $1 im Array laeng speichern
      start[nr] = ges_laeng+1       # Startpunkt im Gesamtstring festhalten
      zeichk = zeichk $1 "\n"       # Lebensm. an zeichk mit \n anhaengen
      ges_laeng += laeng[nr]+1      # Gesamtlaenge aktualisieren
    }
END { print "Folgende Lebensmittel stehen zur Verfuegung:"
      print "\n" zeichk
      srand()                   # neuen Startpkt. fuer Zufallszahlen setzen
      print "Fuer heute wuerde ich vorschlagen:"
      zufall = int(nr*rand())+1     # zufaellig auswaehlen
      print substr(zeichk, start[zufall], laeng[zufall])
    }
```

gibt z.B. aus:

```
Folgende Lebensmittel stehen zur Verfuegung:

Roggenbrot
Tintenfisch
Pumpernickel
```

```
Filet
Bierschinken
Spaghetti
Aal
Leberwurst
Hering
Vollkornnudeln
Rotwurst
Weissbrot
Kotelett
Makrele
Karpfen

Fuer heute wuerde ich vorschlagen:
Spaghetti
```

In einer Datei *termin.dat* seien Termine in der folgenden Form gespeichert:

```
14.06.1956 Geburtstag von Hans
02.08.1966 Geburtstag von Fritz
03.12.1932 Hochzeitstag von Eltern
24.08.1955 Geburtstag von Schwester Maria
12.08.1980 Unser Hochzeitstag
```

Das awk-Programm *substr2.awk*

```
substr($1,4,2) == "08" { print }
```

gibt alle Termine für den Monat August aus:

```
02.08.1966 Geburtstag von Fritz
24.08.1955 Geburtstag von Schwester Maria
12.08.1980 Unser Hochzeitstag
```

Sollen die Termine nach Monaten sortiert ausgegeben werden, kann das folgende awk-Programm *substr3.awk*:

```
{ $1 = "Monat " substr($1,4,2) ": " substr($1,1,2) "(" substr($1,7,4) ")"
  print
}
```

mit

```
awk -f substr3.awk termin.dat | sort
```

aufgerufen werden, was zu folgender Ausgabe führt:

```
Monat 06: 14(1956) Geburtstag von Hans
Monat 08: 02(1966) Geburtstag von Fritz
Monat 08: 12(1980) Unser Hochzeitstag
Monat 08: 24(1955) Geburtstag von Schwester Maria
Monat 12: 03(1932) Hochzeitstag von Eltern
```

tolower(s) und toupper(s)

Mit diesen beiden Funktionen, die erst im awk von System V.4 zur Verfügung stehen, können in Strings Groß- in Kleinbuchstaben und umgekehrt umgewandelt werden. Ziffern und andere Zeichen bleiben unverändert. **tolower(s)** und **toupper(s)** liefern den entsprechend umgeformten String als Rückgabewert. Der String *s* selbst bleibt unverändert.

Das folgende awk-Programm *anfgross.awk* gibt alle Wörter aus dem Eingabetext »groß geschrieben« aus. »Groß geschrieben« bedeutet, dass der erste Buchstabe jedes Wortes groß und der Rest immer klein geschrieben ist:

```
{ wortanfang=1
  i=1
  while (i<=length($0)) {
     z = substr($0,i++,1)
     printf("%s", (wortanfang)?toupper(z):tolower(z) )
     wortanfang=(z!~/[A-Za-z]/)
  }
  printf("\n")
}
```

Hat man z.B. die folgende Datei *eingab.txt*:

```
HERR HANS MEIER; FIRMA SCHOEN&FRISCH
frau Lydia KoLLer; FIRMA waldblau
Herr Wolfgang ZELLER; keine Firma
```

dann resultiert aus dem Aufruf

```
awk  -f anfgross.awk  eingab.txt
```

folgende Ausgabe:

```
Herr Hans Meier; Firma Schoen&Frisch
Frau Lydia Koller; Firma Waldblau
Herr Wolfgang Zeller; Keine Firma
```

Benutzerdefinierte Funktionen

Neben den Builtin-Funktionen ist es auch möglich, dass der Benutzer seine eigenen Funktionen definiert. Dies ist möglich durch eine Anweisung der Form:

```
function  funktionsname(parameterliste) {[1]
        anweisungen
}
```

1. Zwischen *funktionsname* und (darf kein Zwischenraum-Zeichen wie Leerzeichen oder Tabulatorzeichen angegeben werden.

Eine Funktionsdefinition kann überall dort angegeben werden, wo

pattern { *aktion* } -Konstrukte

erlaubt sind[1]. Ein awk-Programm ist somit eine Folge von *pattern* { *aktion* }-Konstrukten und Funktionsdefinitionen, welche durch neue Zeilen oder Semikolons voneinander zu trennen sind.

In einer Funktionsdefinition sind Zeilenvorschübe nach { und vor } nicht unbedingt gefordert; der besseren Lesbarkeit wegen werden sie jedoch meist dort angegeben.

Die *parameterliste* ist eine Folge von Variablennamen, die durch Kommas voneinander zu trennen sind; werden diese Namen innerhalb der Funktion verwendet, so beziehen sie sich immer auf die Parameter und nicht auf eventuell vorhandene globale Variablen mit gleichen Namen.

Benutzerdefinierte Funktionen sind »typenlos«; die gleiche Funktion kann sowohl ganze Zahlen, Strings als auch Gleitpunktzahlen an den aufrufenden Programmteil zurückgeben.

Unter den Anweisungen in einem Funktionskörper kann eine einfache return-Anweisung enthalten sein. Eine solche **return**-Anweisung bewirkt das unmittelbare Verlassen der Funktion. Soll die Funktion einen Wert an den Aufrufer zurückgeben, ist folgendes anzugeben.

return *ausdruck*

Wenn kein **return** in einem Funktionskörper angegeben ist, so wird die Funktion verlassen, nachdem die letzte Anweisung dieser Funktion ausgeführt wurde.

Das awk-Programm *func1.awk*

```
BEGIN {  datum1 = "20.7.80"
         mon1 = monat(datum1)
         print mon1 " (" datum1 ")"   # globales datum1 bleibt unveraendert
         mon2 = monat("20.August.1989")
         print mon2
         mon3 = monat("1.02.1958")
         print mon3
      }
# Funktion zum Extrahieren eines Monats aus einem Datum d
function monat(d) {
   pkt = index(d,".")
   d = substr(d,pkt+1)
   pkt = index(d,".")
   return substr(d,1,pkt-1)
}
```

1. Allerdings ist es gängige awk-Praxis, die Funktionsdefinitionen am Ende des awk-Programms anzugeben.

gibt folgendes aus:

```
7 (20.7.80)
August
02
```

Aus diesem Beispiel wird ersichtlich, dass bei Übergabe von einfachen Variablen als Parameter an eine Funktion nur eine Kopie des Variablenwerts übergeben wird und nicht die Variable selbst. Dieser Übergabe-Mechanismus ist auch unter dem Namen *call-by-value* bekannt.

Werden Arrays als Parameter übergeben, werden deren Inhalte allerdings nicht kopiert, sondern es findet ein *call-by-reference* statt. So können innerhalb einer Funktion Array-Elemente vertauscht oder neue kreiert werden.

Beispiel Das awk-Programm *func2.awk*

```
BEGIN { a[1] = 10
        a[2] = 20
        a[3] = 30
        vertausch(a, 1, 3)
        print "a[1]=" a[1] ", a[2]=" a[2] ", a[3]=" a[3]
      }

# Funktion zum Vertauschen von Elementen des Arrays a
#  Indizes der zu tauschenden Elemente: x, y
function vertausch(a, x, y) {
   z=a[x]
   a[x]=a[y]
   a[y]=z
}
```

gibt folgendes aus:

```
a[1]=30, a[2]=20, a[3]=10
```

Eine benutzereigene Funktion kann in jedem beliebigen Ausdruck in einer *pattern { aktion }*-Anweisung aufgerufen[1] werden. Ebenso kann eine Funktion innerhalb eines Funktionskörpers aufgerufen werden. Auch rekursive Funktionsaufrufe sind erlaubt.

Beispiel Es ist ein awk-Programm zu erstellen, das alle Eingabezeilen vorwärts und rückwärts ausgibt. Zum Beispiel sollte sich für die folgende Eingabedatei *func3.ein*:

```
Otto spielt Lotto
Sascha hat Angst
Helmut faellt ins Wasser
```

1. Bei einem Aufruf einer Funktion darf wie bei der Definition zwischen dem Funktionsnamen und (kein Zwischenraum-Zeichen wie Leerzeichen oder Tabulatorzeichen angegeben werden.

```
Maria pflueckt Pflaumen
Michaela holt die Kinder
```

folgende Ausgabe ergeben:

```
|Otto spielt Lotto|<------>|ottoL tleips ottO|
|Sascha hat Angst|<------>|tsgnA tah ahcsaS|
|Helmut faellt ins Wasser|<------>|ressaW sni tlleaf tumleH|
|Maria pflueckt Pflaumen|<------>|nemualfP tkceulfp airaM|
|Michaela holt die Kinder|<------>|redniK eid tloh aleahciM|
```

Das awk-Programm *func3.awk*

```
{  printf("|")
   umdrehen($0 "\n")
   printf("|\n")
}

function umdrehen(string) {
   if (substr(string,1,1) != "\n") {
       printf("%s", substr(string,1,1))
       umdrehen(substr(string,2))
       printf("%s", substr(string,1,1))
   } else
       printf("|<------>|")
}
```

erfüllt diese Aufgabe.

Wie zuvor erwähnt, handelt es sich bei den Parametern einer Funktion um lokale Variablen: Ihre Lebensdauer und ihr Gültigkeitsbereich erstreckt sich nur über die Dauer der Funktionsausführung.

Werden in einer Funktionsdefinition allerdings neue Variablen eingeführt, dann sind diese global, d.h. es kann im ganzen Programm auf sie zugegriffen werden.

Benötigt man funktionslokale Variablen, so bietet sich nur die Möglichkeit an, diese am Ende der Parameterliste in der Funktionsdefinition anzugeben. Es gilt nämlich folgende Regel:

Wird eine Funktion mit weniger Parametern aufgerufen als bei der Funktionsdefinition vereinbart, so werden die restlichen Parameter als funktionslokale Variablen eingeführt, die mit »« initialisiert werden.

Unter Anwendung der Regel für funktionslokale Variablen könnten wir die vorhergehende Aufgabe auch mit dem folgenden awk-Programm *func4.awk* bewältigen:

```
{  printf("|")
   umdrehen($0 "\n")
   printf("|\n")
}
```

```
function umdrehen(string,                  zeich) {
   zeich = substr(string,1,1)
   if (zeich != "\n") {
       printf("%s", zeich)
       umdrehen(substr(string,2))
       printf("%s", zeich)
   } else
       printf("|<------>|")
}
```

Funktionsbibliothek

In der praktischen Softwareentwicklung ist es üblich, nützliche Funktionen an einer Stelle zu sammeln, um immer wieder Zugriff auf sie zu haben. Üblicherweise bezeichnet man eine solche Sammlung als *Bibliothek*. Bei awk empfiehlt sich die folgende Vorgehensweise: Man sammelt alle nützlichen Funktionen in einer Datei, wie z.B. */home/egon/awk/lib*. Verwendet man dann in awk-Programmen Funktionen aus dieser Bibliothek, muss man beim awk-Aufruf nur zusätzlich noch **-f** */home/egon/awk/lib* auf der Kommandozeile angeben, wie z.B.:

awk -f /home/egon/awk/lib -f *awk-programm datei(en)*

Eine nützliche Funktion, die man in einer solchen Bibliothek (*lib*) ablegen könnte, wäre z.B. *einfuege*. Diese Funktion *einfuege* fügt in einem String an einer bestimmten Stelle einen Teilstring ein und liefert dann diesen String als Rückgabewert.

```
#------- einfuege -------------------------------------------
#   fuegt in string nach position das einfuegeteil ein und liefert dann
#   den so entstandenen neuen String als Rueckgabewert, wie z.B.
#         einfuege("abcghi", 3, "def")   liefert den String "abcdefghi"
#
function einfuege(string, position, einfuegeteil,      vor, nach) {
   vor  = substr(string, 1, position)
   nach = substr(string, position+1)
   return vor einfuegeteil nach
}
```

Die in einer solchen Bibliotheksdatei angegebenen awk-Funktionen sollten immer gut kommentiert sein, um auch später noch die Arbeitsweise einer solchen Funktion verstehen zu können.

Manche Systeme/Shells bieten eine Environment-Variable **AWKPATH** an, über die ähnlich zur **PATH**-Variable Suchpfade für awk-Skripts festgelegt werden können. In diesem Fall könnte dann

awk -f lib -f *awk-programm datei(en)*

aufgerufen werden, wenn der Pfad */home/egon/awk/* in **AWKPATH** eingetragen ist. Wenn mehrere Suchpfade in **AWKPATH** hinterlegt werden, müssen sie wie bei **PATH** mit Doppelpunkt voneinander getrennt werden.

Arrays

Strings und Zahlen können in eindimensionalen Arrays gespeichert werden. Arrays müssen weder explizit deklariert noch muss ihre Größe im voraus angegeben werden. Wie Variablen so werden auch Array-Elemente eingeführt, indem man einfach auf sie zugreift; sie sind immer mit dem Wert 0 bzw. "" initialisiert.

Beispiel Unter UNIX existiert ein Kommando

tail [*dateiname*] [1]

Dieses Kommando gibt – wenn keine Option angegeben ist – die letzten 10 Zeilen der Datei *dateiname* auf die Standardausgabe aus. Es ist nun ein awk-Programm *array1.awk* zu erstellen, das dieses Kommando (ohne Optionen) nachbildet:

```
    { x[NR] = $0 }   # Abspeichern jeder Zeile als eigenes Array-Element
END { start = (NR<=10) ? 1 : NR-9
      for (i=start ; i<=NR ; i++)
          print x[i]
    }
```

Im Unterschied zu Arrays in den meisten anderen Programmiersprachen sind bei awk-Arrays Strings als Indizes erlaubt; solche Arrays mit String-Indizierung werden *assoziative Arrays* genannt.

Beispiel Das awk-Programm *array2.awk*

```
/Seefisch/  { kcal["Seefisch"] += $2 }
/Brot/      { kcal["Brot"] += $2 }
END  { print "Gesamt-Kcal der Seefische:", kcal["Seefisch"]
       print "Gesamt-Kcal der Brote:", kcal["Brot"]
     }
```

liefert für die Eingabedatei *kaltabel* folgende Ausgabe:

```
Gesamt-Kcal der Seefische: 449
Gesamt-Kcal der Brote: 661
```

Wichtig ist hier, dass die Strings "`Seefisch`" und "`Brot`" ausdrücklich als Strings angegeben werden. Gibt man dagegen `kcal[Seefisch]` an, wird der Wert der Variablen `Seefisch` verwendet; da diese Variable nicht explizit initialisiert wurde, werden die kcal-Werte im Array-Element `kcal[""]` aufaddiert.

Jeder beliebige Ausdruck kann als Index verwendet werden.

1. [*dateiname*] bedeutet, dass der *dateiname* optional ist. Wird `tail` ohne einen Dateinamen aufgerufen, so wird von der Standardeingabe gelesen.

Beispiel Das awk-Programm *array3.awk*

```
BEGIN { FS = "\t" }
      { kcal[$6] += $2 }
END   { for (speise in kcal)
            print speise ": " kcal[speise], "kcal"
      }
```

liefert für die Eingabedatei *kaltabel* z.B. folgende Ausgabe (eventuell in einer anderen Reihenfolge):

```
Suesswasserfisch: 396 kcal
eifreie Teigwaren: 705 kcal
Wurst: 1055 kcal
Schweinefleisch: 375 kcal
Seefisch: 449 kcal
Brot: 661 kcal
```

Der in-Operator

Im letzten Beispiel wurde eine **for**-Schleife verwendet, die alle Indizes eines Arrays durchläuft:

***for** (variable **in** array)*
  anweisung

Die Reihenfolge, in der die Indizes durchlaufen werden, ist implementationsabhängig.

Beispiel Wenn das awk-Programm *array4.awk*

```
    { x[NR] = $0 }       # Abspeichern jeder Zeile als eigenes Array-Element
END { for (i in x)
          print x[i]
    }
```

zum Beispiel mit sich selbst als Eingabedatei aufgerufen wird, können die Zeilen in der Reihenfolge vertauscht ausgegeben werden:

```
    }
          print x[i]
END { for (i in x)
    { x[NR] = $0 }       # Abspeichern jeder Zeile als eigenes Array-Element
```

Eine solche Ausgabe wird sehr wahrscheinlich nicht gewünscht. Ebenso sollten die Anweisungen innerhalb einer solchen **for**-Schleife keine neuen Array-Elemente hinzufügen. Auch bei solchen Programmen ist das Ergebnis nicht vorhersagbar.

Der **in**-Operator kann auch dazu verwendet werden festzustellen, ob ein bestimmter Index in einem Array vorkommt oder nicht:

index **in** *array*

Dieser Ausdruck liefert WAHR (Wert 1), wenn *array[index]* existiert, und sonst FALSCH (Wert 0).

Zum Beispiel überprüft die Konstruktion

```
if ("Brot" in kcal)
```

ob im Array `kcal` der Index "`Brot`" vorkommt. Es ist dabei wichtig, dass dieser Index nicht neu angelegt wird, falls er noch nicht existiert. Im Unterschied dazu legt

```
if (kcal["Brot"] != "")
```

einen neuen Index "`Brot`" im Array `kcal` an, wenn er dort noch nicht existiert.

delete – Löschen eines Array-Elements

Ein Array-Element kann mit

delete ***array[index]*** oder **delete(*array[index]*)**

aus einem Array entfernt werden.

Beispiel

for (i in kcal)
delete kcal[i]

entfernt das ganze Array `kcal`.

Beispiel

Das awk-Programm *wortstat.awk*

```
    {   gsub(/[.,:;!?(){}]/, "")     # Interpunktions-Zeichen entfernen
        for (i=1 ; i<=NF ; i++)
           haeufigkeit[$i]++
    }
END {   for (z in haeufigkeit)
           print  z, haeufigkeit[z]
    }
```

zählt, wie oft jedes Wort in den Eingabedateien vorkommt.

Mehrdimensionale Arrays

awk unterstützt zwar nicht direkt **mehrdimensionale Arrays**, es gibt aber eine Möglichkeit, sie unter Verwendung von mehreren eindimensionalen Arrays nachzubilden. Es ist nämlich möglich, mehrdimensionale Indizes wie *i,j* oder *x,y,z* anzugeben. awk konkateniert zuerst die einzelnen Komponenten dieser Indizes (mit einem Trennzeichen dazwischen) und faßt dann solche mehrdimensionalen Index-Angaben als einen eindimensionalen Index auf.

Beispiel Das awk-Programm *array5.awk*

```
BEGIN { for (i=1 ; i<=5 ; i++)
          for (j=1 ; j<=5 ; j++)
            ein_mal_eins[i,j] = i*j    # Array-INDEX [i,j] entspricht:
                                       #  [i"\034"j]
        for (i=1 ; i<=5 ; i++) {
          for (j=1 ; j<=5 ; j++)
            printf("%5d", ein_mal_eins[i,j])
          printf("\n");
        }
        printf("\nZugriff ueber Index-Angabe [i\"\\034\"j]\n");
        for (i=1 ; i<=5 ; i++) {
          for (j=1 ; j<=5 ; j++)
            printf("%5d", ein_mal_eins[i"\034"j])
          printf("\n");
        }
      }
```

gibt folgendes aus:

```
    1    2    3    4    5
    2    4    6    8   10
    3    6    9   12   15
    4    8   12   16   20
    5   10   15   20   25

Zugriff ueber Index-Angabe [i"\034"j]
    1    2    3    4    5
    2    4    6    8   10
    3    6    9   12   15
    4    8   12   16   20
    5   10   15   20   25
```

In diesem Beispiel wird ein Array mit 25 Elementen erzeugt; die Indizes in diesem Array sind *1,1*, *1,2*, *1,3* usw. Intern werden diese Indizes allerdings als Strings der Form »*1 SUPSEP 1*«, »*1 SUPSEP 2*«, »*1 SUPSEP 3*« usw. gespeichert.

Die Builtin-Variable **SUPSEP**[1] enthält das Trennzeichen für die einzelnen Komponenten von mehrdimensionalen Indizes; da ihre Voreinstellung »`\034`« ist, kann bei der zweiten Ausgabe in diesem Beispiel anstelle von `[i,j]` auch `[i "\034" j]` angegeben werden, wobei `[i,j]` sicher besser lesbar ist.

Beispiel Wird ein nicht in **SUPSEP** vorgegebener Wert als Trennzeichen für die Index-Teile verwendet, wie im folgenden Programm *array6.awk*:

```
BEGIN { for (i=1 ; i<=5 ; i++)
          for (j=1 ; j<=5 ; j++)
            ein_mal_eins[i,j] = i*j    # Array-INDEX [i,j] entspricht:
                                       #  [i"\034"j]
```

1. engl.: ***subscript separator***

```
    for (i=1 ; i<=5 ; i++) {
      for (j=1 ; j<=5 ; j++)
        printf("%5d", ein_mal_eins[i,j])
      printf("\n");
    }
    printf("\nZugriff ueber Index-Angabe [i\"\\033\"j]\n");
    for (i=1 ; i<=5 ; i++) {
      for (j=1 ; j<=5 ; j++)
        printf("%5d", ein_mal_eins[i"\033"j])
      printf("\n");
    }
  }
```

so werden damit natürlich andere Array-Elemente angesprochen, was in diesem Beispiel zu folgender Ausgabe führt:

```
    1    2    3    4    5
    2    4    6    8   10
    3    6    9   12   15
    4    8   12   16   20
    5   10   15   20   25

Zugriff ueber Index-Angabe [i"\033"j]
    0    0    0    0    0
    0    0    0    0    0
    0    0    0    0    0
    0    0    0    0    0
    0    0    0    0    0
```

Wenn geprüft werden soll, ob ein mehrdimensionaler Index in einem Array vorkommt, so ist der mehrdimensionale Index in runden Klammern anzugeben:

if *((i,j)* ***in*** *array)*

Um ein »mehrdimensionales Array« mit einer Schleife zu durchlaufen, können auch die Konstruktionen

for *((i,j)* ***in*** *array)* oder
for *(m* ***in*** *array)*

verwendet werden. Wenn im zweiten Fall innerhalb der Schleife die einzelnen Index-Komponenten benötigt werden, können diese extrahiert werden mit

split(m, a, SUPSEP).

Der erste Index liegt dann in `a[1]`, der zweite in `a[2]` usw.

Beispiel Eine Eingabedatei *array7.ein* enthalte Umsätze zu bestimmten Monaten (Angabe: Monat/Jahr):

```
2/1997 12895.23
11/1997 17372.73
12/1999 14257.52
```

```
3/1998 12838.83
12/1999 14532.63
11/1997 12384.54
12/1999 11283.67
```

Es sind nun alle angegebenen Umsätze für Dezember 1999 aufzuaddieren und die Summe auszugeben. Das awk-Programm *array7.awk*

```
    { umsatz[$1] += $2 }
END { for (i in umsatz) {
        split(i, datum, "/")  # Zerlegen des Datums-Index in Monat und Jahr
        if (datum[1]=="12" && datum[2]=="1999")
           print i ": " umsatz[i]
      }
    }
```

erfüllt diese Aufgabe und gibt folgendes aus:

```
12/1999: 40073.8
```

Es ist darauf hinzuweisen, dass Array-Elemente niemals wieder Arrays sein können.

Erzeugen von Arrays aus Strings mit split

Eine häufige Anwendung im Zusammenhang mit Arrays findet die Builtin-Funktion **split**. Statt jedes Array-Element mühsam einzelnen zu initialisieren, wie z.B.

```
array[1]=string1
array[2]=string2
array[3]=string3
array[4]=string4
    .........
```

ist es üblich, einen String zu definieren, in dem alle Einzel-Strings mit einem bestimmten Trennzeichen, wie z.B. Kommas voneinander getrennt sind:

```
string="string1,string2,string3,string4,......"
```

Nun ruft man

split(*string, array, ","*)

auf, was dazu führt, dass genau wie oben in *array[1]* der *string1*, in *array[2]* der *string2* usw. abgelegt wird. Diese Methode ist sehr gebräuchlich, da sie eleganter und weniger umständlich ist als die vorangegangene Methode, bei der jedes Array-Element einzeln initialisiert wird.

So gibt z.B. das folgende awk-Programm *englwort.awk* zu jeder Ziffer im Eingabetext das entsprechende englische Wort aus:

```
BEGIN {
    string="zero,one,two,three,four,five,six,seven,eight,nine"
    split(string,englwort, ",")
}

{  for (i=1 ; i<=length() ; i++) {
      z=substr($0,i,1)
      if (z ~ /[0-9]/)
         printf("-%s-", englwort[z+1])
      else
         printf("%s", z)
   }
   printf("\n")
}
```

Wenn z. B. die Datei *ziffer.txt* folgenden Inhalt hat:

```
123450
12.845
104
==39.7
```

dann liefert der Aufruf

```
awk  -f englwort.awk  ziffer.txt
```

die folgende Ausgabe:

```
-one--two--three--four--five--zero-
-one--two-.-eight--four--five-
-one--zero--four-
==-three--nine-.-seven-
```

Kontrollanweisungen im Überblick

Diese Anweisungen wurden weitgehend von der Programmiersprache C übernommen. Die folgende Aufstellung zeigt alle awk-Kontrollanweisungen im Überblick:

{ *anweisungen* }
: Block von Anweisungen

if (*ausdruck*) *anweisung1* **else** *anweisung2*
: Wenn *ausdruck* WAHR liefert, dann wird *anweisung1* und sonst *anweisung2* ausgeführt.

if (*ausdruck*) *anweisung*
: Nur wenn *ausdruck* WAHR liefert, wird *anweisung* ausgeführt.

while (*ausdruck*) *anweisung*
: Solange *ausdruck* WAHR liefert, wird *anweisung* ausgeführt.

for (*ausdruck*$_1$ **;** *ausdruck*$_2$ **;** *ausdruck*$_3$) *anweisung*
ist äquivalent zu: *ausdruck*$_1$; **while** (*ausdruck*$_2$) {*anweisung; ausdruck*$_3$}

for (*variable* **in** *array*) *anweisung*
Durchlaufen des gesamten *array*; bei jedem Durchlauf wird *anweisung* ausgeführt und *variable* enthält den jeweiligen aktuellen *array*-Index für den momentanen Durchlauf.

do *anweisung* **while** (*ausdruck*)
anweisung wird zumindest einmal ausgeführt; danach wird sie sooft wiederholt, bis *ausdruck* nicht mehr WAHR liefert.

break
Bewirkt das unmittelbare Verlassen der entsprechenden **while**-, **for**- oder **do**-Schleife.

continue
Bewirkt die unmittelbare Ausführung des nächsten Durchlaufs einer **while**-, **for**- oder **do**-Schleife.

next
Veranlaßt das Lesen der nächsten Eingabezeile und Starten des awk-Programms für diese Eingabezeile von Beginn (außer **END** und **BEGIN**) an.

exit

exit *ausdruck*
Bewirkt die unmittelbare Verzweigung der Programmausführung zur **END**-Aktion; Wenn keine **END**-Aktion vorhanden ist, wird das awk-Programm sofort verlassen. Ist ein *ausdruck* angegeben, wird der Wert dieses Ausdrucks als exit-Status des awk-Programms zurückgegeben.

In den folgenden Abschnitten werden alle soeben aufgezählten awk-Kontrollanweisungen ausführlich besprochen. C-Programmierern wird dabei vieles bekannt vorkommen.

Block von Anweisungen

Anstelle einer einfachen Anweisung kann immer auch ein Block von Anweisungen, die mit **{ .. }** zu klammern sind, angegeben werden:

{ *anweisungen* }

Die einzelnen Anweisungen in diesem Block müssen immer durch neue Zeilen oder durch Semikolons voneinander getrennt werden.

Die if-Anweisung

Die **if**-Anweisung wird für Programmverzweigungen benötigt. Man unterscheidet dabei die einseitige und die zweiseitige if-Anweisung.

Die zweiseitige if-Anweisung

if (*ausdruck***)** *anweisung1* **else** *anweisung2*

Nach (*ausdruck*), nach *anweisung1* oder nach **else** dürfen neue Zeilen angegeben werden. Wenn **else** in der gleichen Zeile wie *anweisung1* angegeben wird, dann muss *anweisung1* – wenn es sich um eine einzelne Anweisung handelt – mit einem Semikolon abgeschlossen werden.

Zuerst wird *ausdruck* ausgewertet. Wenn diese Auswertung WAHR liefert, d.h. entweder einen von 0 verschiedenen numerischen Wert oder einen »Nicht-Null-String«, dann wird *anweisung1* und sonst *anweisung2* ausgeführt (siehe auch Bild 2.4).

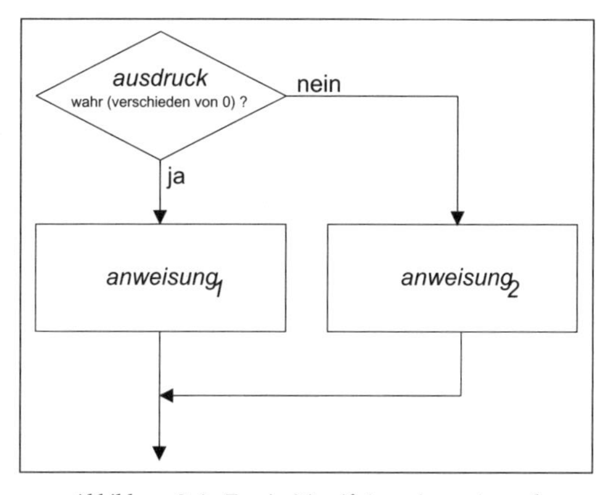

Abbildung 2.4: Zweiseitige if-Anweisung im awk

Da **if**-Anweisungen beliebig ineinander geschachtelt werden können, ist folgende Regel wichtig: Ein **else** bezieht sich immer auf das unmittelbar vorausgehende »**else**-lose« **if**, das sich im gleichen Block befindet.

Beispiel Wird das awk-Programm *if1.awk*

```
BEGIN { srand();
        var1 = int(rand()*2)     # var1 auf Wert 0 oder 1 setzen (zufaellig)
        var2 = int(rand()*2)     # var2 auf Wert 0 oder 1 setzen (zufaellig)
        print "var1=" var1 ", var2=" var2
        if (var1)
          if (var2)
             print "Auswertung von var1 und var2 liefert WAHR"
```

```
          else
             print "Auswertung von var1 liefert WAHR und die von var2 FALSCH"
        else
          if (var2)
             print "Auswertung von var1 liefert FALSCH und die von var2 WAHR"
          else
             print "Auswertung von var1 und var2 liefert FALSCH"
      }
```

mehrmals aufgerufen, ergeben sich die folgenden Ausgaben:

```
var1=1, var2=1
Auswertung von var1 und var2 liefert WAHR
   .....
var1=1, var2=0
Auswertung von var1 liefert WAHR und die von var2 FALSCH
   .....
var1=0, var2=1
Auswertung von var1 liefert FALSCH und die von var2 WAHR
   .....
var1=0, var2=0
Auswertung von var1 und var2 liefert FALSCH
```

Wenn andere »**else**-Bezüge« erforderlich sind, kann dies durch Block-Bildungen { .. } erreicht werden.

Beispiel Eine Datei *if2.ein* enthalte Maße für Metallteile:

```
12.4
23.4
9.95
18.9
34.95
8.74
14.56
```

Alle Metallteile, deren Länge sich im Intervall [10,20] befindet, können sofort weiter verwendet werden; die Teile, die länger als 20 cm sind, müssen zuerst zurecht geschnitten werden. Alle anderen Teil können übergangen werden.

Das awk-Programm *if2.awk*

```
{ if ($1<=20) {
    if ($1>=10)
       print "Metall-Teil " NR " geeignet (" $1 " cm)"
  } else
       print "Metall-Teil " NR " noch zurecht schneiden (" $1 " cm)"
}
```

führt diese Überprüfung durch und liefert folgende Ausgabe:

```
Metall-Teil 1 geeignet (12.4 cm)
Metall-Teil 2 noch zurecht schneiden (23.4 cm)
Metall-Teil 4 geeignet (18.9 cm)
Metall-Teil 5 noch zurecht schneiden (34.95 cm)
Metall-Teil 7 geeignet (14.56 cm)
```

Die einseitige if-Anweisung

if (*ausdruck***)** *anweisung*

Nach (*ausdruck*) darf eine neue Zeile angegeben werden.

Zuerst wird *ausdruck* ausgewertet. Wenn diese Auswertung WAHR liefert, d.h. entweder einen von 0 verschiedenen numerischen Wert oder einen »Nicht-Null-String«, dann wird *anweisung* ausgeführt; sonst fährt man mit der auf die **if**-Anweisung folgenden Anweisung fort. Die Anweisungsfolge

if (*ausdruck***)**
  anweisung1
anweisung2

wird in einem Programmablaufplan (Bild 2.5) verdeutlicht:

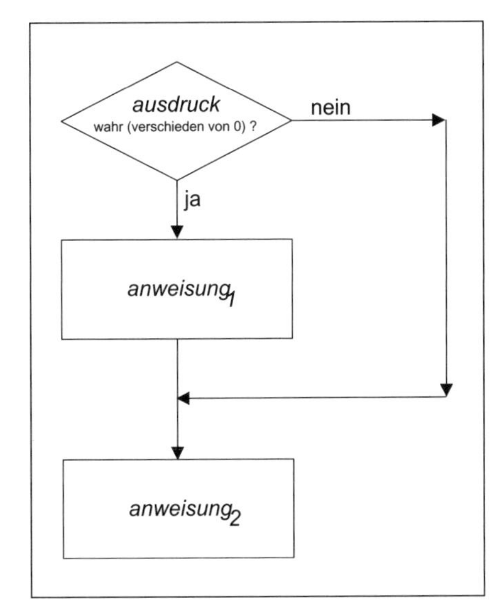

Abbildung 2.5: Einseitige if-Anweisung im awk

Die while-Anweisung

while (*ausdruck)* *anweisung1*

Nach (*ausdruck*) darf eine neue Zeile angegeben werden.

Die **while**-Anweisung bewirkt die wiederholte Ausführung von *anweisung1*, solange die Auswertung von *ausdruck* WAHR liefert. Die Auswertung von *ausdruck* findet dabei vor jedem Schleifendurchlauf statt. Die Anweisungsfolge

while (*ausdruck)*
   anweisung1
anweisung2

wird in einem Programmablaufplan (Bild 2.6) verdeutlicht:

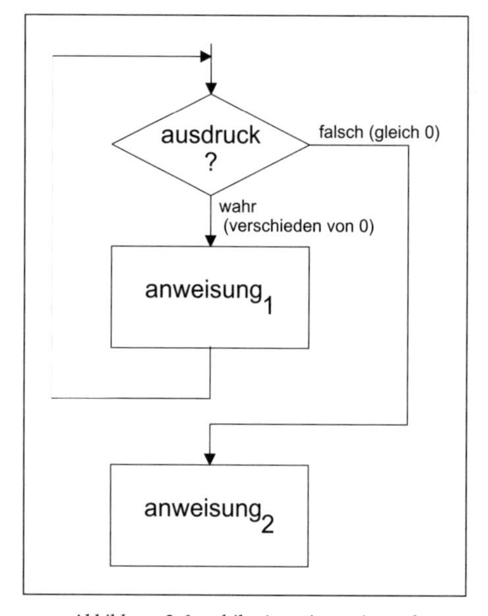

Abbildung 2.6: while-Anweisung im awk

Beispiel In der Eingabedatei *while1.ein* seien ganze Zahlen enthalten, wie z. B.

```
12345
83874879238477383884884030
53672
9398839349
12736524544244424421552772
3
0
```

Es ist nun ein awk-Programm *while1.awk* zu erstellen, das zu jeder einzelnen dieser Zahlen die Quersumme ermittelt:

```
{  i=1
   q_summe = 0
   while ((zahl=substr($1,i++,1)) != "")
      q_summe += zahl
   print "Quersumme("$1")=" q_summe
}
```

Dieses Programm liefert für die obige Eingabedatei folgende Ausgabe:

```
Quersumme(12345)=15
Quersumme(83874879238477383884884030)=142
Quersumme(53672)=23
Quersumme(9398839349)=65
Quersumme(12736524544244424421552772)=98
Quersumme(3)=3
Quersumme(0)=0
```

Die for-Anweisung

for (*ausdruck*$_1$; *ausdruck*$_2$; *ausdruck*$_3$) *anweisung*

Nach (*ausdruck*$_1$; *ausdruck*$_2$; *ausdruck*$_3$) darf eine neue Zeile angegeben werden.

Die Angabe

for (*ausdruck*$_1$;*ausdruck*$_2$;*ausdruck*$_3$)
  anweisung$_1$
anweisung$_2$

entspricht der folgenden Angabe:

```
ausdruck1;                # initialisiert die Schleife.
while (ausdruck2) {       # ausdruck2 ist Schleifen-Bedingung
  anweisung1;             # anweisung1 wird solange ausgeführt,
                          # bis ausdruck2 FALSCH liefert.
  ausdruck3               # wird nach jedem Schleifendurchlauf ausgeführt.
}
anweisung2
```

Der folgende Programmablaufplan (Bild 2.7) soll die Abarbeitung einer **for**-Schleife verdeutlichen.

ausdruck1 und *ausdruck3* müssen nicht angegeben sein. Das Weglassen von *ausdruck2* bewirkt, dass diese Bedingung als WAHR gewertet wird. Eine Endlosschleife könnte somit nachgebildet werden mit

for (;;) entspricht **for(;1;)**

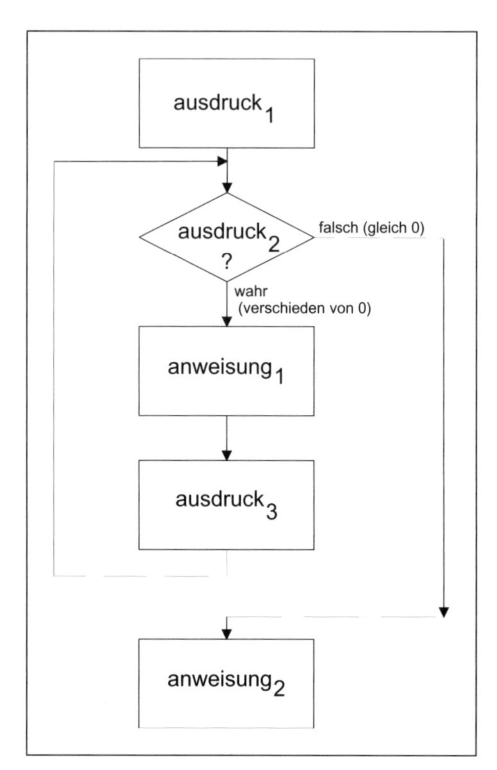

Abbildung 2.7: for-Anweisung im awk

Beispiel Es ist die Summe von Zahlen (eine pro Zeile) aus einer Eingabedatei zu berechnen; zusätzlich soll zu jeder Zahl der Prozentanteil, den sie von der Summe darstellt, ausgegeben werden. Diese Aufgabe erfüllt das folgende awk-Programm *for1.awk*:

```
    { zahl[NR] = $1
      summe += $1
    }
END { if (summe)
         for (i=1 ; i<=NR ; i++)
            print zahl[i], "(" 100*zahl[i]/summe " %)"
      print "------"
      print summe
    }
```

Beispiel Es sind die Summen zu allen Zahlenspalten einer Datei zu ermitteln; dabei ist zu berücksichtigen, dass die einzelnen Zeilen unterschiedliche Spaltenzahlen besitzen können. Eventuell fehlende Spalten in einer Zeile werden als 0 betrachtet. So sollte das awk-Programm für die Eingabedatei *for2.ein*:

```
12      47      25
150     23
10      20      12      15
30
```

folgendes ausgeben:

```
         12      47      25
         150     23
         10      20      12      15
         30

Summe:   202     90      37      15
```

Diese Aufgabe erfüllt das folgende awk-Programm *for2.awk*:

```
    { for (i=1 ; i<=NF ; i++)
         summe[i] += $i
      if (NF > max_spalte)
         max_spalte = NF
      print "\t" $0
    }
END { sum_zeile = "Summe:"
      for (i=1 ; i<=max_spalte ; i++)
         sum_zeile = sum_zeile "\t" summe[i]
      print ""
      print sum_zeile
    }
```

Beispiel Das vorhergehende Programm soll so abgeändert werden, dass es Spalten aus Dateien wie der Eingabedatei *for3.ein*:

```
Datum     Fa.Motz        Bez.      Fa.Max       Bez.
1.2.99       3243     Drucker         ***        ***
3.2.99        ***         ***       12045     Bildschirm
5.2.99      -1231      Rueckg.        123     Kabel
```

addieren kann. Wenn zumindest eine Zahl in einer Spalte vorkommt, soll der Summenbetrag ausgedruckt werden. Kommen in einer Spalte sowohl Zahlen als auch Strings vor, sind die Strings als Wert 0 zu interpretieren. Somit sollte sich zur obigen Eingabedatei folgende Ausgabe ergeben:

```
         Datum     Fa.Motz    Bez.       Fa.Max     Bez.
         1.2.99    3243       Drucker    ***        ***
         3.2.99    ***        ***        12045      Bildschirm
         5.2.99    -1231      Rueckg.    123        Kabel

Summe:             2012                  12168
```

Die erste Zeile der Eingabedatei legt immer die maximale Feld-Anzahl fest. Kommen in einer Zeile mehr Felder vor, ist dies zu melden. Das zugehörige awk-Programm *for3.awk* kann wie folgt aussehen:

```
NR==1 { max_spalte = NF
      }
      { if (NF > max_spalte)
           print "Zeile " NR "hat zuviele Spalten"
        sum_zeile = ""
        for (i=1 ; i<=NF ; i++) {
           if (num_wert($i)) {
              nflag[i] = 1
              summe[i] += $i
           }
           sum_zeile = sum_zeile "\t" $i
        }
        print sum_zeile
      }
END   { sum_zeile = "Summe:"
        for (i=1 ; i<=max_spalte ; i++) {
           ausgab = (nflag[i]) ? summe[i] : " "
           sum_zeile = sum_zeile "\t" ausgab
        }
        print ""
        print sum_zeile
      }

function num_wert(feld) { return feld ~ /^[+-]?[0-9]*$/ }
```

In diesem Programm wurde kein großer Wert auf die Formatierung gelegt. Weiter unten wird **printf**, das sich vorzüglich für die formatierte Ausgabe eignet, ausführlich beschrieben.

for (variable in array) anweisung

Diese Art einer **for**-Schleife wurde im Zusammenhang mit Arrays im vorangegangenen Absatz ausführlich beschrieben.

Die do-while-Anweisung

do *anweisung* **while** (*ausdruck)*

Nach **do** und nach *anweisung* darf eine neue Zeile angegeben werden. Wenn **while** in der gleichen Zeile wie *anweisung* erscheint, muss nach der *anweisung* – wenn es sich um eine einzelne Anweisung handelt – ein Semikolon angegeben werden.

Die **do**-Schleife führt die *anweisung* einmal aus und wiederholt sie solange, bis die Auswertung von *ausdruck* nicht mehr WAHR liefert. Die Auswertung von *ausdruck* findet dabei nach jedem Schleifendurchlauf statt. Die Anweisungsfolge

do
anweisung1
***while** (ausdruck)*
anweisung2

wird in einem Programmablaufplan (Bild 2.8) verdeutlicht:

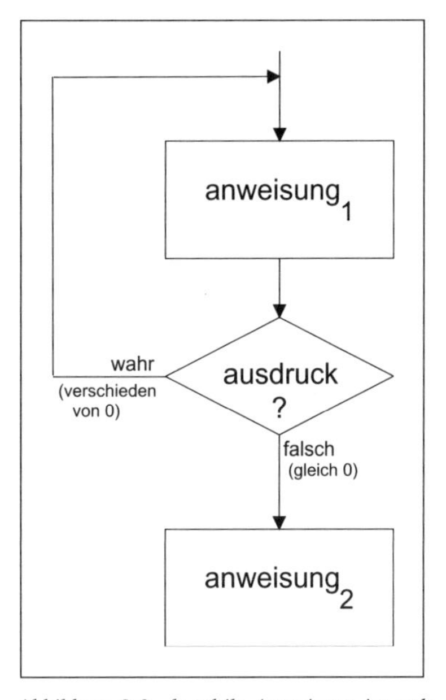

Abbildung 2.8: do-while-Anweisung im awk

Beispiel Das folgende awk-Programm *lotto.awk* ermittelt zufällig *x* Zahlen aus einem bestimmten Bereich von 1 bis *y*. *y* ist dabei als erste und *x* als zweite Zahl anzugeben:

```
BEGIN {  srand()
      }

      {  if ($1>=$2) {
            printf("==== %d aus %d ====\n     ", $2, $1)
            for (i in lottozahl)
               delete lottozahl[i]
            z=0
            while (++z<=$2) {
               do {
```

```
                zahl = int(rand()*$1)+1
             } while (zahl in lottozahl)
             lottozahl[zahl]=zahl
          }
          for (i=1 ; i<=$1 ; i++)
             if (i in lottozahl)
                printf("%5d", i)
          printf("\n")
       }
    }
```

Wenn man z. B. die folgende Datei *lotto.txt* hat:

```
49 6
5 4
100 10
9 9
5 3
5 3
```

liefert der Aufruf

```
awk  -f lotto.awk  lotto.txt
```

z. B. die folgende Ausgabe:

```
==== 6 aus 49 ====
        3    6   19   20   21   41
==== 4 aus 5 ====
        1    3    4    5
==== 10 aus 100 ====
        5    8   17   18   48   68   70   86   93   95
==== 9 aus 9 ====
        1    2    3    4    5    6    7    8    9
==== 3 aus 5 ====
        1    2    3
==== 3 aus 5 ====
        1    4    5
```

Die break-Anweisung

Nicht immer ist es sinnvoll, eine Schleife mit dem über einen *ausdruck* in der Schleifenbedingung vorgegebenen Abbruchkriterium zu verlassen. Für solche Anwendungsfälle dient die break-Anweisung, die das Verlassen der unmittelbar umschließenden while-, for- oder do-Schleife veranlaßt. Die Ausführung von **break** sollte immer von einer Bedingung abhängig gemacht werden. Bei mehrfach ineinandergeschachtelten Schleifen bewirkt **break** nur das Verlassen der innersten Schleife.

*Erläuterungen zu **break:***

break in einer while-Schleife

```
    while (ausdruck) {
         .....
         if (...)
+------- break;
|        .....
|   }
+-> nächste Anweisung
```

break in mehrfach verschachtelten Schleifen

```
    while (ausdruck) {
         .....
         do {
              .....
              for (ausdr1; ausdr2; ausdr3) {
                   .....
                   if (...)
         +-------- break;
         |         .....
         |    }
         +-> nächste Anweisung (nach for-Schleife)
              .....
         } while (ausdruck);
         .....
    }
```

Die continue-Anweisung

Soll während des Programmlaufs nur der aktuelle Schleifendurchlauf (nicht die ganze Schleife wie bei **break**) abgebrochen und sofort mit dem nächsten Durchlauf der gleichen Schleife fortgefahren werden, so ist die **continue**-Anweisung zu verwenden.

Die **continue**-Anweisung ist also der **break**-Anweisung ähnlich; sie bewirkt allerdings im Unterschied zu **break** nicht den Abbruch der gesamten Schleife, sondern nur den Abbruch des aktuellen Schleifendurchlaufs, also einen Sprung zum Schleifenende. **continue** leitet somit unverzüglich den nächsten Durchlauf der umschließenden **while-**, **for-** oder **do**-Schleife.

Die next-Anweisung

next veranlaßt das unmittelbare Lesen der nächsten Eingabezeile – falls noch eine vorhanden ist – und setzt die Programmausführung von Beginn an beim ersten *pattern { **aktion** }* fort. **END-** und **BEGIN**-Aktionen werden natürlich nicht ausgeführt, sondern übergangen.

Beispiel Es sind alle Lebensmittel aus *kaltabel* aufzulisten, die kein Cholesterin und zugleich weniger als 10g Eiweiß (bei 100g) besitzen. Die beiden folgenden awk-Programme *next1.awk* und *next2.awk*:

```
{   if ( $3 > 10 || $5 != 0 )
       next
    print $1, "(" $6 ")", $3, "g Eiweiss und kein Cholesterin"
}
```

und

```
{   if ( $3 <= 10 && $5 == 0 )
       print $1, "(" $6 ")", $3, "g Eiweiss und kein Cholesterin"
}
```

bewirken das gleiche und liefern die folgende Ausgabe:

```
Roggenbrot (Brot) 7.5 g Eiweiss und kein Cholesterin
Pumpernickel (Brot) 5 g Eiweiss und kein Cholesterin
Weissbrot (Brot) 7.5 g Eiweiss und kein Cholesterin
```

Beispiel Es ist ein awk-Programm zu erstellen, dem über die erste Eingabedatei *vorgabe.txt*

```
@n          next
@B          Bearbeiten
@Ez         Eingabezeile
@L          Lesen der naechsten Eingabezeile
@Ed         Eingabedatei
@Bsp        Beispiel
@Af         Anweisungsfolge
```

die zu bestimmten Abkürzungen gehörigen vollen Texte mitgeteilt werden. Dieses awk-Programm soll dann in allen folgenden Eingabedateien diese Abkürzungen durch die vollen Texte ersetzen. Zum Beispiel sollte es bei Vorlage der Datei *next3.ein*

```
@n beendet sofort das @B einer @Ez. @n
veranlasst das sofortige @L
aus den vorgegebenen @Ed.
In diesem @Bsp wird gezeigt, wie @n eingesetzt
wird, um nur eine bestimmte @Af fuer eine
ganz bestimmte @Ed ausfuehren zu lassen.
```

folgende Ausgabe liefern:

```
next beendet sofort das Bearbeiten einer Eingabezeile. next
veranlasst das sofortige Lesen der naechsten Eingabezeile
aus den vorgegebenen Eingabedatei.
In diesem Beispiel wird gezeigt, wie next eingesetzt
wird, um nur eine bestimmte Anweisungsfolge fuer eine
ganz bestimmte Eingabedatei ausfuehren zu lassen.
```

Diese Aufgabe erfüllt das folgende awk-Programm *next3.awk*:

```
{ if (FILENAME == "vorgabe.txt") {
     split($0, wort, "\t")    # wort[1] erhaelt die Abkuerzung
                              # wort[2] den dafuer einzusetzenden Text
     text[wort[1]] = wort[2]   # text haelt die einzusetzenden Texte fest
                               # als Index fuer text dient die Abkuerzung
     next                     # nur die Anweisungen bis hier duerfen fuer die Datei
  }                           # "vorgabe.txt" ausgefuehrt werden.
    # Es werden fuer jede Eingabezeile die Indizes fuer das Array text
    # durchlaufen und eventuell vorkommende Abkürzungen durch den
    # vollen Text ersetzt
  for (abk in text)
     gsub(abk, text[abk])
  print
}
```

Die exit-Anweisung

exit bzw. **exit** *ausdruck*

Die Wirkung von **exit** hängt davon ab, ob es in einer **END**-Aktion oder in einer anderen Aktion angegeben ist.

In einer **END**-Aktion bewirkt die **exit**-Anweisung die unmittelbare Programmbeendigung. In jeder anderen Aktion bewirkt die **exit**-Anweisung das unmittelbare Eingabeende: es wird keine Eingabe mehr gelesen und die **END**-Aktionen – falls welche vorhanden sind – werden ausgeführt.

Beispiel Ein awk-Programm prüft zu Beginn, ob eine Eingabedatei genau 6 Felder in der ersten Zeile besitzt; wenn nicht, wird eine Meldung ausgegeben und das awk-Programm sofort beendet:

```
{ if (NF != 6) {
     print "1. Zeile enthält nicht 6 Felder"
     exit
  }
  .....
  .....
}
```

Ein awk-Programm prüft am Ende, ob eine Eingabedatei mindestens 100 Zeilen enthielt; wenn nicht, wird eine Meldung ausgegeben und das awk-Programm ohne Auswertungen sofort beendet:

```
.....
.....
END { if (NR < 100) {
        print "Weniger als 100 Zeilen; keine Auswertungen"
```

```
        exit
     }
  }
```

Wenn eine **exit**-Anweisung einen Ausdruck

exit *ausdruck*

enthält, gibt awk den Wert von *ausdruck* als Statuswert an das aufrufende Programm zurück, sofern nicht ein eventuell nachfolgender Fehler oder ein neues **exit** in **END**-Aktionen diesen Statuswert verändert.

Ein **exit** ohne Angabe eines *ausdruck* liefert den exit-Status 0.

2.2.4 Ausgabe

Zur Ausgabe stehen die folgenden **Ausgabeanweisungen** zur Verfügung:

print
: gibt **$0** auf die Standardausgabe aus (entspricht **print $0**).

print *ausdruck*$_1$, *ausdruck*$_2$, ...
: gibt die Ausdrücke *ausdruck*$_1$, *ausdruck2*, ... durch den Inhalt von **OFS** getrennt auf die Standardausgabe aus; abschließend wird noch der Inhalt von **ORS** dorthin ausgegeben.

print *ausdruck*$_1$, *ausdruck*$_2$, ... ***>dateiname***
: gibt die Ausdrücke *ausdruck*$_1$, *ausdruck2*, ... durch den Inhalt von **OFS** getrennt in die Datei *dateiname* (alter Inhalt wird überschrieben) aus; abschließend wird der Inhalt von **ORS** dorthin ausgegeben.

print *ausdruck*$_1$, *ausdruck*$_2$, ... ***>>dateiname***
: gibt die Ausdrücke *ausdruck1*, *ausdruck*$_2$, ... durch den Inhalt von **OFS** getrennt an das Ende der Datei *dateiname* aus; abschließend wird der Inhalt von **ORS** dorthin ausgegeben.

print *ausdruck*$_1$, *ausdruck*$_2$, ... **|** ***kommando***
: gibt die Ausdrücke *ausdruck*$_1$, *ausdruck*$_2$, ... durch den Inhalt von **OFS** getrennt in die Standardeingabe des Kommandos *kommando* aus; abschließend wird noch der Inhalt von **ORS** dorthin ausgegeben.

printf(*format*, *ausdruck*$_1$, *ausdruck*$_2$, ...)
printf(*format*, *ausdruck*$_1$, *ausdruck*$_2$, ...) ***>dateiname***
printf(*format*, *ausdruck*$_1$, *ausdruck*$_2$, ...) ***>>dateiname***
printf(*format*, *ausdruck*$_1$, *ausdruck*$_2$, ...) **|** ***kommando***
: Die **printf**-Anweisungen verhalten sich weitgehend wie die entsprechenden **print**-Anweisungen, außer dass das 1.Argument eine Formatierungsvorgabe darstellt.

close(*dateiname*)
close(*kommando*)
schließt eine Verbindung zwischen einer Ausgabe und einem *dateinamen* oder *kommando*

Die Liste von Argumenten für ein **printf** muss nicht mit **(..)** geklammert sein, es sind auch die folgenden Anweisungen erlaubt:

printf *format*, $ausdruck_1$, $ausdruck_2$, ...
printf *format*, $ausdruck_1$, $ausdruck_2$, ... **>*dateiname***
printf *format*, $ausdruck_1$, $ausdruck_2$, ... **>>*dateiname***
printf *format*, $ausdruck_1$, $ausdruck_2$, ... | *kommando*

Klammern sind allerdings dann bei **print** und **printf** erforderlich, wenn ein Ausdruck in der Liste von Argumenten einen relationalen Operator enthält; in diesem Fall muss entweder der Ausdruck oder die Liste von Argumenten geklammert sein. Dies ist notwendig, da awk sonst nicht unterscheiden könnte, ob es sich bei einem > um den Umlenkungsoperator oder den relationalen Operator handelt.

print

Leerzeilen können mit **print ""** ausgegeben werden.

print $ausdruck_1$, $ausdruck_2$, ...
print $ausdruck_1$, $ausdruck_2$, ... **>*dateiname***
print $ausdruck_1$, $ausdruck_2$, ... **>>*dateiname***
print $ausdruck_1$, $ausdruck_2$, ... | ***kommando***

OFS ist mit einem Leerzeichen „ “ und **ORS** mit einem Neuezeilezeichen „`\n`“ vorbesetzt. Diese Voreinstellung kann allerdings auch geändert werden.

Beispiel Das awk-Programm *print1.awk*

```
BEGIN { OFS = "-" ; ORS = "---" }
NR<=3 { print $1, $2, $3 }
END   { ORS="\n"; print "" }
```

gibt für *kaltabel* folgendes aus:

```
Roggenbrot-222-7.5---Tintenfisch-68-15.3---Pumpernickel-201-5---
```

Die gleiche Ausgabe erreicht man mit dem awk-Programm *print2.awk*

```
BEGIN { OFS = "-" ; ORS = "---" }
NR<=3 { print $1,
              $2,
              $3
      }
END   { ORS="\n"; print "" }
```

Das awk-Programm *print3.awk*

```
BEGIN { OFS = "-" ; ORS = "---" }
NR<=3 { print $1 $2 $3 }
END   { ORS="\n"; print "" }
```

gibt dagegen zwischen den drei Feldern keine Trennzeichen aus, da die drei Felder zuerst zu einem String konkateniert und dann ausgegeben werden, so dass folgende Ausgabe resultiert:

```
Roggenbrot2227.5---Tintenfisch6815.3---Pumpernickel2015---
```

printf

printf(*format*, *ausdruck*$_1$, *ausdruck*$_2$, ...)
printf(*format*, *ausdruck*$_1$, *ausdruck*$_2$, ...) **>*dateiname***
printf(*format*, *ausdruck*$_1$, *ausdruck*$_2$, ...) **>>*dateiname***
printf(*format*, *ausdruck*$_1$, *ausdruck*$_2$, ...) **| *kommando***

printf wird für die formatierte Ausgabe benötigt; deswegen muss der *format*-String immer angegeben werden.

Der String *format* kann sich zusammensetzen aus:

- Zeichen (nicht %), die unverändert ausgegeben werden,
- und Umwandlungsvorgaben (beginnen mit %), die sich auf die nachfolgenden Argumente beziehen.

Eine Umwandlungsvorgabe setzt sich wie folgt zusammen[1]:

% F W G U

Dabei gilt

- **F** = [Formatierungszeichen]
- **W** = [Weite]; Mindestanzahl der auszugebenden Zeichen
- **G** = [Genauigkeit]; *.ganzzahl*
- **U** = Umwandlungszeichen

Die Elemente haben folgende Bedeutung:

- **Formatierungszeichen**
  Hierfür ist folgendes Zeichen erlaubt: – (Minuszeichen) linksbündige Justierung des entsprechenden Arguments.

1. **[]** bedeutet, dass die entsprechende Angabe optional ist, d.h. sie kann, muss aber nicht angegeben werden.

- **Weite**
  Die als *Weite* angegebene ganze Zahl bestimmt die Mindestanzahl der auszugebenden Stellen. Wenn der umgewandelte Wert des entsprechenden Arguments weniger Stellen als *Weite* besitzt, so wird er links[1] mit Leerzeichen oder mit Nullen (wenn die angegebene ganze Zahl mit einer 0 beginnt) aufgefüllt.

- **Genauigkeit**
  Genauigkeit wird mit ***.ganzzahl*** angegeben. Die Genauigkeit legt für Strings die maximale Anzahl von auszugebenden Zeichen und für Zahlen die auszugebenden Nachkommastellen fest.

- **Umwandlungszeichen**
  Die in Tabelle 2.5 genannten Umwandlungszeichen stehen zur Verfügung.

Umwandlungszeichen	*gibt das entsprechende Argument aus als*
`c`	ASCII-Zeichen
`d`	vorzeichenbehaftete ganze Dezimalzahl
`e`	Gleitpunktzahl in der Form [-]*d.dddddd**E***[+-]*dd*
`f`	Gleitpunktzahl in der Form [-]*ddd.dddddd*
`e`	entweder in der e- oder f-Umwandlungsform, abhängig davon, welche kürzer ist (Nicht signifikante Nullen werden dabei unterdrückt)
`o`	vorzeichenlose Oktalzahl
`s`	String
`x`	vorzeichenlose Hexadezimalzahl
`%`	das Zeichen `%` wird ausgegeben; in diesem Fall wird kein Argument umgewandelt

Tabelle 2.5: Umwandlungszeichen für printf

Im Gegensatz zu **print** schließt **printf** eine Ausgabe nicht automatisch mit einem Zeilenvorschub ab. Mit der Angabe der Escape-Sequenz `\n` können an beliebigen Stellen innerhalb von *format* Zeilenvorschübe bewirkt werden.

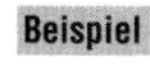

Das nachfolgende awk-Programm *printf1.awk* zeigt Ausgaben für verschiedene Formatierungsvorgaben:

1. rechts, wenn eine Linksjustierung (Formatierungszeichen -) gefordert ist.

<table>
<tr><th>awk-Programm</th><th>Ausgabe:</th></tr>
<tr><td><pre>
BEGIN { dezi   = 102
         float1 = 3.1415
         float2 = 3457489.4
         double = -134E+09
         string = "Zeichkette"

         printf("|%c|\n", dezi)
         printf("|%8d|\n", dezi)
         printf("|%08d|\n", dezi)
         printf("|%-8d|\n", dezi)
         printf("|%-8x|\n", dezi)
         printf("|%08o|\n", dezi)
         printf("|%5d|\n\n", float2)

         printf("|%f|\n", float1)
         printf("|%8.2f|\n", float1)
         printf("|%-10.5f|\n", float1)
         printf("|%-6.3f|\n\n", float2)

         printf("|%e|\n", float1)
         printf("|%.3e|\n", dezi)
         printf("|%-10.5e|\n\n", double)

         printf("|%g|\n", float1)
         printf("|%.5g|\n", dezi)
         printf("|%.5g|\n", float2)
         printf("|%-10.5g|\n\n", double)

         printf("|%s|\n", string)
         printf("|%12s|\n", string)
         printf("|%-12s|\n", string)
         printf("|%.3s|\n", string)
         printf("|%12.3s|\n", string)
         printf("|%-12.3s|\n", string)
      }
</pre></td><td><pre>

|f|
| 102|
|00000102|
|102 |
|66 |
|00000146|
|3457489|

|3.141500|
| 3.14|
|3.14150 |
|3457489.400|

|3.141500e+00|
|1.020e+02|
|-1.34000e+11|

|3.1415|
|102|
|3.4575e+06|
|-1.34e+11 |

|Zeichkette|
| Zeichkette|
|Zeichkette |
|Zei|
| Zei|
|Zei |
</pre></td></tr>
</table>

Besonderen Komfort bietet die Möglichkeit, die Formatangabe in einem String abzulegen. Dies ist vor allem dann vorteilhaft, wenn die gleiche Formatangabe bei mehreren **printf**-Aufrufen benötigt wird. Dazu wird der Formatstring in der **BEGIN**-Aktion definiert, z. B. mit

fmt1 = "%10s | %6.2f (%f%%)"

Danach können die entsprechenden **printf**-Aufrufe in der Form

printf(fmt1, *ausdr*$_1$, *ausdr*$_2$, *ausdr*$_3$**)**

angegeben werden.

Die Umlenkungsoperatoren > und >> werden verwendet, um die Standardausgabe in eine Datei umzulenken.

Beispiel Alle cholesterinfreien Lebensmittel sollen in der Datei *cholfrei* gespeichert werden; Cholesterinhaltige sollen in die Datei *cholvorh* geschrieben werden. Dies erreicht man mit dem folgenden awk-Programm *printf2.awk*.

```
$5 == 0 { print $1 > "cholfrei" }
$5 > 0  { print $1 > "cholvorh" }
```

Die Dateinamen müssen dabei immer mit " .. " geklammert werden.

Obige Aufgabenstellung könnte man auch mit dem folgenden awk-Programm *printf3.awk* lösen.

```
{ print ($1) > ($5==0) ? "cholfrei" : "cholvorh" }
```

Die Dateien *cholfrei* und *cholvorh* haben in beiden Fällen folgenden Inhalt:

cholfrei	*cholvorh*
Roggenbrot	Tintenfisch
Pumpernickel	Filet
Spaghetti	Bierschinken
Vollkornnudeln	Aal
Weissbrot	Leberwurst
Karpfen	Hering
	Rotwurst
	Kotelett
	Makrele

Wenn in der Ausdrucksliste eines `print`- oder `printf`-Aufrufs ein Ausdruck einen relationalen Operator enthält, muss entweder der Ausdruck oder die Ausdrucksliste mit (..) geklammert werden, um Zweideutigkeiten mit dem Umlenkungsoperator > zu vermeiden.

Beispiel Bei der Angabe

```
{ print $2, $5 > "A" }
```

wird > als Umlenkungsoperator interpretiert. Ist dagegen ein Vergleich von `$5` mit "`A`" gewünscht, ist folgendes anzugeben:

```
{ print $2, ($5 > "A") }
```

Dateinamen können auch über Variablen angegeben werden, z. B. würde

```
{ print > $1 }
```

jede Zeile in die Datei schreiben, deren Name durch das 1. Feld vorgegeben ist.

Der Umlenkungsoperator > eröffnet eine Datei nur einmal; jede nachfolgende `print`- oder `printf`-Anweisung fügt die entsprechenden Daten an das Ende der eröffneten Datei an.

Im Gegensatz zu > wird bei der Verwendung von >> beim erstenmal nicht der ursprüngliche Inhalt der Datei überschrieben, sondern die auszugebenden Daten an das Dateiende angehängt.

Eine Pipe kann verwendet werden, um eine Ausgabe an ein anderes Kommando als Eingabe weiterzureichen.

Beispiel Es sind die durchschnittlichen kcal-Werte einer Lebensmittelgruppe zu ermitteln. Die Ausgabe des Ergebnisses soll nach steigenden kcal-Werte sortiert sein. Das awk-Programm *printf4.awk*

```
BEGIN { FS = "\t" }

      { gruppe[$6] += $2
        zahl[$6]++
      }

END   { zehnstrich = "----------"
        zwanzigstrich = zehnstrich zehnstrich
        printf("%-19s | %19s\n", "Lebensmittel", "Kcal (Durchschnitt)")
        printf("%s+%s\n", zwanzigstrich, zwanzigstrich)
        for ( g in gruppe )
          printf("%-19s | %6.2f\n", g, gruppe[g]/zahl[g]) | "sort +0.22n"
      }
```

löst diese Aufgabe und gibt folgendes aus:

```
Lebensmittel        | Kcal (Durchschnitt)
--------------------+--------------------
Seefisch            | 149.67
Schweinefleisch     | 187.50
Suesswasserfisch    | 198.00
Brot                | 220.33
Wurst               | 351.67
eifreie Teigwaren   | 352.50
```

Ausgeben auf die Standardfehlerausgabe

In UNIX System V.4 existieren die folgenden Dateien:

/dev/stdin (entspricht `/dev/fd/0`)

/dev/stdout (entspricht `/dev/fd/1`)

/dev/stderr (entspricht `/dev/fd/2`)

Soll nun eine Meldung auf die Standardfehlerausgabe geschrieben werden, kann dies wie folgt erreicht werden:

```
printf("Fehler in Datei %s, Zeile %d: .....\n", FILENAME, NR) >"/dev/stderr"
```

Eine andere Möglichkeit ist z.B.

```
printf("Fehler in Datei %s, Zeile %d: .....\n", FILENAME, NR) | "cat 1>&2"
```

Soll eine Meldung immer auf dem Bildschirm erscheinen, erreicht man dies über eine Umlenkung nach `/dev/tty`:

```
printf("Fehler in Datei %s, Zeile %d: .....\n", FILENAME, NR) >"/dev/tty"
```

close

close(*dateiname*) oder
close(*kommando*)

Die **close**-Anweisung schließt die Datei *dateiname* oder Pipe, die zuvor zu einem *kommando* eingerichtet wurde. Der beim Aufruf von

close(*ausdruck)*

angegebene *ausdruck* muss den gleichen String liefern, der verwendet wurde, als die entsprechende Datei oder Pipe zum ersten Mal eingerichtet wurde. Im vorangegangenen Beispiel würde folgende Angabe die eingerichtete Pipe schließen.

close("sort +0.22n")

close ist notwendig, da

- von einer eventuell zuvor beschriebenen Datei an einer späteren Programmstelle gelesen werden soll,
- nur eine begrenzte Anzahl von Dateien und Pipes gleichzeitig geöffnet sein dürfen; die maximale Zahl von gleichzeitig offenen Dateien variiert von System zu System.

Beispiel Es sind zwei awk-Programme *kleb.awk* und *loese.awk* zu erstellen: *kleb.awk* fügt alle Eingabedateien zu einer Datei zusammen, wobei für jede Zeile einer Datei am Anfang noch der Dateiname angegeben wird. *loese.awk* zerlegt dann eine so zusammengeklebte Datei wieder in einzelne Dateien:

awk-Programm *kleb.awk*:

```
{ print FILENAME, $0 }
```

awk-Programm *loese.awk*:

```
$1 != alt_datei  { if (altdatei != "")
                       close(alt_datei)
                   alt_datei = $1
                 }
                 { print substr($0, index($0," ")+1) > $1 }
```

Der Aufruf

```
awk -f kleb.awk loese.awk kaltabel kleb.awk >eindatei
```

schreibt dann folgendes in die Datei *eindatei*:

```
loese.awk $1 != alt_datei  { if (altdatei != "")
loese.awk                         close(alt_datei)
loese.awk                     alt_datei = $1
loese.awk                  }
loese.awk                  { print substr($0, index($0," ")+1) > $1 }
kaltabel Roggenbrot      222   7.5    45      0       Brot
kaltabel Tintenfisch     68    15.3   +       170     Seefisch
kaltabel Pumpernickel    201   5      43      0       Brot
kaltabel Filet           182   18.6   +       60      Schweinefleisch
kaltabel Bierschinken    235   15.5   +       85      Wurst
kaltabel Spaghetti       362   12.5   75.2    0       eifreie Teigwaren
kaltabel Aal             281   15     +       142     Suesswasserfisch
kaltabel Leberwurst      420   12.4   +       85      Wurst
kaltabel Hering          201   16.8   +       85      Seefisch
kaltabel Vollkornnudeln 343   15     64      0       eifreie Teigwaren
kaltabel Rotwurst        400   13.3   +       85      Wurst
kaltabel Weissbrot       238   7.5    48      0       Brot
kaltabel Kotelett        193   19     +       70      Schweinefleisch
kaltabel Makrele         180   18.8   +       70      Seefisch
kaltabel Karpfen         115   18     +       0       Suesswasserfisch
kleb.awk { print FILENAME, $0 }
```

Der Aufruf

```
awk -f loese.awk  eindatei
```

erzeugt aus *eindatei* wieder die drei ursprünglichen Dateien.

Beispiel zur Ausgabe

Es ist ein awk-Programm zu erstellen, das die Eingabedateien rechtsbündig justiert wieder ausgibt.

Eingabedatei (*format.ein*):

```
Dieses Formatier-Programm justiert alle Zeilen rechtsbuendig. Dazu
sammelt
es Zeile fuer
Zeile in einem Puffer; wenn dieser Puffer voll (BREITE Zeichen oder mehr)
ist,
so wird er als formatierte
Zeilen ausgegeben, wobei immer der ausgegebene Teil aus dem Puffer
entfernt
wird.
```

```
Es wird hier die Funktion split verwendet, um aus einem Pufferteil
die Woerter in ein Array zu extrahieren.

Mit freundlichen Gruessen

Das Formatier-Programm
```

justierte Ausgabe:

```
Dieses      Formatier-Programm
justiert       alle      Zeilen
rechtsbuendig. Dazu sammelt es
Zeile   fuer  Zeile  in  einem
Puffer;   wenn  dieser  Puffer
voll   (BREITE   Zeichen  oder
mehr)  ist,  so  wird  er  als
formatierte Zeilen ausgegeben,
wobei  immer  der  ausgegebene
Teil  aus  dem Puffer entfernt
wird.

Es   wird   hier  die  Funktion
split  verwendet, um aus einem
Pufferteil  die Woerter in ein
Array zu extrahieren.

Mit freundlichen Gruessen

Das Formatier-Programm
```

Hier wurde eine Breite von 30 Zeichen für eine Zeile angenommen. Ist eine andere Formatierbreite gewünscht, so muss nur die erste Zeile im folgenden awk-Programm entsprechend geändert werden. Das awk-Programm *format.awk* löst diese Aufgabe:

```
BEGIN  { BREITE=30
         for (f=1 ; f<=BREITE ; f++)
            leerz_string = leerz_string " "
       }
/./    { for (i=1 ; i<=NF ; i++) {
           puffer = puffer $i " "   # Jedes Feld mit " " an puffer anhaengen
           laenge += length($i) + 1 # laenge enthaelt aktuelle Pufferlaenge
         }
         if (laenge >= BREITE)      # Wenn Puffer laenger als BREITE Zeichen,
           drucke_zeile("ja")       # dann formatiert ausgeben
       }
/^$/   { drucke_zeile("nein")       # Bei Leerzeile, Puffer-Rest
         print ""                   # unformatiert und Leerzeile ausgeben
       }
END    { drucke_zeile("nein")       # Am Ende nochmals den Puffer-Rest
       }                            # unformatiert ausgeben
```

```
function drucke_zeile(format)  {
   if (format == "nein") {        # Wenn keine Formatierung gefordert
      print puffer                # dann wird der Puffer-Inhalt einfach
      puffer = ""                 # ausgegeben, der Puffer danach geleert
      laenge = 0                  # und die Puffer- laenge auf 0 gesetzt
   } else
      while (laenge >= BREITE)    # Solange der Puffer mehr als BREITE Zeichen
         formatiere()             # enthält, wird formatiere aufgerufen
}

function formatiere() {
         # In den ersten BREITE+1 puffer-Zeichen letztes Leerzeichen suchen
   schnitt = rindex(substr(puffer,1,BREITE+1), " ")
         # Bis zu diesem Leerzeichen den Pufferanfang herausschneiden;
         # Schnitt-Teil in ausgab_zeile festhalten und laenge
         # mit neuer Pufferlaenge besetzen
   ausgab_zeile = substr(puffer, 1, schnitt-1)
   laenge = length(puffer = substr(puffer, schnitt+1))
         # Woerter aus ausgab_zeile in das Array woerter extrahieren
   wort_zahl = split(ausgab_zeile, woerter, " ")
         # Anzahl der einzufuellenden Zeichen bestimmen
   fuell = BREITE - schnitt + 1
         # Wenn weniger Fuellungen als Woerter notwendig, dann nach den
         #  ersten 'fuell' Woertern jeweils zwei Leerzeichen ausgeben und
         #  fuer die restlichen nur eins.
         # Im anderen Fall wird die Anzahl von normalen Fuellungen
         #  norm_fuell plus ein Leerzeichen fuer die ersten n Woerter
         #  ausgegeben und fuer die restlichen nur 'norm_fuell'
   if (fuell < wort_zahl) {
      for (i=1 ; i<=fuell ; i++)
         printf("%s  ", woerter[i])
      for (i=fuell+1 ; i<=wort_zahl ; i++)
         printf("%s%s", woerter[i], (i<wort_zahl) ? " " : "\n")
   } else {
      if (wort_zahl > 1) {
         norm_fuell = fuell / (wort_zahl-1)  # durchschnittl. Fuellbreite
         n = fuell % (wort_zahl-1)           # verbleibende Fuellbreite
         for (i=1 ; i<=wort_zahl-1 ; i++)
            printf("%s %s", woerter[i],
               substr(leerz_string, 1, (i<=n) ? norm_fuell+1 : norm_fuell))
      }
      printf("%s\n", woerter[wort_zahl])
   }
}

      # sucht letztes Zeichen 'such' im String 'string'; wenn gefunden
      # dann liefert diese Funktion die Position, ansonsten 0
function rindex(string, such) {
   for (i=length(string) ; i>=1 && substr(string,i,1)!=such ; i--) ;
   return i
}
```

2.2.5 Eingabe

Es gibt mehrere Möglichkeiten, ein awk-Programm mit Daten zu versorgen:

1. **awk** *'awk-programm' eingabedatei* [1] bzw.
   awk -f *awk-programmdatei eingabedatei*

Dies ist der häufigste Anwendungsfall: Die Daten liegen in einer Datei vor, und der Dateiname wird auf der Kommandozeile angegeben.

2. *anderes-programm* **| awk** *'awk-programm' eingabedatei* bzw.
   anderes-programm **| awk -f** *awk-programmdatei eingabedatei*

Wenn keine Dateinamen auf der Kommandozeile angegeben sind, liest awk von der Standardeingabe. Es ist nun auch üblich, dass ein anderes Programm seine Ausgabe über eine Pipe in die Standardeingabe von awk weiterlenkt.

Beispiel Die **grep**-Kommandofamilie (**grep**, **egrep**, **fgrep**) wählt Eingabezeilen aus Dateien nach bestimmten Kriterien aus. Der Vorteil der **grep**-Kommandos ist, dass diese wesentlich schneller ablaufen als awk-Programme.

```
fgrep 'Seefisch' kaltabel | awk -f awk-programmdatei
```

fgrep sucht alle Zeilen, die den String »Seefisch« enthalten und übergibt sie dem awk-Programm zur Bearbeitung. Das Programm *durch_chol.awk* könnte z. B. den durchschnittlichen Cholesteringehalt für eine Lebensmittelgruppe ermitteln:

```
      { gesamt += $5 }
END { if (gesamt > 0)
        printf("%s enthaelt durchschnittl. %.2f Cholesterin\n",
               $6, gesamt/NR)
      else
         printf("%s enthaelt keinen Cholesterin\n", $6)
      }
```

so dass der Aufruf

```
fgrep 'Seefisch' kaltabel | awk -f durch_col.awk
```

folgende Ausgabe liefert:

```
Seefisch enthaelt durchschnittl. 108.33 Cholesterin
```

Trennzeichen für die Eingabefelder – FS

Der voreingestellte Wert der Builtin-Variablen **FS** ist ein Leerzeichen " ". Wenn diese Voreinstellung nicht explizit geändert wird, werden Eingabefelder durch Leerzeichen und/oder Tabulatorzeichen voneinander getrennt; in diesem Fall werden führende Leer- und Tabulatorzeichen ignoriert.

1. Es besteht natürlich auch immer die Möglichkeit, die *eingabedatei* auf der Kommandozeile wegzulassen; in diesem Fall werden die Eingabedaten von der Standardeingabe gelesen.

Besitzt **FS** einen anderen Wert als das Leerzeichen, werden führende Leer- und Tabulatorzeichen nicht ignoriert.

FS kann explizit verändert werden, wozu auch ein regulärer Ausdruck verwendet werden darf. So werden z.B. mit

```
BEGIN { FS = "[ \t]*@[ \t]*" }
```

alle Strings, die sich aus @ mit eventuell voranstehenden oder folgenden Leer-/ Tabulatorzeichen zusammensetzen, zu Trennzeichen.

Sind z.B. nur @ (ohne Berücksichtigung von eventuell links oder rechts angegebenen Leer-/Tabulatorzeichen) als Trennzeichen erwünscht, ist folgendes anzugeben:

```
FS = "@"
```

Wenn nur ein Leerzeichen und keine Tabulatorzeichen als Trennzeichen erwünscht sind, so ist folgendes anzugeben:

```
FS = "[ ]"
```

FS kann auch auf der Kommandozeile mit der Option **-F** gesetzt werden:

```
awk -F'[@|:]' .....
```

setzt die Zeichen @ und : als Eingabe-Trennzeichen.

Beispiel Eine Datei *adressen* enthalte Adressen in der folgenden Form:

```
NAME: Hans Koller  STRASSE: Turnstr. 12  ORT: 97535 Gressthal  TEL: 09726/5263
NAME: Fritz Noll   STRASSE: Spatzweg 23  ORT: 90461 Nuernberg  TEL: 0911/12345
NAME: Anna Holle   STRASSE: Malstr. 123  ORT: 81479 Muenchen   TEL: 089/765432
```

Das awk-Programm *fs.awk*

```
BEGIN { FS="[ \t]*(NAME|STRASSE|ORT|TEL):[ \t]*" }
      { print $2    # $1 ist fuer jede Zeile leer
        print $3
        print $4
        print $5
        print ""
      }
```

gibt dann diese Adressen in der folgenden Form[1] aus:

```
Hans Koller
Turnstr. 12
97535 Gressthal
09726/5263
```

1. möglicherweise für Adreßaufkleber.

```
Fritz Noll
Spatzweg 23
90461 Nuernberg
0911/12345

Anna Holle
Malstr. 123
81479 Muenchen
089/765432
```

Die gleiche Ausgabe erreicht man mit dem folgenden Aufruf:

```
awk -F"[ \t]*(NAME|STRASSE|ORT|TEL):[ \t]*" \
   '{ print $2 "\n" $3 "\n" $4 "\n" $5 "\n" }' adressen
```

Die Funktion getline

Die Funktion **getline** kann verwendet werden, um von der momentanen Eingabe oder von einer Datei oder einer Pipe zu lesen. **getline** liest das nächste Eingabe-Record und teilt dieses in einzelne Felder auf; dabei setzt es die Builtin-Variablen **NF**, **NR** und **FNR**.

Als Rückgabewert liefert diese Funktion den Wert

- 1, wenn ein Record gelesen werden konnte,
- 0, wenn das Dateieende erreicht wurde oder
- -1, wenn beim Lesen ein Fehler auftrat.

Der Ausdruck

getline *variable*

liest das nächste Record in die Variable *variable* und inkrementiert **NR** und **FNR**; das Zerteilen des Records in einzelne Felder findet dabei nicht statt und **NF** wird auch nicht gesetzt.

Der Ausdruck

getline <"*dateiname*"

liest das nächste Record von der Datei *dateiname* (anstelle von der momentan aktiven Eingabe). Diese Operation läßt die Werte von **NR** und **FNR** unverändert; allerdings wird das Record in Felder zerteilt und **NF** entsprechend gesetzt.

Der Ausdruck

getline *variable* <"*dateiname*"

liest das nächste Record von der Datei *dateiname* (anstelle von der momentan aktiven Eingabe) in die Variable *variable*; das Zerteilen des Records in einzelne Felder findet dabei nicht statt und die Builtin-Variablen **NF**, **NR** und **FNR** werden nicht gesetzt.

Die folgende Tabelle zeigt die möglichen Einsatzformen von **getline**:

Ausdruck	*setzt die Variablen*
`getline`	`$0, NF, NR, FNR`
`getline` *variable*	*variable*, `NR, FNR`
`getline` <*dateiname*	`$0, NF`
`getline` *variable* <*dateiname*	*variable*
kommando | `getline`	`$0, NF`
kommando | `getline` *variable*	*variable*

Lesen von einer Datei mit getline und Eingabe-Umlenkung

In einer Datei soll jede Zeile

`#include "`*dateiname*`"`

durch den Inhalt der Datei *dateiname* ersetzt werden. So sollte z.B. bei Vorlage der Datei *c_prog.c* und den beiden nachfolgend gezeigten Headerdateien *dat1.h* und *dat2.h*:

c_prog.c:

```
#   include "dat1.h"
#define  PI  3.14
#include "dat2.h"

main()
{
   printf("Hallo\n");
}
```

dat1.h:

```
#define MAX 1000

extern int func1();
extern float abweich;
```

dat2.h:

```
#define MIN -1000
#define MAX_ZAHL 1200

extern float durch;
extern int func2();
```

folgende Ausgabe resultieren:

```
#define MAX 1000

extern int func1();
extern float abweich;
#define  PI  3.14
#define MIN -1000
#define MAX_ZAHL 1200

extern float durch;
extern int func2();

main()
{
   printf("Hallo\n");
}
```

Das folgende awk-Programm *getline1.awk* erfüllt diese Aufgabe:

```
/^#[ \t]*include/ {  gsub(/"/, "", $NF)
                     while (getline zeile <$NF > 0)
                        print zeile
                     next
                  }
                  {  print  }
```

Wird anstelle eines Dateinamens der Querstrich (-) angegeben, so liest **getline** von der Standardeingabe. Das folgende awk-Programm *namalt.awk* verdeutlicht dies:

```
BEGIN {  printf("Wie heisst du: ")
         getline < "-"
         printf("  ------Aha, du heisst also %s\n", $0)
         printf(".....Und wie alt bist du: ")
         getline alter <"-"
         printf("  ------In %d Jahre ist also dein 100.Geburtstag\n", 100-alter)
      }
```

Ruft man nun

```
awk -f namalt.awk
```

auf, ergibt sich z.B. folgender Dialog am Bildschirm:

```
Wie heisst du: Hans[↵]
  ------Aha, du heisst also Hans
.....Und wie alt bist du: 37[↵]
  ------In 63 Jahre ist also dein 100.Geburtstag
```

Lesen von einer Pipe mit getline

Das UNIX-Kommando **file** klassifiziert den Inhalt jeder der als Parameter auf der Kommandozeile übergebenen Dateien. Ein Aufruf

file *

kann z.B folgende Ausgabe liefern:

```
bin:          directory
buch:         directory
environ.ksh:  shell commands text
sh_histo:     ASCII text with control characters
```

Beispiel

Es ist nun ein awk-Programm zu erstellen, das das **ls**-Kommando simuliert, allerdings hinter jedem Directory einen Schrägstrich angibt, so dass sich beim Aufruf dieses awk-Programms z. B. folgende Ausgabe ergibt:

```
bin/
buch/
environ.ksh
sh_histo
```

Das folgende awk-Programm *getline2.awk* erfüllt diese Aufgabe:

```
BEGIN {
   while ("file *" | getline) {
      printf("%s", substr($1, 1, length($1)-1))   # Abhacken von :
      if (NF==2 && $2=="directory")
         printf("/")
      printf("\n")
   }
}
```

Dieses Programm führt das UNIX-Kommando **file** * (nur einmal) aus und leitet dessen Ausgabe an **getline** weiter. Die Ausgabe von **file** * ist eine Liste von Dateinamen mit zugehöriger Kurzbeschreibung des Dateiinhalts (siehe oben). Jede Wiederholung der **while**-Schleife verarbeitet eine weitere Zeile und überprüft, ob diese Zeile als 2. Feld den Namen »`directory`« hat; wenn ja, dann wird / bei der Ausgabe angehängt. Der den Dateinamen abschließende Doppelpunkt wurde bereits zuvor entfernt.

Lesen von einer Pipe mit getline *variable*

Das 1. Beispiel von oben wird im folgenden awk-Programm *getline3.awk* mit einer Pipe gelöst:

```
/^#[ \t]*include/ {  gsub(/"/, "", $NF)
                     while ("cat " $NF | getline zeile > 0)
                        print zeile
```

```
        next
    }
    {  print  }
```

Das folgende awk-Programm *aktdatum.awk* ersetzt in einem Text alle vorkommenden Strings ».datum.« durch das aktuelle Datum:

```
/.datum./  { "date +'%d.%m.%Y" | getline heute
             gsub(/.datum./, heute)
           }
           { print }
```

Wenn eine Datei *brief.txt* z.B. den folgenden Inhalt hat:

```
Fa. Griffelpeter
                              Prinzstadt, den .datum.
Sehr geehrte Damen und Herren,
  wir moechten Ihnen heute, am .datum., unseren neuen
Katalog vorstellen.
   MfG
      Ihre Fa. Griffelpeter
```

dann liefert der Aufruf

```
awk  -f aktdatum.awk  brief.txt
```

z.B. die folgende Ausgabe:

```
Fa. Griffelpeter
                              Prinzstadt, den 11.08.2002
Sehr geehrte Damen und Herren,
  wir moechten Ihnen heute, am 11.08.2002, unseren neuen
Katalog vorstellen.
   MfG
      Ihre Fa. Griffelpeter
```

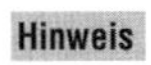

Die Funktion **getline** hat drei Rückgabewerte (wie oben gezeigt). Oft wird allerdings nur

while (getline <"*dateiname*")

angegeben. Diese Schleife resuliert in einer Endlosschleife, wenn eine Datei »*dateiname*« nicht existiert, da in diesem Fall -1 (entspricht TRUE) zurückgegeben wird.

Dies kann mit

while (getline <"*dateiname*" > 0)

vermieden werden. In diesem Fall wird die Schleife nur ausgeführt, wenn **getline** erfolgreich ablief (Rückgabewert 1).

Beispiel Für Schulkinder ist ein awk-Programm *mathe.awk* zu erstellen, mit dem sie die Addition und Subtraktion üben können. Dabei werden Aufgaben wie `11 + 6 = ?` oder `23 - 45 = ?` gestellt. Nach der Eingabe eines Ergebnisses wird ausgegeben, ob es richtig oder falsch ist. Falls es falsch ist, wird ein neues Ergebnis verlangt. Es ist auch möglich, sich das richtige Ergebnis ausgeben zu lassen, indem einfach bei der Frage RETURN ohne Wert-Angabe gedrückt wird. Der Abbruch des Programms erfolgt mit EOF (*Strg-D* unter UNIX):

```
# Programm zum Ueben der Addition und Substraktion (max. Zahl = 100)
#    Aufruf:  awk -f mathe.awk
#    Ausgabe: Fragen der Form  2 + 3 = ?

BEGIN {
    zeich[0] = "-"
    zeich[1] = "+"
    srand()        # Zufallszahlen-Generator aus Systemzeit zufällig setzen
    max_zahl = 100
    do {
       zahl1 = int(rand()*max_zahl)+1
       zahl2 = int(rand()*max_zahl)+1
       oper = (rand() > 0.5) ? 1 : 0
       printf("%d %s %d = ? ", zahl1, zeich[oper], zahl2);
       while ((eingabe = getline) > 0) {  # solange nicht EOF eingegeben
          ergeb = (oper) ? zahl1+zahl2 : zahl1-zahl2
          if ($0 == ergeb) {
             print "Richtig !"
             break
          } else if ($0 == "") {
             print ergeb
             break
          } else
             printf("Falsch !  Versuch es noch einmal: ")
       }
    } while (eingabe > 0)
}
```

Beispiel Während eine Datei *produkte* alle Produkte einer Firma enthält, werden in einer Datei *bestellung* die jeweils aktuellen Bestellungen gesammelt:

produkte:

```
1, Bleistift
2, DIN A4 Papier-Block
3, Klebstoff
4, 5 1/4 Zoll Disketten MD2-D
5, Kugelschreiber
6, Schreibmaschinen-Papier (1000 Blatt)
```

bestellung:

```
Fa. Wasserfloh, 5, 15.10.99, 30
Hr. Meier, 3, 14.10.99, 23
Fa. Kohle, 2, 14.10.99, 120
Fr. Haller, 1, 15.10.99, 5
```

Es ist nun ein awk-Programm zu erstellen, das Bestellscheine der folgenden Form entweder am Drucker (Eingabe **lp** bzw. **lpr**) oder am Bildschirm (Eingabe **bs**) ausgibt:

```
     Bestellung am 18.10.99

Kunde: Fr. Haller
Produkt-Nr: 1
Bestell-Tag: 15.10.99     Anzahl: 5
Produkt:  Bleistift

Kunde: Fa. Kohle
Produkt-Nr: 2
Bestell-Tag: 14.10.99     Anzahl: 120
Produkt:  DIN A4 Papier-Block

Kunde: Hr. Meier
Produkt-Nr: 3
Bestell-Tag: 14.10.99     Anzahl: 23
Produkt:  Klebstoff

Kunde: Fa. Wasserfloh
Produkt-Nr: 5
Bestell-Tag: 15.10.99     Anzahl: 30
Produkt:  Kugelschreiber
```

Diese Aufgabe erfüllt das folgende awk-Programm *getline4.awk*:

```
BEGIN { FS = ","
        print "Soll Ausgabe auf Bildschirm 'bs' oder Drucker 'lp' erfolgen"
        print "Gib 'bs' (Bildschirm) oder 'lp' bzw. 'lpr' (Drucker) ein"
        getline kdo < "-"
        if (kdo != "lp" && kdo != "lpr")
           kdo = "cat"
        "date '+%D'" | getline datum
        datum = substr(datum,4,2) "." substr(datum,1,2) "." substr(datum,7,2)
        print "     Bestellung am " datum "\n" | kdo
        while ("sort -t, +1n bestellung" | getline) {
           kunde = $1
           nummer = $2+0
           bdatum = $3
           anz = $4+0
           while ((suche = getline < "produkte") != -1) {
              if (suche) {
```

```
                if ($1==nummer) {
                   ausg = "Kunde: " kunde "\nProdukt-Nr: " nummer "\n"
                   ausg = ausg "Bestell-Tag:" bdatum "\tAnzahl: " anz "\n"
                   ausg = ausg "Produkt: " $2 "\n"
                   print ausg | kdo
                   break
                }
             } else {
                print "Kein Produkt mit Nummer " nummer " vorhanden !" | kdo
                exit 1
             }
          }
       }
       exit 0
    }
```

Mehrzeilen-Records durch Verändern von RS

Der voreingestellte Wert der Builtin-Variablen **RS** (Trennzeichen für Eingabe-Records) ist »\n« (Neuezeilezeichen). Sollen jedoch mehrere Eingabezeilen als ein Record eingelesen werden, so ist **RS** mit dem Null-String zu besetzen:

BEGIN { RS = "" }

Dies bewirkt, dass Eingabe-Records durch eine oder mehrere Leerzeilen getrennt werden und somit ein Record aus mehreren Zeilen bestehen kann. Unabhängig davon, wie **FS** besetzt ist, werden neue Zeilen in diesem Fall immer als Feld-Trennzeichen betrachtet.

Beispiel In einer Berufsschule werden Daten über die einzelnen Schüler in einer eigenen Datei *schueler.txt* gehalten, z.B.:

```
Manuela Meier
Stormstrasse 12
91058 Erlangen
deutsch
04.06.1980
w
09131/234567
Gymnasium 1998

Gudrun Boller
Wassergasse 17
97424 Schweinfurt
deutsch
11.12.1981
w
09720/66666
Fachoberschule 1997
```

```
Franz Grabowsky
Torstrasse 11
81247 Muenchen
polnisch
11.03.1977
m
089/1234567
Gymnasium 1995

Karin Minker
Willostrasse 189
96049 Bamberg
deutsch
12.08.1980
w
-
Fachoberschule 1999
```

Das awk-Programm *mehrzei1.awk*

```
BEGIN { RS="" }
/Gymnasium/
```

gibt jeden Record aus, der den String »Gymnasium« enthält; in diesem Fall umfaßt ein Record mehrere Zeilen, so dass hieraus folgende Ausgabe resultiert:

```
Manuela Meier
Stormstrasse 12
91058 Erlangen
deutsch
04.06.1980
w
09131/234567
Gymnasium 1998
Franz Grabowsky
Torstrasse 11
81247 Muenchen
polnisch
11.03.1977
m
089/1234567
Gymnasium 1995
```

Wenn die einzelnen Mehrzeilen-Records bei der Ausgabe durch eine Leerzeile zu trennen sind, so wird dies mit dem folgenden awk-Programm *mehrzei2.awk* erreicht:

```
BEGIN { RS=""; ORS="\n\n" }
/Gymnasium/
```

Dieses Programm liefert folgende Ausgabe:

```
Manuela Meier
Stormstrasse 12
91058 Erlangen
deutsch
04.06.1980
w
09131/234567
Gymnasium 1998

Franz Grabowsky
Torstrasse 11
81247 Muenchen
polnisch
11.03.1977
m
089/1234567
Gymnasium 1995
```

Das awk-Programm *mehrzei3.awk*

```
BEGIN { RS=""
        printf("Geburtsdatum der Schueler\n")
      }

{ printf("%s %s : %s\n", $6 == "w" ? "Frau" : "Herr", $1, $5) }
```

gibt folgendes aus:

```
Geburtsdatum der Schueler
Herr Manuela : 91058
Herr Gudrun : 97424
Herr Franz : 81247
Herr Karin : 96049
```

Eine solche Ausgabe war sicher nicht gewollt. Der Grund für diese »falsche« Ausgabe liegt darin, dass mit dem Setzen von **RS** auf den Null-String ein oder mehrere Leer- bzw. Tabulatorzeichen oder ein Neuezeilezeichen als Eingabefeld-Trennzeichen verwendet werden.

Wenn dagegen jede Zeile eines Mehrzeilen-Records als Feld geliefert werden soll, so kann dies erreicht werden mit

FS = "\n"

Das awk-Programm *mehrzei4.awk*

```
BEGIN { RS=""; FS="\n"
        printf("Geburtsdatum der Schueler\n")
      }

{ printf("%s %s : %s\n", $6 == "w" ? "Frau" : "Herr", $1, $5) }
```

gibt folgendes aus:

```
Geburtsdatum der Schueler
Frau Manuela Meier : 04.06.1980
Frau Gudrun Boller : 11.12.1981
Herr Franz Grabowsky : 11.03.1977
Frau Karin Minker : 12.08.1980
```

Records mit Kopfzeilen

In einer Einwohner-Datei *einwohner.txt* einer Stadt beginnen alle Records mit dem Beruf (Kopfzeile) und enden mit einer Leerzeile:

```
Programmierer
Manuela Meier
Stormstrasse 12
91058 Erlangen
deutsch
04.06.1980
w
09131/234567

Lehrer
Gudrun Boller
Wassergasse 17
97424 Schweinfurt
deutsch
11.12.1981
w
09720/66666

Programmierer
Franz Grabowsky
Torstrasse 11
81247 Muenchen
polnisch
11.03.1977
m
089/1234567

Arzt
Karin Minker
Willostrasse 189
96049 Bamberg
deutsch
12.08.1980
w
-
```

Die einfachste Möglichkeit, sich alle Programmierer ausgeben zu lassen, ist

```
awk '/^Programmierer$/,/^$/' einwohner.txt
```

Dieser Aufruf erzeugt folgende Ausgabe:

```
Programmierer
Manuela Meier
Stormstrasse 12
91058 Erlangen
deutsch
04.06.1980
w
09131/234567

Programmierer
Franz Grabowsky
Torstrasse 11
81247 Muenchen
polnisch
11.03.1977
m
089/1234567
```

Sollen alle Programmierer ohne Berufsangabe ausgegeben werden, so bietet sich das folgende awk-Programm *mehrzei5.awk* an:

```
/^Programmierer/  { pr=1; next }
pr == 1
/^$/              { pr=0; next }
```

Dieses Programm verwendet die Variable **pr**, um die Ausgabe zu steuern: Wenn eine Zeile gefunden wird, die den String »Programmierer« enthält, so wird **pr** auf 1 gesetzt; **pr** wird erst dann wieder auf 0 gesetzt, wenn eine Leerzeile gelesen wurde. Da Zeilen nur ausgegeben werden, wenn **pr** auf 1 gesetzt ist, wird niemals der Beruf (Kopfzeile) mit ausgegeben.

2.2.6 Angaben auf der Kommandozeile

Wertzuweisungen an Variablen in der Kommandozeile

Wie schon an früherer Stelle erwähnt, kann ein awk-Aufruf in mehreren Formen angegeben werden:

awk *'awk-programm ' d1 d2 ...*
awk -f *programm-datei d1 d2 ...*
awk -F*trennzeichen 'awk-programm' d1 d2 ...* [1]
awk -F*trennzeichen -f programm-datei d1 d2 ...*

1. Für *trennzeichen* kann auch ein regulärer Ausdruck angegeben werden.

d1, *d2* usw. sind in diesem Fall Kommandozeilen-Argumente, die üblicherweise Namen von Daten-Dateien sind. Wenn allerdings eines dieser Argumente *d1*, *d2* usw. in der Form

var=text

angegeben ist, so wird lediglich die Zuweisung von *text* an *var* vorgenommen. Diese Zuweisung erfolgt allerdings erst dann, wenn auf das Argument als Eingabedatei (im Falle einer Daten-Datei) zugegriffen wird. Somit erlaubt diese Art der Zuweisung, Variablen zu verändern, bevor und nachdem eine Datei gelesen wurde.

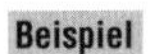

Es ist der Inhalt von Dateien auf die Standardausgabe auszugeben; mit der Variablen `ZEILE` kann die Zeilennumerierung dabei eingeschaltet (`ZEILE=1`) und wieder ausgeschaltet werden (`ZEILE=0`); die Voreinstellung von `ZEILE` ist `0`.

Das awk-Programm *catline.awk* erfüllt diese Aufgabe

```
{ if (ZEILE == 1)
      printf("%5.5d: ", FNR)
  print
}
```

Ein Aufruf

```
awk -f catline.awk dat1 ZEILE=1 dat2 dat3 ZEILE=0 dat4
```

gibt die Inhalte der Dateien *dat1*, *dat2*, *dat3* und *dat4* auf die Standardausgabe aus, wobei nur für die Dateien *dat2* und *dat3* eine Zeilennumerierung bei der Ausgabe stattfindet.

Die Option -v

Der neue awk bietet mit der Einführung der Option **-v** eine Lösung für Aufgabenstellungen, bei denen Variablen definiert werden müssen, bevor irgendein Eingabetext gelesen wird. Mit der Option **-v** können Argumente festgelegt werden, die bereits in **BEGIN**-Aktionen verfügbar sein sollen.

Werden mehrere solche Argumente benötigt, ist vor jedem einzelnen Argument die Option **-v** anzugeben, wie z.B.

```
awk -v RS="\n\n"  -v FS=":"  -v OFS="---"  awk-programm  datei(en)
```

Mit diesem Aufruf werden zunächst drei Variablen **RS**, **FS** und **OFS** initialisiert: **RS** werden dabei zwei Neuezeilezeichen, **FS** der Doppelpunkt und **OFS** drei Querstriche zugewiesen. Diese drei Variablen stehen dann bereits im **BEGIN**-Teil des zugehörigen *awk-programms* zur Verfügung.

Zu beachten ist, dass die Option **-v** immer vor dem *awk-programm* anzugeben ist, unabhängig davon, ob das *awk-programm* direkt auf der Kommandozeile mit '...' oder aber mit **-f** *awk-skript* angegeben ist.

Kommandozeilenargumente

Die Kommandozeilenargumente für ein awk-Programm werden in dem Builtin-Array **ARGV** untergebracht. Der Wert der Builtin-Variablen **ARGC** liefert die Zahl von übergebenen Kommandozeilenargumenten (einschließlich Kommandoname). Allerdings wird der Kommandoname (**awk**) in **ARGV[0]**, das erste Argument in **ARGV[1]**, das zweite Argument in **ARGV[2]** usw. abgelegt, so dass der Kommandoname und die übergebenen Argumente in **ARGV[0]** bis **ARGV[ARGC-1]** vorliegen.

Beispiel Das awk-Programm *kdoarg.awk*

```
BEGIN  { for (i=0 ; i<ARGC ; i++)
             printf("ARGV[%d] : %s\n", i, ARGV[i])
       }
```

gibt für den Aufruf

```
awk -f kdoarg.awk a b=1 c
```

folgendes aus:

```
ARGV[0] : awk
ARGV[1] : a
ARGV[2] : b=1
ARGV[3] : c
```

Hieraus ist zu ersehen, dass »**awk**« (der awk-Programmname) immer in **ARGV[0]** abgelegt wird und weder die Option **-f** noch der Programmname (*kdoarg.awk*) als Argument betrachtet werden. Dasselbe gilt für eine eventuelle Option **-F** und die danach angegebenen Trennzeichen. Ebenso wird ein direkt auf der Kommandozeile angegebenes awk-Programm

```
awk 'awk-programm' ....
```

nicht als Argument interpretiert.

Beispiel Es ist ein awk-Programm *umwandel.awk* zu erstellen, das eine als Argument angegebene Zahl aus dem Zehnersystem in das Dual-, Oktal- und Hexadezimalsystem umrechnet; dies ist die Voreinstellung. Über Optionen soll es möglich sein, nur bestimmte Umwandlungen vornehmen zu lassen:

+x (bzw. **+X**) Hexadezimalsystem

+o (bzw. **+O**) Oktalsystem

+d (bzw. **+D**) Dualsystem

Der Aufruf

```
awk  -f umwandel.awk +ox 1000
```

gibt folgendes aus:

```
1000(10) = 3e8(16) = 1750(8)
```

Die gleiche Ausgabe erreicht man z.B. auch mit

```
awk  -f umwandel.awk +x +o 1000
```

Das zugehörige awk-Programm *umwandel.awk* lautet:

```
BEGIN {  hexa = oktal = dual = (ARGC>2) ? 0 : 1
         zahl = ARGV[ARGC-1]
         if (zahl !~ /^[0-9]*$/) {
            printf("Als letztes Argument muss eine Zahl angegeben sein\n");
            printf("Richtiger Aufruf: ")
            printf("awk -f umwandel.awk [+hHoOdD] zahl\n")
            exit 1
         }
         ARGC -= 2
         for (i=1 ; i<=ARGC ; i++) {
           if (substr(ARGV[i],1,1)=="+") {
             for (j=2 ; j<=length(ARGV[i]) ; j++)
               if ((opt=substr(ARGV[i],j,1))=="x" || opt=="X")
                  hexa = 1
               else if (opt=="o" || opt=="O")
                  oktal = 1
               else if (opt=="d" || opt=="D")
                  dual = 1
               else {
                  printf("%s ist eine nicht erlaubte Option\n", opt)
                  printf("Richtiger Aufruf: ")
                  printf("awk -f umwandel.awk [+hHoOdD] zahl\n")
                  exit 1
               }
            } else {
               printf("Das Argument %s wird ignoriert\n", ARGV[i]);
            }
         }
         printf("%d(10)", zahl)
         if (hexa)
            printf(" = %x(16)", zahl)
         if (oktal)
            printf(" = %o(8)", zahl)
         if (dual) {
            printf(" = ");
            i = 1
            do {
               d_ziffer[i] = zahl % 2
```

```
                 i++;
              } while (zahl=int(zahl/2))
              for (j=i-1 ; j>=1 ; j--)
                 printf("%d", d_ziffer[j])
              printf("(2)\n")
           }
           printf("\n");
}
```

Das ganze Programm befindet sich in einer **BEGIN**-Aktion. Da keine anderen *pattern* { *aktion* }-Anweisungen gegeben sind, werden die Argumente nie als Dateinamen behandelt und es wird keine Eingabe gelesen.

Die Argumente in **ARGV** dürfen modifiziert werden und es ist auch möglich, **ARGV** zu erweitern und neue Argumente in **ARGV** anzuhängen. Ebenso darf **ARGC** verändert werden. Wenn eine Eingabedatei vollständig abgearbeitet ist, dann nimmt awk den nächsten Nicht-Null-String in **ARGV** (bis **ARGC**-1) als nächste Eingabedatei[1]. So kann ein Array-Element in **ARGV** auf leer gesetzt werden um zu verhindern, dass es als Eingabedatei behandelt wird.

Der Name »-« in **ARGV** steht für die Standardeingabe.

Beispiel Das folgende awk-Programm *kdoarg2.awk* druckt alle Dateien aus, deren Namen sich in den auf der Kommandozeile angegebenen Dateien befinden:

```
BEGIN {  j=ARGC                               # ARGC-Wert wird Startpos. fuer j
         for (i=1 ; i<ARGC ; i++)                   # Lesen der auf Kdo.zeile
            while (getline ARGV[j++] < ARGV[i])  # angegeb. Dateien; jede
                ;                                   # Zeile wird als neues
                                                    # Argum. in ARGV angehaengt
         for (i=1 ; i<ARGC ; i++)             # Auf der Kdozeile angegebene
             ARGV[i] = ""                     # Dateien aus Argumentenliste
                                              # entfernen, um Lesen dieser
                                              # Dateien zu verhindern.
         ARGC = j                       # Neuer Wert von ARGC wird der Wert aus j
}

{ printf("%s %5d : %s\n", FILENAME, FNR, $0) }
```

Beispiel Unter UNIX steht man öfter vor dem Problem, dass man zwar den Namen eines Benutzers, aber nicht seine login-Kennung kennt. Nun wäre es nützlich, wenn ein awk-Programm aus der `/etc/passwd`-Datei die wirklichen Benutzernamen (meist im 5. Feld) »fischen« würde und mehr Information (wie login-Kennung, HOME-Directory, USER-ID, ...) über den zugehörigen Benutzer angeben würde[2]. In der `/etc/passwd`-Datei befindet sich bekanntlich für jeden Benutzer eine Zeile, die login-Kennung, verschlüsseltes Paßwort (eventuell), User-ID, Group-ID, Kommentar (meist der richtige Benutzername), HOME-Directory und Login-

1. Wenn es sich um eine Wertzuweisung an eine Variable handelt, wird diese übersprungen.
2. Ähnlich dem Unix-Kommando `finger`.

Shell (z.B. **/bin/sh** oder **/bin/csh**) enthält. Die einzelnen Felder sind durch Doppelpunkt voneinander getrennt. Ein Auszug aus `/etc/passwd` könnte so aussehen:

```
root:jhsdhj:0:2:Super-User:/:
hh:jhdhjh:14:3:Helmut Horten:/home/hh:
fm:jhsduzizfduh:127:3:Fritz Meier:/user2/fm:
mike:hgjdhjfhjfh:63:6:Michael Kermer:/home/mike:
```

Das awk-Programm *finger.awk*

```
BEGIN {  FS=":"
         name = ARGV[1]
         ARGV[1] = "/etc/passwd"
      }

$5 ~ name {  printf("\n%s --> login: %s\n", $5, $1);
             printf("    (HOME-Directory=%s; user id=%d; group id=%d)\n",
                    $6, $3, $4);
          }
```

gibt beim Aufruf

```
awk -f finger.awk Helmut
```

folgendes aus:

```
Helmut Horten --> login: hh
    (HOME-Directory=/home/hh; user id=14; group id=3)
```

Beim Aufruf

```
awk -f finger.awk M
```

erhält man folgende Ausgabe:

```
Fritz Meier --> login: fm
    (HOME-Directory=/user2/fm; user id=127; group id=3)

Michael Kermer --> login: mike
    (HOME-Directory=/home/mike; user id=63; group id=6)
```

2.2.7 Zusammenwirken mit anderen Programmen

In diesem Absatz wird gezeigt, wie awk-Programme mit anderen Programmen zusammenarbeiten können.

Die Funktion system

Die Builtin-Funktion

system(*ausdruck*)

führt das Kommando aus, das durch den aus *ausdruck* resultierenden String bezeichnet wird.

system liefert als Rückgabewert den Statuswert des ausgeführten Kommandos.

Beispiel Es ist ein awk-Programm *geb_mon.awk* zu erstellen, das den als Argument übergebenen Namen in einer »Geburtstag-Datei« *geb_mon.ein* sucht, wie z.B.

```
Michael Meier 14.06.1956
Anton Gluecker 12.12.1949
Franziska Goldmann 03.11.1951
Georg Mahler 02.02.1953
Helmut Holler 04.06.1956
```

und dann den Geburtsmonat ausgibt. Z.B. ergibt sich für den Aufruf

```
awk -f geb_mon.awk G
```

folgende Ausgabe:

```
===== Geburtsmonat fuer Anton Gluecker
   December 1949
Su Mo Tu We Th Fr Sa
             1  2  3
 4  5  6  7  8  9 10
11 12 13 14 15 16 17
18 19 20 21 22 23 24
25 26 27 28 29 30 31

===== Geburtsmonat fuer Franziska Goldmann
   November 1951
Su Mo Tu We Th Fr Sa
             1  2  3
 4  5  6  7  8  9 10
11 12 13 14 15 16 17
18 19 20 21 22 23 24
25 26 27 28 29 30

===== Geburtsmonat fuer Georg Mahler
   February 1953
Su Mo Tu We Th Fr Sa
 1  2  3  4  5  6  7
 8  9 10 11 12 13 14
15 16 17 18 19 20 21
22 23 24 25 26 27 28
```

Das zugehörige awk-Programm *geb_mon.awk* sieht wie folgt aus:

```
BEGIN {  tmpdatei = "/tmp/geb.tmp"
         x = system("fgrep " ARGV[1] " geb_mon.ein > " tmpdatei)
         if (x == 0) {
            ARGV[1] = tmpdatei
```

```
        } else {
          printf("Angegebener Name %s konnte in ", ARGV[1])
          printf("geb_mon.ein nicht gefunden werden\n")
          exit 1
        }
     }

     { split($3, datum, ".")
       system("print ===== Geburtsmonat fuer " $1 " " $2) # Shell-print
       system("cal " datum["2"] " " datum["3"])
     }
```

awk-Programme als Shellskripts

awk-Programme können direkt in Shellskripts eingebettet werden. Die einfachste Möglichkeit, Werte aus einem Shellskript an ein awk-Programm zu übergeben, ist die Übergabe dieser Werte über **ARGV**. In einem Shellskript kann man

awk '*awk-programm*' *kdo_zeilen_argumente*

angeben. Dieses Shellskript wird mit

chmod +x *skriptname*

ausführbar gemacht.

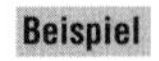

Es soll die Häufigkeit aller Wörter in den beim Aufruf des Shellskripts *wortstat2* angegebenen Dateien bestimmt werden:

```
awk 'BEGIN {
       naechste = 2
     }
     { if (FILENAME != ARGV[naechste]) {  # neue Datei ?
         for (i=1 ; i<=NF ; i++) {     # Zaehlen der Woerter in einer
            sum[$i]++; gsum[$i]++      # Zeile: sum fuer momentane
         }                             # Datei; gsum fuer alle Dateien
       } else {    # Auswertung fuer vorhergehende Datei ausgeben
          printf("Wortstatistik fuer Datei %s\n", ARGV[naechste-1])
          for (i in sum) {
             printf("%30s : %5d\n", i, sum[i])  | "sort +2nr -2 +0b"
             delete sum[i]
          }
          for (i=1 ; i<=NF ; i++) {    # Zaehlen der Woerter in 1.Zeile
             sum[$i]++; gsum[$i]++     # einer neuen Datei
          }
          close("sort +2nr -2 +0b")  # sort-Pipe schliessen
          naechste++
       }
     }
     END {    # Ausgabe der Auswertung fuer letzte Datei und alle Dateien
       printf("\nWortstatistik fuer Datei %s\n", ARGV[ARGC-1])
```

```
        for (i in sum)
           printf("%30s : %5d\n", i, sum[i])  | "sort +2nr -2 +0b"
        close("sort +2nr -2 +0b") # sort-Pipe schliessen
        printf("\n\nGesamt-Wortstatistik fuer die Dateien:\n")
        for (i=1 ; i<ARGC ; i++)
           printf("  %s\n", ARGV[i])
        printf("-----------------------\n");
        for (i in gsum)
           printf("%30s : %5d\n", i, gsum[i])  | "sort +2nr -2 +0b"
     }' $*
```

Beispiel Es ist ein Shellskript *histo* zu erstellen, das zu einer vorgegebenen Liste von Noten (1 bis 6) ein Histogramm über deren Verteilung ausgibt. Da zum Zeitpunkt der Erstellung keine Daten vorliegen, werden für die Testphase Zufallsnoten generiert und über eine Pipe an das awk-Programm *histo.awk* übergeben.

Das Shellskript *histo* sieht dann wie folgt aus:

```
if [ "$TEST" != "" ]
then
   awk '
      # Zufallszahlen zum Testen generieren
      BEGIN { srand()    # Neuer Startpunkt fuer Zufallszahlen-Folge
              for (i=1 ; i<=300 ; i++)
                print int(6*rand())+1
            }
   ' |
   awk -f histo.awk
else
   awk -f histo.awk $1
fi
```

Das zugehörige awk-Programm *histo.awk* ist:

```
# Histogramm ausgeben
#    Eingabe:  Zahlen zwischen 1 und 6
#    Ausgabe:  Histogramm der Verteilung

    {  if ($1<1 || $1>6) {
          printf("Nur Zahlen zwischen 1 und 6 erlaubt\n")
          printf("Zeile %d enthaelt ungueltige Zahl\n", NR);
       }
       zahl[int($1)]++
    }
END {  for (i=1 ; i<=6 ; i++)
          printf("%d : %2d %s\n", i, zahl[i], striche(zahl[i]))
    }

function striche(anzahl,  s_kette) {
    while (anzahl-- > 0)
```

```
        s_kette = s_kette "-"
    return s_kette
}
```

Der Aufruf

```
TEST=1  histo
```

führt z.B. zu folgender Ausgabe:

```
1 : 47 -----------------------------------------------
2 : 53 -----------------------------------------------------
3 : 54 ------------------------------------------------------
4 : 49 -------------------------------------------------
5 : 49 -------------------------------------------------
6 : 48 ------------------------------------------------
```

Eine andere Möglichkeit, Werte aus einem Shellskript an ein awk-Programm zu übergeben, ist die Übergabe dieser Werte über eine Pipe.

Beispiel Das UNIX-Kommando **du** ermöglicht es, den verbrauchten Disk-Speicherplatz von ganzen Directory-Bäumen zu ermitteln. Oft ist es jedoch wünschenswert, den von den einzelnen Benutzern innerhalb einer Directory-Struktur verbrauchten Disk-Speicherplatz zu ermitteln, um so die größten »Speicherplatzkonsumenten« ausfindig zu machen. Das folgende Shellskript *meindu* ermöglicht dies. Dieses Skript ermittelt in den auf der Kommandozeile angegebenen Directories den gesamten Speicherplatzverbrauch eines jeden einzelnen Benutzers, der dort Speicherplatz belegt.

```
if [ $# -eq 0 ]
then                   # Wenn keine Parameter an das Skript uebergeben wurden,
   set `echo "."`      # so wird $1 mit dem aktuellen Directory . besetzt.
fi
ls -liR $* | awk '   { if (NF>=9 && i_node[$1]!="1") {
                          byte_zahl[$4] += $6
                          i_node[$1] = "1"
                       }
                     }
                 END { for (i in byte_zahl)
                          printf("%20s : %20d (%.2f KByte)\n",
                                 i, byte_zahl[i], byte_zahl[i]/1024.0) | "sort"
                     }'
```

ls -liR $*** listet rekursiv (Option **-R**) alle Dateien/Subdirectories aus den Directories **$* im Langformat (Option **-l**) mit i-Node Nummer (Option **-i**) auf und übergibt diese Ausgabe über eine Pipe an das im Skript eingebettete awk-Programm. Das Array `i_node` wird benötigt, um eventuelle Links (besitzen gleiche i-Node Nummer wie die »echte« Datei) nicht mitzuzählen, da diese nicht wirklich den von **ls** angegebenen Speicherplatz belegen.

Eine Schwäche dieses Skripts ist, dass es Directories oder Dateien, die für die »Welt« (engl.: *others*) keinerlei Zugriffsrechte bieten, nicht mitzählt.

Das folgende Shellskript *beleg* ermittelt den Speicherplatz, den die auf der Kommandozeile angegebenen Dateien oder Directories belegen:

```
if [ $# -eq 0 ]
then
   dir=`pwd`
else
   dir="$*"
fi

du -s $dir | awk '
            BEGIN { blockgroesse=1024.0 } # evtl. aendern
            {
              printf("%30s : ", $2)
              total += $1
              blockzahl=$1
              byte_zahl=blockzahl*blockgroesse
              printf("%10.1f KByte\n", byte_zahl/1024.0)
            }
        END { printf("-------------------------------------------------\n")
              printf("%30s : ", "Gesamt")
              byte_zahl=total*blockgroesse
              printf("%10.1f KByte\n", byte_zahl/1024.0)
            }'
```

Nachfolgend sind einige Aufrufe von *beleg* gezeigt:

```
$ beleg $HOME[↵]
                    /home/egon :    16.452,5 Kbyte
---------------------------------------------------
                        Gesamt :    16.452,5 Kbyte

$ beleg $HOME/*.c[↵]
             /home/egon/add1.c :         0,5 Kbyte
             /home/egon/raet.c :         0,5 Kbyte
            /home/egon/time1.c :         1,5 Kbyte
              /home/egon/xxx.c :         0,5 Kbyte
---------------------------------------------------
                        Gesamt :         3,0 Kbyte

$ beleg /bin/c*[↵]
                      /bin/cat :        14,0 Kbyte
                       /bin/cc :        67,5 Kbyte
                    /bin/chgrp :         7,5 Kbyte
                 /bin/chkshlib :        33,0 Kbyte
                    /bin/chmod :         4,5 Kbyte
                    /bin/chown :         8,0 Kbyte
                   /bin/chroot :         6,5 Kbyte
```

```
                   /bin/clear :          1,0 Kbyte
                     /bin/cmp :         10,5 Kbyte
                    /bin/conv :         41,5 Kbyte
                 /bin/convert :         36,0 Kbyte
                    /bin/copy :          6,5 Kbyte
                      /bin/cp :          9,5 Kbyte
                    /bin/cpio :         45,5 Kbyte
                    /bin/cprs :         32,0 Kbyte
                     /bin/csh :         57,5 Kbyte
---------------------------------------------------
                       Gesamt :        381,0 Kbyte
$
```

Beispiel Das folgende Shellskript *czaehl* zählt die LOC (*Lines Of Code*) in allen C-Programmen eines oder mehrerer Directorybäume. Der oder die Directorybäume sind beim Aufruf *czaehl* als Argumente anzugeben:

```
dir=${@:-`pwd`}

find $dir -name "*.c" -exec wc -l {} \; |
   awk '    { total += $1; printf("%50s : %7d\n", $2, $1) }
        END { printf("---------------------------------------------\n")
              printf("%50s : %7d\n", "Gesamt", total) }'
```

So liefert der Aufruf

```
czaehl $HOME
```

z.B. die folgende Ausgabe:

```
               /home/egon/kshueb/addiere.c :      10
                     /home/egon/tmp/y.tab.c :     495
                         /home/egon/raet.c :      22
                   /home/egon/cshueb/add.c :       7
              /home/egon/unix1c/ankunft.c :       31
                /home/egon/unix1c/ausg2.c :        6
                   ................................
                   ................................
                /home/egon/projekt/pass1.c :      93
                /home/egon/projekt/pass2.c :      51
              /home/egon/projekt/quadrat.c :       4
             /home/egon/projekt/symb_ta2.c :     132
             /home/egon/projekt/symb_tab.c :     125
              /home/egon/projekt/termkop.c :       4
                 /home/egon/projekt/xref.c :     249
                /home/egon/projekt/xref2.c :     365
-----------------------------------------------------
                                    Gesamt :   50630
```

Beispiel Es ist ein Shellskript *loginuid* zu erstellen, das zu allen Benutzern eines Systems deren Login-Namen und User-ID »gemittelt« ausgibt:

```
cat /etc/passwd | awk '
   BEGIN { FS=":"
           print mitte("LOGIN", 20, "-") "    " mitte("UID", 20, "-")
         }
         { print mitte($1, 20, " ") "    " mitte($3, 20, " ")
         }
     END { print concat("-", 40)
           print NR, "Logins"
         }

   function mitte(string, anz, zeich,     l) {
      l = int((anz-length(string))/2)
      string = concat(zeich,l) string concat(zeich,anz-l-length(string))
      return string
   }
   function concat(zeich, anzahl,      str, i) {
      for (i=1; i<=anzahl; i++)
         str = str zeich
      return str
   }'
```

Ein Aufruf des Shellskripts *loginuid* führt z.B. zu folgender Ausgabe:

```
-------LOGIN--------    --------UID---------
        root                    0
        bin                     1
       daemon                   2
        adm                     3
         lp                     4
        sync                    5
      shutdown                  6
        halt                    7
        mail                    8
        news                    9
        uucp                   10
      operator                 11
       games                   12
        man                    13
     postmaster                14
       nobody                  -2
         hh                    200
        ftp                    404
       guest                   405
        gast                   1001
         at                    25
      postgres                 26
        lnx                    27
        mdom                   28
```

```
        yard                29
       wwwrun               30
       squid                31
        hhh                500
----------------------------------------
28 Logins
```

Shellparameter an awk übergeben

Es gibt mehrere Möglichkeiten, innerhalb eines awk-Programms auf Shellparameter zuzugreifen.

Shellparameter mit ' .. ' klammern

In diesem Fall ist lediglich zu unterscheiden, ob der Wert dieses Parameters innerhalb des awk-Programms als numerischer Wert (es genügt die alleinige Klammerung ' .. ') oder als String-Wert (muss dann in " ' .. ' " eingebettet sein) betrachtet werden soll.

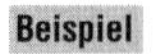

Es ist ein Shellskript *quiz* zu erstellen, das Fragen aus einer vorgegebenen Datei stellt. Zum Beispiel könnte es das Wissen über verschiedene Länder, deren Hauptstädte, Einwohnerzahlen und Flächen testen. Nehmen wir an, es existiere eine Frage-Antwort-Datei *staaten*, die alle diese Daten in der folgenden Form enthält[1]:

```
Staat:Hauptstadt:Einwohnerzahl:Flaeche
Grossbritannien:London:56 Mio:244000
Italien:Rom:57,3 Mio:294000
Frankreich:Paris:53,6 Mio:547000
USA:Washington:220,7 Mio:9363000
UdSSR:Moskau:266 Mio:22400000
Australien:Canberra:14,5 Mio:7678000
Indien:Neu Delhi:644 Mio:3288000
Schweiz:Bern:6,5 Mio:41000
Niederlande:Den Haag:14 Mio:41000
Oesterreich:Wien:7,5 Mio:83000
```

Das in das Skript eingebettete awk-Programm verwendet die erste Zeile in einer solchen Datei um festzulegen, was die Frage und was die Antwort ist. Danach liest es den Restinhalt dieser Datei in ein Array, aus dem es dann zufällig die Fragen auswählt und die eingegebene Antwort überprüft. Nach dem Aufruf

```
quiz  staaten  Staat  Hauptstadt
```

ergibt sich z.B. folgender Dialog:

1. ungefährer Stand 1980.

```
USA? Washington[↵]
Richtig!
Frankreich? Paris[↵]
Richtig!
Australien? Sydney[↵]
Falsch, versuch es noch einmal: Melbourne[↵]
Falsch, versuch es noch einmal: [↵]
Canberra
Schweiz? [↵]
Bern
UdSSR?
...
```

Das zugehörige Skript *quiz* hat folgendes Aussehen:

```
# quiz - Ein Quiz
#
#   Aufruf:  quiz  daten-datei  frage  antwort
#

awk '
  BEGIN { FS = ":"
         if ('$#' != 3)
            fehler("Aufruf--> quiz  daten-datei  frage  antwort")
         if (getline < "'$1'" < 0)  # Kopfzeile enthaelt Ueberbegriffe
            fehler("Eine Quiz-Datei " "'$1'" " existiert nicht !")
         for (f=1 ; f<=NF ; f++)     # Frage suchen
            if ($f ~ "'$2'")
               break
         for (a=1 ; a<=NF ; a++)     # Antwort suchen
            if ($a ~ "'$3'")
               break
         if (f>NF || a>NF || f==a)
            fehler("Erlaubte Themen sind: " $0)
         while (getline <"'$1'" > 0)  # Quiz-Datei in Array abspeichern
            quiz[++nr] = $0
         ARGV[1] = "-"  # Von der Standardeingabe nun lesen
         ARGC = 2       #
         srand()
         do {
            split(quiz[int(rand()*nr + 1)], zeile)
            printf("%s? ", zeile[f])
            while ((eingabe = getline) > 0)
               if ($0 ~ "^" zeile[a] "$") {
                  print "Richtig!"
                  break
               } else if ($0 == "") {
                  print zeile[a]
                  break
               } else
                   printf("Falsch, versuch es noch einmal: ")
```

```
        } while (eingabe > 0)
  }

  function fehler(s)  { printf("Fehler: %s\n", s); exit } '
```

awk-Programm mit " .. " klammern

Auf die Shellparameter innerhalb eines mit „..“ geklammerten awk-Programms kann mit **$0, $1**, ... zugegriffen werden und auf die awk-Felder mit **\\$0, \\$1**, ...

Beispiel Es ist ein Shellskript *cals* zu erstellen, das für einen vorgegebenen Zeitraum (der 2. Parameter liefert das Start- und der 3. Parameter das Endedatum) eine Häufigkeitsverteilung für die Wochentage erstellt, auf die z.B. der Dreizehnte (1. Parameter) eines Monats fällt. So ergibt z.B. der Aufruf

```
cals  13  1.1990  12.1990
```

die folgende Ausgabe:

```
   Sonntag :     1
    Montag :     1
  Dienstag :     3
  Mittwoch :     1
Donnerstag :     2
   Freitag :     2
   Samstag :     2
```

Das entsprechende Shellskript *cals* dazu ist:

```
if [ $# -ne 3 ]
then
   echo "Aufruf:  cals  tag  startdatum  endedatum"
   exit 1
fi
if [ $1 -lt 1 -o $1 -gt 31 ]
then
   echo "Unerlaubter Tag: nur aus Intervall [1,31] erlaubt"
   exit 1
fi
smon=`echo $2 | cut -d"." -f1`
sjahr=`echo $2 | cut -d"." -f2`
emon=`echo $3 | cut -d"." -f1`
ejahr=`echo $3 | cut -d"." -f2`
if [ $smon -lt 1 -o $smon -gt 12 -o $sjahr -lt 1 ]
then
   echo "Unerlaubtes Startdatum"
   exit 1
fi
if [ $emon -lt 1 -o $emon -gt 12 -o $ejahr -lt 1 ]
then
   echo "Unerlaubtes Endedatum"
```

```
   exit 1
fi
for i in "1" "2" "3" "4" "5" "6" "7"
do
   eval ztag$i=0
done
i=$sjahr
while [ $i -le $ejahr ]
do
   if [ $i -eq $ejahr ]
   then
      e=$emon
   else
      e=12
   fi
   j=$smon
   while [ $j -le $e ]
   do
      wert=`cal $j $i | awk "/$1/ { if (NR>2) {
                                          print $1 - \\$1 + 1
                                          exit
                                       }
                                     }"`
      hilf=`eval expr \\$ztag$wert`
      eval ztag$wert=`expr $hilf + 1`
      j=`expr $j + 1`
   done
   smon=1
   i=`expr $i + 1`
done
echo "$ztag1 $ztag2 $ztag3 $ztag4 $ztag5 $ztag6 $ztag7" |
awk " BEGIN {
         wt = \"Sonntag Montag Dienstag Mittwoch Donnerstag Freitag Samstag\"
         split(wt, wt_name, \" \")
      }
      { for (i=1 ; i<=NF ; i++)
          printf(\"%10s : %5d\n\", wt_name[i], \$i)
      }"
```

Shellparameter über Zuweisung an Variablen in der awk-Kommandozeile übergeben

Beispiel Eine Datei *abk* enthält die Bedeutungen von Abkürzungen, wie z.B.

```
BASIC    Beginner's All Purpose Symbolic Instruction Code
COBOL    Common Business Orientated Language
FCFS     First Come First Served
FIFO     First In First Out
FORTRAN  Formula Translation Language
LIFO     Last In First Out
SJF      Shortest Job First
```

Es ist nun ein Shellskript *suchabk* zu erstellen, dem als Parameter eine Abkürzung übergeben wird und das die Bedeutung dieser Abkürzung ausgibt:

```
awk '$1 == such'  such=$1  abk
```

Für den Aufruf

```
suchabk  FIFO
```

wird folgendes ausgegeben:

```
FIFO      First In First Out
```

Erläuterung: Vor dem Aufruf des awk-Programms (`'$1 == such'`) wird der Positionsparameter 1 der awk-Variablen `such` zugewiesen (`such=$1`). Als Eingabedatei für das awk-Programm wird die Datei *abk* verwendet. Wichtig ist, dass es sich bei **$1** im awk-Programm (`'$1 == such'`) um die Feld-Variable **$1** (und nicht um den Positionsparameter **$1**) handelt.

Shellparameter mit " ' .. ' " klammern

Die Aufgabe aus dem vorausgehenden Beispiel könnte man auch mit dem Shellskript *suchabk2*

```
awk '$1 ~ "'$1'"' abk
```

oder dem Shellskript *suchabk3*

```
such=$1
awk '$1 ~ "'$such'"' abk
```

lösen.

Kommandosubstitution in awk-Programmen

Die einfachste Möglichkeit, Kommandosubstitution in einem awk-Programm durchzuführen, ist ' "`*kommando*`" '.

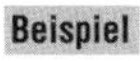

Es ist ein Shellskript *termine.sh* zu erstellen, das im HOME-Directory die Datei *termine* liest und die für diesen oder den nächsten Tag anfallenden Termine als E-Mail an den Benutzer schickt.

Die Datei *termine* hat z.B. folgenden Inhalt:

```
Sonntag       Kaffeetrinken bei der Schwiegermutter
1.1           Mutter anrufen
1.7           Geburtstag von Bruder Anton
19.Juli       Hochzeitstag
Samstag       Hund ausfuehren
6.Dez         Geburtstag von Niklas
Mittwoch      Besprechung um 14.00 Uhr
31.Dezember   Silvester-Feier bei Emil
```

Das folgende Shellskript erfüllt diese Aufgabe:

```
awk '
     BEGIN {
        FS = "[. \t]"
        m = "Januar Februar Maerz April Mai Juni " \
            "Juli August September Oktober November Dezember"
        t = "31 28 31 30 31 30 31 31 30 31 30 31 " \
            "31 29 31 30 31 30 31 31 30 31 30 31"         # Schaltjahr
        w = "Sonntag Montag Dienstag Mittwoch Donnerstag Freitag Samstag"
        split(m, monat_name, " ")
        split(t, monat_tage, " ")
        split(w, woche_tage, " ")
        split("'"`date +%D`"'", heute, "/")  # `date +%D` liefert mm/tt/jj
        monath = heute[1]+0
        tagh = heute[2]+0
        wochtagh = '"`date +%w`"'     # liefert Wochentagszahl (Sonntag=0)
        wochtagm = (wochtagh+1) % 7  # naechste Wochentagszahl nach wochtagm
        wochtagh++; wochtagm++;  # Inkrement., da Array-Index bei 1 startet
        s = schaltjahr("'"`date +%Y`"'") # s wird 1, wenn Schaltjahr, sonst 0
           # Fuer naechsten Tag (morgen) Tag- und Monatszahl bestimmen
        monatm = (tagh>=monat_tage[monath+s*12]) ? (monath+1)%12 : monath
        tagm = (tagh>=monat_tage[monath+s*12]) ? 1 : tagh+1
     }
(woche_tage[wochtagh] ~ $1) ||
($1==tagh && (monat_name[monath] ~ $2 || monath==$2)) {
        print "Heute: " $0
     }
(woche_tage[wochtagm] ~ $1) ||
($1==tagm && (monat_name[monatm] ~ $2 || monatm==$2)) {
        print "Morgen: " $0
     }

     function schaltjahr(jahr) {  # liefert 1, wenn Schaltjahr, ansonsten 0
        return jahr%4==0 && jahr%100!=0 || jahr%400==0
     }' < $HOME/termine | sort | mail $LOGNAME
```

Als letztes muss man dafür sorgen, dass dieses Shellskript jeden Morgen z. B. um 4 Uhr gestartet wird. Dies kann mit der Kommandofolge

```
at 4am
termine.sh
Strg-D
```

erreicht werden. Da dies aber jeden Morgen einzugeben wäre, ist diese Vorgehensweise unpraktisch. Eine andere Möglichkeit besteht darin, ein eigenes Shellskript *attermin.sh* mit folgendem Inhalt zu erstellen:

```
termine.sh
echo attermin.sh | at 4am
```

Dieses Shellskript muss nur einmal gestartet werden, da es sich in der zweiten Zeile selbst für den nächsten Tag mit einem weiteren **at**-Kommando wieder einträgt.

Wenn dieses Skript einmal gestartet ist, würde man z.B. am `30.Juni` (`Samstag` angenommen), falls man sich nach 4 Uhr morgens anmeldet, folgende E-Mail erhalten:

```
Heute: Samstag          Hund ausfuehren
Morgen: 1.7             Geburtstag von Bruder Anton
Morgen: Sonntag         Kaffeetrinken bei der Schwiegermutter
```

2.2.8 Direkte Ausführung von awk-Programmen

Seit System V.4 können awk-Skripts selbst ausführbar gemacht werden, indem im awk-Skript in der ersten Zeile mit **#!** der Pfad von **awk** oder **awk** selbst angegeben wird.

Beispiel Als Beispiel soll das nachfolgende awk-Skript *catkom* dienen, das alle auf der Kommandozeile angegebenen C-Programme ausgibt, wobei es alle Kommentare invers darstellt:

```
#! /usr/bin/awk -f
#
#  Kommentare in C-Progammen invers darstellen
#
/\/\*/ || /\*\// {
           for (i=1 ; i<=length($0) ; i++) {
               zeich1=substr($0,i,1)
               zeich2=substr($0,i+1,1)
               if (zeich1 zeich2 =="/*")
                  system("tput smso")
               printf("%s", zeich1)
               if (zeich1 zeich2=="*/") {
                  printf("%s", zeich2)
                  i++
                  system("tput rmso")
               }
            }
            printf("\n")
            next
         }
         { print }
```

Diese Datei *catkom* muss man zunächst ausführbar machen:

```
chmod u+x catkom
```

Nun kann man direkt

```
catkom  zaehle.c
```

aufrufen.

Die Wirkungsweise der Zeile

#! /usr/bin/awk -f

in *catkom* ist die gleiche, als ob man

```
awk  -f catkom  zaehle.c
```

aufgerufen hätte.

2.3 awk-Anwendungsbeispiele

2.3.1 Automatisches Erstellen von Daten-Validierungsprogrammen (Scheck-Druckprogramm)

Sehr oft ist es notwendig, die vorgelegten Eingabedaten auf Konsistenz und Richtigkeit hin zu überprüfen. Es wäre nun von Vorteil, wenn man die Richtlinien der Datenüberprüfung in einer Art Pseudocode vorgeben und hieraus dann automatisch ein awk-Programm generieren lassen könnte.

Zum Beispiel können für die automatische Ausgabe von Schecks folgende Eingabezeilen vorausgesetzt werden:

Scheck-Nummer   Betrag   Empfaenger

Mit dieser Voraussetzung kann in einer Datei *scheckf.txt* der Pseudocode für die erforderlichen Überprüfungen angegeben werden:

```
BEGIN                          ;FS="\t+"
NF != 3                        3 Felder pro Zeile erforderlich;f++;next
$2 < 0                         Betrag muss positiv sein;f++;next
$1 !~ /[0-9]+/                 Fuer Schecknummer nur Ziffer erlaubt;f++;next
$2 !~ /[0-9]*[,][0-9]*/        Unerlaubter Betrag;f++;next
$2 ~ /[,][0-9][0-9][0-9]+/     Warnung: Nur 2 Nachkommast. relevant
END                            ;if (f) print "Fehler in Eingabe:";print f
```

Das awk-Programm *pruefgen.awk*

```
BEGIN { FS = "\t+"
        printfstr = "printf(\"Zeile %%d, %s: %%s\\n\", NR, $0)"
      }
      { if (semik=index($2, ";")) {
           befehle = substr($2, semik+1);
           $2 = substr($2, 1, semik-1)
        }
        printf("%s {\n", $1)
        if (semik != 1)
           printf("      " printfstr "\n", $2)
        while (semik) {
           if (nsemik=index(befehle, ";")) {
```

```
            ausgabe = substr(befehle, 1, nsemik-1)
            befehle = substr(befehle, nsemik+1)
         } else
            ausgabe = befehle
         printf("     %s\n", ausgabe)
         semik = nsemik
      }
      printf("    }\n")
   }
```

generiert aus diesem Pseudocode mit dem Aufruf

```
awk -f pruefgen.awk scheckf.txt >scheck.awk
```

bereits den notwendigen Überprüfungsteil für das entsprechende Scheckdruck-Programm:

```
BEGIN {
     FS="\t+"
   }
NF != 3 {
     printf("Zeile %d, 3 Felder pro Zeile erforderlich: %s\n", NR, $0)
     f++
     next
   }
$2 < 0 {
     printf("Zeile %d, Betrag muss positiv sein: %s\n", NR, $0)
     f++
     next
   }
$1 !~ /[0-9]+/ {
     printf("Zeile %d, Fuer Schecknummer nur Ziffer erlaubt: %s\n", NR, $0)
     f++
     next
   }
$2 !~ /[0-9]*[,][0-9]*/ {
     printf("Zeile %d, Unerlaubter Betrag: %s\n", NR, $0)
     f++
     next
   }
$2 ~ /[,][0-9][0-9][0-9]+/ {
     printf("Zeile %d, Warnung: Nur 2 Nachkommast. relevant: %s\n", NR, $0)
   }
END {
     if (f) print "Fehler in Eingabe:"
     print f
   }
```

Damit ist also für die Überprüfung der Eingabedaten bereits der Code vorhanden. Nun muss noch der Rest hinzugefügt werden, so dass folgendes awk-Programm hieraus resultiert:

```
BEGIN {
     FS="\t+"
     striche = "-----------------------------------------------------------"
     split("Januar Februar Maerz April Mai Juni " \
           "Juli August September Oktober November Dezember", monat, " ")
     split("ein zwei drei vier fuenf sechs sieben acht neun zehn " \
           "elf zwoelf dreizehn vierzehn fuenfzehn " \
           "sechzehn siebzehn achtzehn neunzehn ", biszwanzig, " ")
     split("zehn zwanzig dreissig vierzig fuenfzig " \
           "sechzig siebzig achtzig neunzig ", zehner, " ")
     "date +%D" | getline datum
   }
NF != 3 {
     printf("Zeile %d, 3 Felder pro Zeile erforderlich: %s\n", NR, $0)
     f++
     next
   }
$2 < 0 {
     printf("Zeile %d, Betrag muss positiv sein: %s\n", NR, $0)
     f++
     next
   }
$1 !~ /[0-9]+/ {
     printf("Zeile %d, Fuer Schecknummer nur Ziffer erlaubt: %s\n", NR, $0)
     f++
     next
   }
$2 !~ /[0-9]*[,][0-9]*/ {
     printf("Zeile %d, Unerlaubter Betrag: %s\n", NR, $0)
     f++
     next
   }
$2 ~ /[,][0-9][0-9][0-9]+/ {
     printf("Zeile %d, Warnung: Nur 2 Nachkommast. relevant: %s\n", NR, $0)
   }

   { komma = index($2, ",")
     nachkomma = sprintf("%-2.2s", substr($2, komma+1) "00")
     ganz = substr($2, 1, komma-1)
     split(datum, dat, "/")
     printf("\n%s\n", striche)
     printf("%40s.%s.%s\n\n", dat[2], monat[dat[1]+0], dat[3])
     printf("\tZahlen Sie gegen diesen Scheck --Euro%s%s---\n\n",
            substr(striche, 1, 12-length(ganz)-3), ganz "," nachkomma)
     inworte = in_woerter(ganz)
     if (substr(inworte, length(inworte)-3) == "ein ")
        inworte = substr(inworte, 1, length(inworte)-4) "eine "
     inworte = inworte "Euro und " nachkomma " Cent"

     printf("In Worten: --")
     while (length(inworte)>45) {
```

```
            pos = rindex(substr(inworte,1,45), " ")
            printf("%s\n", substr(inworte, 1, pos-1))
            inworte = substr(inworte, pos+1)
            printf("%13s", " ")
         }
         printf("%s--\n\n", inworte);
         printf("an: %s\n\n\n", $3)
         printf("\t\tScheck-Nr.: %s\n\n%s\n\n", $1, striche)
      }

END {
         if (f) print "Fehler in Eingabe:"
         print f
      }

function in_woerter(zahl) {
   zahl = int(zahl)
   if (zahl>=1000)
      return in_woerter(zahl/1000) "Tausend " in_woerter(zahl%1000)
   if (zahl>=100)
      return in_woerter(zahl/100) "Hundert " in_woerter(zahl%100)
   if (zahl>=20)
      if (zahl%10)
         return biszwanzig[zahl%10] " und " zehner[int(zahl/10)] " "
      else
         return zehner[int(zahl/10)] " "
   return biszwanzig[zahl] " "
}

function rindex(string, such) {
   for (i=length(string) ; i>=1 && substr(string,i,1)!=such ; i--) ;
   return i
}
```

Wenn diesem awk-Programm folgende Eingabedatei *scheck.ein*

```
1234567890      12,7           Fa. Holzwurm
2345009299      1345,88        Fa. Greifklau
4378477237      10987,30       Fa. Oberbau
5462165365      150701,00      Fa. Unterbau
5462165365      854765,21      Fa. Gross
7367436767      70,83          Fa. Mittelbau
```

vorgelegt wird, so ergibt sich die folgende Ausgabe:

```
------------------------------------------------------------
                                         01.Juli.02

     Zahlen Sie gegen diesen Scheck --Euro-------12,70---

In Worten: --zwoelf Euro und 70 Cent--
```

```
an: Fa. Holzwurm

             Scheck-Nr.: 1234567890

------------------------------------------------------------


------------------------------------------------------------
                                      01.Juli.02

     Zahlen Sie gegen diesen Scheck --Euro-----1345,88---

In Worten: --ein Tausend drei Hundert fuenf und vierzig
             Euro und 88 Cent--

an: Fa. Greifklau

             Scheck-Nr.: 2345009299

------------------------------------------------------------


------------------------------------------------------------
                                      01.Juli.02

     Zahlen Sie gegen diesen Scheck --Euro----10987,30---

In Worten: --zehn Tausend neun Hundert sieben und achtzig
             Euro und 30 Cent--

an: Fa. Oberbau

             Scheck-Nr.: 4378477237

------------------------------------------------------------


------------------------------------------------------------
                                      01.Juli.02

     Zahlen Sie gegen diesen Scheck --Euro---150701,00---

In Worten: --ein Hundert fuenfzig Tausend sieben Hundert
             eine Euro und 00 Cent--

an: Fa. Unterbau

             Scheck-Nr.: 5462165365

------------------------------------------------------------
```

```
------------------------------------------------------------
                                      01.Juli.02

     Zahlen Sie gegen diesen Scheck --Euro---854765,21---

In Worten: --acht Hundert vier und fuenfzig Tausend
             sieben Hundert fuenf und sechzig Euro und 21
             Cent--

an: Fa. Gross

             Scheck-Nr.: 5462165365

------------------------------------------------------------


------------------------------------------------------------
                                      01.Juli.02

     Zahlen Sie gegen diesen Scheck --Euro-------70,83---

In Worten: --siebzig Euro und 83 Cent--

an: Fa. Mittelbau

             Scheck-Nr.: 7367436767

------------------------------------------------------------
```

2.3.2 Kredit-Rückzahlungsprogramm

Das folgende awk-Programm *kredit.awk* berechnet bei der Vorgabe von Kreditsumme, Zinssatz und Laufzeit eines Kredits die erforderliche monatliche Rückzahlungsrate; zusätzlich gibt es die Tilgung und den Zinsanteil für jeden Monat der gesamten Kreditlaufzeit aus.

So ergibt sich z.B für die folgende Eingabedatei *kredit.ein*:

```
100000
6,575
360
1000
9
12
```

folgende Ausgabe:

```
Ein zum Zinssatz von 6,575 % für eine Laufzeit von 360 Monaten
aufgenommener Kredit von 100000 Euro erfordert eine
monatliche Rueckzahlung von 637,01 Euro
```

```
MONAT    MONATLICHE ZAHLUNGEN              GESAMT-ZAHLUNGEN
           Tilgung      Zinsen        Tilgung         Zinsen

   1        89,09      547,92          89,09         547,92
   2        89,58      547,43         178,67        1095,35
   3        90,07      546,94         268,75        1642,28
   4        90,57      546,44         359,31        2188,73
   5        91,06      545,95         450,38        2734,67
   6        91,56      545,45         541,94        3280,12
   7        92,06      544,95         634,00        3825,07
 ...
 ...
 353       609,77       27,24       95638,75      129225,78
 354       613,11       23,90       96251,86      129249,68
 355       616,47       20,54       96868,34      129270,21
 356       619,85       17,16       97488,19      129287,37
 357       623,25       13,76       98111,44      129301,13
 358       626,66       10,35       98738,10      129311,48
 359       630,10        6,91       99368,19      129318,40
 360       633,55        3,46      100001,74      129321,86

Ein zum Zinssatz von 9 % für eine Laufzeit von 12 Monaten
aufgenommener Kredit von 1000 Euro erfordert eine
monatliche Rueckzahlung von 87,45 Euro

MONAT    MONATLICHE ZAHLUNGEN              GESAMT-ZAHLUNGEN
           Tilgung      Zinsen        Tilgung         Zinsen

   1        79,95        7,50          79,95           7,50
   2        80,55        6,90         160,50          14,40
   3        81,15        6,30         241,65          20,70
   4        81,76        5,69         323,42          26,38
   5        82,38        5,07         405,79          31,46
   6        82,99        4,46         488,78          35,92
   7        83,62        3,83         572,40          39,75
   8        84,24        3,21         656,64          42,96
   9        84,87        2,58         741,52          45,53
  10        85,51        1,94         827,03          47,47
  11        86,15        1,30         913,18          48,77
  12        86,80        0,65         999,98          49,42
```

Das zugehörige awk-Programm *kredit.awk* lautet:

```
BEGIN {  if (ARGC>1)
            eingab = ARGV[1]
         while (hole_eck_daten(eingab)) {
            berechne_mon_rate()
            drucke_tabelle()
         }
      }

function hole_eck_daten(eindatei) {
```

```
    if ((getline kredit < eindatei) <= 0)
        return 0
    am_kredit = kredit
    gsub(",", ".", am_kredit)     # dt. Komma durch amerik. Punkt ersetzen
    if ((getline zinssatz < eindatei) <= 0)
        return 0
    am_zinssatz = zinssatz
    gsub(",", ".", am_zinssatz)   # dt. Komma durch amerik. Punkt ersetzen
    if ((getline monate < eindatei) <= 0)
        return 0
    return 1
}

function berechne_mon_rate() {
    mon_zinssatz = am_zinssatz / 1200
    mon_rate = am_kredit * (mon_zinssatz / (1-((1+mon_zinssatz) ^ -monate)))
    printf("\nEin zum Zinssatz von %s %% für eine Laufzeit von %d Monaten\n",
           zinssatz, monate);
    printf("aufgenommener Kredit von %s Euro erfordert eine\n", kredit)
    mon_rate = sprintf("%.2f", mon_rate)
    dt_rate = mon_rate
    gsub("[.]", ",", dt_rate)   # amerik. Punkt durch dt. Komma ersetzen
    printf("monatliche Rueckzahlung von %s Euro\n", dt_rate)
}

function drucke_tabelle() {
    printf("\n%s%25s%30s\n",
           "MONAT", "MONATLICHE ZAHLUNGEN", "GESAMT-ZAHLUNGEN")
    printf("%5s%13s%12s%15s%15s\n\n",
           " ", "Tilgung", "Zinsen", "Tilgung", "Zinsen")
    restkredit = am_kredit
    gesamt_zinsen = gesamt_zahlung = 0
    for (i=1 ; i<=monate+0 ; i++) {
        mon_zins = restkredit * mon_zinssatz
        mon_tilgung = mon_rate - mon_zins
        restkredit -= mon_tilgung
        gesamt_zinsen += mon_zins
        gesamt_zahlung += mon_tilgung
        printf("%4d ", i);
        drucke_dt(dt_mon_tilgung, mon_tilgung, "%13s")
        drucke_dt(dt_mon_zins, mon_zins, "%12s")
        drucke_dt(dt_gesamt_zahlung, gesamt_zahlung, "%15s")
        drucke_dt(dt_gesamt_zinsen, gesamt_zinsen, "%15s")
        printf("\n")
    }
}

function drucke_dt(dt,am,fmt) {
    dt = sprintf("%.2f", am)
    gsub("[.]", ",", dt)
    printf(fmt, dt)
}
```

2.3.3 Auswerten von Wahlergebnissen

awk kann verwendet werden, um Daten von Dateien zu lesen und aus diesen Daten dann einen Bericht zu generieren. Dabei ergibt sich in vielen Anwendungsfällen die folgende Arbeitsteilung:

Aufbereiten von Daten

Generieren des Berichts

Zum Aufbereiten der Daten gehören Aufgaben wie das Lesen der Eingabedaten, das Extrahieren von Daten, das Durchführen von eventuell erforderlichen Berechnungen mit den Daten und möglicherweise das Sortieren der Daten.

Beim Erstellen eines Berichts müssen dann die vom Aufbereitungsschritt übergebenen Daten formatiert und ausgegeben werden.

Es soll hier für ein vorgegebenes Wahlergebnis in einer Datei *wahlerg*:

```
Stuttgart     ZTU 133987    SBT 131728    FTB 39948    B-Wuerttembg.
Muenchen      SBT 320452    ZTU 290377    FTB 80929    Bayern
Duesseldorf   SBT 153919    ZTU 123737    FTB 28727    NR-Westfalen
Wuerzburg     ZTU 32981     SBT 24537     FTB 8277     Bayern
Bochum        SBT 103729    ZTU 62643     FTB 18282    NR-Westfalen
Nuernberg     ZTU 113939    SBT 109828    FTB 35872    Bayern
Erlangen      SBT 22837     FTB 21377     ZTU 8746     Bayern
Ulm           ZTU 25791     SBT 19374     FTB 6782     B-Wuerttembg.
Koeln         SBT 237473    ZTU 183734    FTB 73829    NR-Westfalen
Karlsruhe     ZTU 63532     SBT 61237     FTB 19328    B-Wuerttembg.
```

ein Bericht erstellt werden, der die Prozentzahlen der einzelnen Parteien angibt.

Das Aufbereiten der Daten geschieht durch das awk-Programm *aufber1.awk*:

```
{  sum = $3+$5+$7
   for (i=2 ; i<NF ; i=i+2)
      stim[$i] = $(i+1)
   printf("%-15s:%s:%d:%d:%d:%d\n", $8, $1,
       stim["ZTU"], stim["SBT"], stim["FTB"], sum) | "sort -t: +0 -1 +5rn"
}
```

Dieses Programm gibt folgendes aus:

```
B-Wuerttembg.   :Stuttgart:133987:131728:39948:305663
B-Wuerttembg.   :Karlsruhe:63532:61237:19328:144097
B-Wuerttembg.   :Ulm:25791:19374:6782:51947
Bayern          :Muenchen:290377:320452:80929:691758
Bayern          :Nuernberg:113939:109828:35872:259639
Bayern          :Wuerzburg:32981:24537:8277:65795
Bayern          :Erlangen:8746:22837:21377:52960
NR-Westfalen    :Koeln:183734:237473:73829:495036
NR-Westfalen    :Duesseldorf:123737:153919:28727:306383
NR-Westfalen    :Bochum:62643:103729:18282:184654
```

In diesem awk-Programm wird die Ausgabe über eine Pipe an das UNIX-Kommando **sort** weitergereicht. Die einzelnen bei **sort** angegebenen Optionen bedeuten:

-t: als Feld-Trennzeichen den Doppelpunkt verwenden,

+0 -1 erstes Feld (Bundesland) als Primär-Sortierschlüssel verwenden,

+5rn sechstes Feld (Gesamtstimmenzahl) als zweiten Sortierschlüssel verwenden; dieses Feld ist allerdings numerisch (Option **n**) und revers (Option **r**; größtes zuerst) zu sortieren.

Nun muss noch das awk-Programm *bericht1.awk* erstellt werden, das für die Bericht-Generierung verantwortlich ist:

```
BEGIN {  FS = ":"
         printf("%-15s %-15s %9s %9s %9s %15s\n\n",
            "Bundesland", "Bezirk", "ZTU", "SBT", "FTB", "Gesamtstimmen")
      }
      {  sum = $3+$4+$5
         printf("%-15s %-15s %8.2f%% %8.2f%% %8.2f%% %15d\n",
               $1, $2, $3/sum*100, $4/sum*100, $5/sum*100, sum)
      }
```

Mit dem Aufruf

```
awk -f aufber1.awk wahlerg | awk -f bericht1.awk
```

kann der Bericht erzeugt werden:

```
Bundesland      Bezirk                ZTU       SBT       FTB   Gesamtstimmen

B-Wuerttembg.   Stuttgart          43.83%    43.10%    13.07%          305663
B-Wuerttembg.   Karlsruhe          44.09%    42.50%    13.41%          144097
B-Wuerttembg.   Ulm                49.65%    37.30%    13.06%           51947
Bayern          Muenchen           41.98%    46.32%    11.70%          691758
Bayern          Nuernberg          43.88%    42.30%    13.82%          259639
Bayern          Wuerzburg          50.13%    37.29%    12.58%           65795
Bayern          Erlangen           16.51%    43.12%    40.36%           52960
NR-Westfalen    Koeln              37.12%    47.97%    14.91%          495036
NR-Westfalen    Duesseldorf        40.39%    50.24%     9.38%          306383
NR-Westfalen    Bochum             33.92%    56.17%     9.90%          184654
```

Die vielen Optionen bei **sort** können vermieden werden, wenn die Daten an **sort** entsprechend übergeben werden. Ohne Angabe von Optionen sortiert **sort** nicht numerisch, sondern alphabetisch. In diesem Bericht soll die Ausgabe nach Bundesland (alphabetisch; 1. Sortierschlüssel) und nach Gesamtstimmenzahl (absteigend numerisch; 2. Sortierschlüssel) sortiert werden. Also muss bei der Übergabe der Daten an **sort** dafür gesorgt werden, dass als 1. Feld das Bundesland und als 2. Feld die Gesamtstimmenzahl übergeben wird. Allerdings reicht die einfache Übergabe der Gesamtstimmenzahl als 2. Feld nicht aus, da hierfür eine absteigende Sortierung erforderlich ist. Um eine solche Sortierung zu erzwingen, bedient man sich eines häufig gebrauchten Tricks: Man übergibt als 2. Feld nicht die Gesamtstimmenzahl, sondern deren Kehrwert.

Das awk-Programm *aufber2.awk*:

```
{  sum = $3+$5+$7
   kehrwert = 1/sum
   for (i=2 ; i<NF ; i=i+2)
      stim[$i] = $(i+1)
   printf("%-15s:%10.8f:%s:%d:%d:%d:%d\n",
      $8, kehrwert, $1, stim["ZTU"], stim["SBT"], stim["FTB"], sum) | "sort"
}
```

liefert somit folgende Ausgabe:

```
B-Wuerttembg.   :0.00000327:Stuttgart:133987:131728:39948:305663
B-Wuerttembg.   :0.00000694:Karlsruhe:63532:61237:19328:144097
B-Wuerttembg.   :0.00001925:Ulm:25791:19374:6782:51947
Bayern          :0.00000145:Muenchen:290377:320452:80929:691758
Bayern          :0.00000385:Nuernberg:113939:109828:35872:259639
Bayern          :0.00001520:Wuerzburg:32981:24537:8277:65795
Bayern          :0.00001888:Erlangen:8746:22837:21377:52960
NR-Westfalen    :0.00000202:Koeln:183734:237473:73829:495036
NR-Westfalen    :0.00000326:Duesseldorf:123737:153919:28727:306383
NR-Westfalen    :0.00000542:Bochum:62643:103729:18282:184654
```

Das awk-Programm *bericht2.awk*

```
BEGIN {  FS = ":"
         printf("%-15s %-15s %9s %9s %9s %15s\n",
            "Bundesland", "Bezirk", "ZTU", "SBT", "FTB", "Gesamtstimmen")
      }
      {  if ($1 != vorher) {
            print ""
            vorher = $1
         } else
            $1 = " "
         sum = $4+$5+$6
         printf("%-15s %-15s %8.2f%% %8.2f%% %8.2f%% %15d\n",
              $1, $3, $4/sum*100, $5/sum*100, $6/sum*100, sum)
      }
```

liefert einen etwas verbesserten Bericht, indem es den Bundeslandnamen nur einmal ausgibt. Somit ergibt der Aufruf

```
awk -f aufber2.awk wahlerg | awk -f bericht2.awk
```

folgende Ausgabe:

```
Bundesland      Bezirk               ZTU       SBT       FTB   Gesamtstimmen

B-Wuerttembg.   Stuttgart         43.83%    43.10%    13.07%          305663
                Karlsruhe         44.09%    42.50%    13.41%          144097
                Ulm               49.65%    37.30%    13.06%           51947

Bayern          Muenchen          41.98%    46.32%    11.70%          691758
                Nuernberg         43.88%    42.30%    13.82%          259639
                Wuerzburg         50.13%    37.29%    12.58%           65795
                Erlangen          16.51%    43.12%    40.36%           52960

NR-Westfalen    Koeln             37.12%    47.97%    14.91%          495036
                Duesseldorf       40.39%    50.24%     9.38%          306383
                Bochum            33.92%    56.17%     9.90%          184654
```

Ein noch informativerer Bericht wird mit dem folgenden awk-Programm *bericht3.awk* erreicht:

```
BEGIN {  FS = ":"
         striche = sprintf("%77s", " ")
         gsub(".", "-", striche)
         dstriche = sprintf("%77s", " ")
         gsub(".", "=", dstriche)
         printf("%-15s %-15s %9s %9s %9s %15s\n",
              "Bundesland", "Bezirk", "ZTU", "SBT", "FTB", "Gesamtstimmen")
         printf("%s\n", striche)
      }
      {  if ($1 != vorher) {
            vorher = $1
            if (NR > 1)
               drucke_zwischen(ges_land, striche)
            ges_land["ZTU"] = $4
            ges_land["SBT"] = $5
            ges_land["FTB"] = $6
         } else {
            ges_land["ZTU"] += $4
            ges_land["SBT"] += $5
            ges_land["FTB"] += $6
            $1 = " "
         }
         gesamt["ZTU"] += $4
         gesamt["SBT"] += $5
         gesamt["FTB"] += $6
         sum = $4+$5+$6
         printf("%-15s %-15s %8.2f%% %8.2f%% %8.2f%% %15d\n",
                $1, $3, $4/sum*100, $5/sum*100, $6/sum*100, sum)
      }

 END  {  drucke_zwischen(ges_land, striche)
         drucke_zwischen(gesamt, dstriche)
      }
```

```
function drucke_zwischen(array,str) {
   printf("%32s%9.9s %9.9s %9.9s %15.15s\n", " ", str, str, str, str)
   sum2 = array["ZTU"] + array["SBT"] + array["FTB"]
   printf("%32s%8.2f%% %8.2f%% %8.2f%% %15.15s\n\n", " ",
          array["ZTU"]/sum2*100, array["SBT"]/sum2*100,
          array["FTB"]/sum2*100, array["ZTU"]+array["SBT"]+array["FTB"])
}
```

Der Aufruf

```
awk -f aufber2.awk wahlerg | awk -f bericht3.awk
```

führt dann zu folgender Ausgabe:

```
Bundesland      Bezirk              ZTU       SBT       FTB   Gesamtstimmen
---------------------------------------------------------------------------
B-Wuerttembg.   Stuttgart        43.83%    43.10%    13.07%          305663
                Karlsruhe        44.09%    42.50%    13.41%          144097
                Ulm              49.65%    37.30%    13.06%           51947
                              --------- --------- --------- ---------------
                                 44.51%    42.32%    13.17%          501707

Bayern          Muenchen         41.98%    46.32%    11.70%          691758
                Nuernberg        43.88%    42.30%    13.82%          259639
                Wuerzburg        50.13%    37.29%    12.58%           65795
                Erlangen         16.51%    43.12%    40.36%           52960
                              --------- --------- --------- ---------------
                                 41.68%    44.63%    13.69%         1070152

NR-Westfalen    Koeln            37.12%    47.97%    14.91%          495036
                Duesseldorf      40.39%    50.24%     9.38%          306383
                Bochum           33.92%    56.17%     9.90%          184654
                              --------- --------- --------- ---------------
                                 37.53%    50.21%    12.25%          986073

                              ========= ========= ========= ===============
                                 40.64%    46.33%    13.03%         2557932
```

2.3.4 Nachschlagewerk für ANSI C Bibliotheksroutinen

Eine Datei *c_bibl* enthält eine Kurzbescheibung aller ANSI C Bibliotheksfunktionen.

```
@@@ void abort(v)  stdlib.h
bewirkt abnormalen Programmabbruch
@@@ int abs(i)  stdlib.h
Absolutwert von i
@@@ double acos(d)  math.h
Arcuscosinus von d
@@@ char *asctime(*tz) time.h
wandelt Zeit *tz in Zeichenkette ("Tue Feb 21 10:31:43 1989\n") um
```

```
@@@ double asin(d)  math.h
Arcussinus von d
@@@ void assert(i)  assert.h
Falls Wert des Ausdrucks i != 0, dann Programmabbruch mit Fehlermeldung
@@@ double atan(d)  math.h
Arcustangens von d
@@@ double atan2(d1,d2)  math.h
Arcustangens von d1/d2
@@@ int atexit(void(*funkz)(v))  stdlib.h
traegt Funktion *funkz in Liste der Funktionen ein, welche bei normaler
Programmbeendigung noch auszufuehren sind
@@@ double atof(*cz)  stdlib.h
wandelt die Zeichenkette cz nach double um
@@@ int atoi(*cz)  stdlib.h
wandelt die Zeichenkette cz nach int um
@@@ long atol(*cz)  stdlib.h
wandelt die Zeichenkette cz nach long um
@@@ void *bsearch(*vz1,*vz2,s1,s2,int (*vergl)(*vz3,*vz4))  stdlib.h
realisiert die binaere Suche; sucht vz1 in Vektor vz2, welcher s1
Elemente der Groesse s2 besitzt; Vergleich zweier Elemente wird von
der Funktion *vergl vorgenommen
@@@ void *calloc(s1,s2)  stdlib.h
liefert Zeiger auf einen reservierten Speicherbereich von s1*s2 Bytes
(anders als bei malloc ist Speicherbereich hier mit \0 initialisiert)
@@@ double ceil(d)  math.h
kleinste ganze Zahl >= d
@@@ void clearerr(*fz)  stdio.h
setzt die Dateiende- und Fehler-Marke fuer Datei fz zurueck
@@@ clock_t clock(v)  time.h
liefert die seit Programmstart verbrauchte Prozessorzeit
(clock()/CLOCKS_PER_SEC liefert diese Zeit in Sekunden)
@@@ double cos(d)  math.h
Cosinus von d
@@@ double cosh(d)  math.h
Cosinus hyperbolicus von d
@@@ char *ctime(*kz)  time.h
wandelt Kalenderzeit *kz in Ortszeit um (entspr. asctime(localtime(kz)))
@@@ double difftime(k1,k0)  time.h
liefert die Zeitdifferenz von k1-k0 (in Sekunden)
@@@ div_t div(i1,i2)  stdlib.h
gibt ueber Struktur div_t Quotient und Rest der Division i1/i2 zurueck
@@@ void exit(i)  stdlib.h
bewirkt normale Programmbeendigung
@@@ double exp(d)  math.h
liefert e hoch d
@@@ double fabs(d)  math.h
Absolutwert von d
@@@ int fclose(*fz)  stdio.h
schliesst die Datei fz
@@@ int feof(*fz)  stdio.h
TRUE, wenn Dateiende-Marke fuer Datei fz gesetzt ist
```

```
@@@ int ferror(*fz)  stdio.h
TRUE, wenn Fehler-Marke fuer Datei fz gesetzt ist
@@@ int fflush(*fz)  stdio.h
veranlasst das Schreiben von noch nicht geleerten Puffern auf Datei fz
@@@ int fgetc(*fz)  stdio.h
liefert naechstes Zeichen aus Datei fz (EOF bei Dateiende)
@@@ int fgetpos(*fz,*xz)  stdio.h
liefert Position des Schreib/Lesezeigers fuer Datei fz (siehe fsetpos)
@@@ char *fgets(*cz,i,*fz)  stdio.h
liest aus Datei fz bis zum \n (aber hoechstens i-1 Zeichen) und speichert
die gelesenen Zeichen an Adresse cz (mit \0 abgeschlossen)
@@@ double floor(d)  math.h
groesste ganze Zahl <= d
@@@ double fmod(d1,d2)  math.h
liefert Gleitpunktrest der Division d1/d2 (gleiches Vorzeichen wie d1)
@@@ FILE *fopen(*cz1,*cz2)  stdio.h
eroeffnet die Datei cz1 und gibt Dateizeiger zurueck
(cz2 legt Eroeffnungs-Modus fest)
@@@ int fprintf(*fz,*cz,...)  stdio.h
schreibt nachfolgenden Argumente (...) entspr. dem Format cz auf Datei fz
@@@ int fputc(i,*fz)  stdio.h
schreibt Zeichen i in die Datei fz
@@@ int fputs(*cz,*fz)  stdio.h
schreibt Zeichenkette cz in die Datei fz
@@@ size_t fread(*vz,s1,s2,*fz)  stdio.h
liest von Datei fz hoechstens s2 Objekte der Groesse s1 an die Adresse vz
@@@ void free(*vz)  stdlib.h
gibt den Speicherbereich, auf den vz zeigt, wieder frei
@@@ FILE *freopen(*cz1,*cz2,*fz)  stdio.h
eroeffnet Datei cz1 und und verbindet mit ihr den Dateizeiger fz
(cz2 legt Eroeffnungs-Modus fest)
@@@ double frexp(d,*iz)  math.h
wandelt d in die normalisierte Form [0.5,1]*2 hoch E um; E wird dann
nach *iz geschrieben und der entsprechende Wert aus dem Intervall
[0.5,1] wird zurueckgegeben.
@@@ int fscanf(*fz,*cz,...)  stdio.h
liest von Datei fz entsprechend dem Format cz und weist die so
umgewandelten Werte den nachfolgenden Argumenten (...) zu.
@@@ int fseek(*fz,l,i)  stdio.h
veraendert Position des Schreib/Lesezeigers fuer Datei fz (i legt
Bezugspunkt fuer Byteoffset l fest)
@@@ int fsetpos(*fz,*xz)  stdio.h
setzt Schreib/Lesezeiger fuer Datei fz auf Position *xz,
welche zuvor mit fgetpos ermittelt wurde
@@@ long int ftell(*fz)  stdio.h
liefert die aktuelle Position des Schreib/Lesezeiger in der Datei fz
@@@ size_t fwrite(*vz,s1,s2,*fz)  stdio.h
schreibt von der Adresse vz s2 Objekte der Groesse s1 in die Datei fz
@@@ int getc(*fz)  stdio.h
liefert naechstes Zeichen aus Datei fz
@@@ int getchar(v)  stdio.h
```

```
liefert naechstes Zeichen von der Standardeingabe (stdin)
@@@ char *getenv(*cz)  stdlib.h
liefert den Wert der Environment-Variablen cz
@@@ char *gets(*cz)  stdio.h
liest naechste Eingabezeile an die Adresse cz
(\n wird mit \0 ueberschrieben)
@@@ struct tm *gmtime(*kz)  time.h
wandelt Kalenderzeit *kz in eine Universalzeit (historische Bedeutung) um
(als Universalzeit wird Greenwhich Mean Time genommen)
@@@ int isalnum(i)  ctype.h
entspricht: isalpha(i) || isdigit(i)
@@@ int isalpha(i)  ctype.h
entspricht: isupper(i) || islower(i)
@@@ int iscntrl(i)  ctype.h
TRUE, wenn i ein Steuerzeichen ist
@@@ int isdigit(i)  ctype.h
TRUE, wenn i eine Dezimalziffer (0, 1, ..., 9) ist
@@@ int isgraph(i)  ctype.h
TRUE, wenn i ein druckbares Zeichen, aber kein Leerzeichen ist
@@@ int islower(i)  ctype.h
TRUE, wenn i ein Kleinbuchstabe ist
@@@ int isprint(i)  ctype.h
TRUE, wenn i ein druckbares Zeichen (einschliesslich Leerzeichen) ist
@@@ int ispunct(i)  ctype.h
TRUE, wenn i ein druckbares Zeichen, aber kein Leerzeichen, Ziffer
oder Buchstabe ist
@@@ int isspace(i)  ctype.h
TRUE, wenn i ein Leerzeichen,\f,\n,\r,\t oder \v ist
@@@ int isupper(i)  ctype.h
TRUE, wenn i ein Grossbuchstabe ist
@@@ int isxdigit(i)  ctype.h
TRUE, wenn i eine hexadezimale Ziffer (0,..,9,a,..,f,A,..,F) ist
@@@ long int labs(l)  stdlib.h
Absolutwert von l
@@@ double ldexp(d,i)  math.h
liefert d*2 hoch i
@@@ ldiv_t ldiv(l1,l2)  stdlib.h
gibt ueber Struktur ldiv_t Quotient und Rest der Division l1/l2 zurueck
@@@ struct lconv *localeconv(v)  locale.h
liefert ueber den Strukturtyp lconv Werte,
welche fuer numerische Groessenangaben
(wie z.B. Waehrungssymbole, Dezimalpunkt-Zeichen usw.) im entsprechenden
Kultur- und Sprachkreis verwendet werden
@@@ struct tm *localtime(*kz)  time.h
wandelt Kalenderzeit *kz in die Ortszeit um
@@@ double log(d)  math.h
natuerlicher Logarithmus ln(d)
@@@ double log10(d)  math.h
natuerlicher Zehnerlogarithmus log10(d)
@@@ void longjmp(j,i)  setjmp.h
verwendet den vom vorherigen setjmp-Aufruf gemachten Schnappschuss j,
```

```
um alten Programmzustand wieder herzustellen und mit return(i) in dieser
setjmp-Funktion fortzufahren
@@@ void *malloc(s)  stdlib.h
liefert einen Zeiger auf nicht-initialisierten Speicherbereich von s Bytes.
@@@ int mblen(*cz,s)  stdlib.h
liefert die Anzahl von Bytes, aus denen sich das Vielbyte-Zeichen *cz
zusammensetzt; dieses muss sich in den ersten s (od. weniger) Bytes befinden
@@@ size_t mbstowcs(*yz,*cz,s)  string.h
wandelt eine Vielbyte-Zeichenkette cz (nicht mehr als s Zeichen) in eine
wchar_t-Zeichenkette yz um und liefert die Anzahl der umgewandelten Elemente
@@@ int mbtowc(*yz,*cz,s)  stdlib.h
wandelt Vielbyte-Zeichen *cz nach wchar_t um;
Ergebnis wird in *yz hinterlegt. Rueckgabewert gibt an,
aus wieviel Bytes sich Vielbyte-Zeichen *cz zusammensetzt
@@@ void *memchr(*vz,i,s)  string.h
liefert Zeiger auf erstes Vorkommen von Zeichen i in Zeichenkette vz
(NULL, wenn i nicht in ersten s Zeichen vorkommt)
@@@ int memcmp(*vz1,*vz2,s)  string.h
vergleicht die ersten s Zeichen von vz1 und vz2
@@@ void *memcpy(*vz1,*vz2,s)  string.h
kopiert s Zeichen von Adresse vz2 an Adresse vz1 (Rueckgabewert)
(Speicherbereiche vz1 und vz2 duerfen sich nicht ueberlappen)
@@@ void *memmove(*vz1,*vz2,s)  string.h
kopiert s Zeichen von Adresse vz2 an Adresse vz1 (Rueckgabewert)
(Speicherbereiche vz1 und vz2 duerfen sich ueberlappen)
@@@ void *memset(*vz,i,s)  string.h
ueberschreibt die ersten s Zeichen von vz mit Zeichen i
@@@ time_t mktime(*tz)  time.h
liefert die der Ortszeit *tz entsprechende Kalenderzeit (als Typ time_t)
@@@ double modf(d,*dz)  math.h
teilt d in ganzen Anteil (*dz) und gebrochenen Anteil (Rueckgabewert)
@@@ void perror(*cz)  stdio.h
entspricht: fprintf(stderr,"%s : %s\n",cz,"Fehlermeldung");
Fehlermeldung ist implementations-definiert und haengt vom errno-Wert ab
@@@ double pow(d1,d2)  math.h
liefert d1 hoch d2
@@@ int printf(*cz,...)  stdio.h
schreibt die nachfolgenden Argumente entsprechend dem Format cz auf die
Standardausgabe (entspricht: fprintf(stdout,cz,...))
@@@ int putc(i,*fz)  stdio.h
schreibt das Zeichen i in die Datei fz
@@@ int putchar(i)  stdio.h
schreibt das Zeichen i auf die Standardausgabe (stdout)
@@@ int puts(*cz)  stdio.h
schreibt die Zeichenkette cz mit \n auf die Standardausgabe (stdout)
@@@ void qsort(*vz,s1,s2,int(*vergl)(*vz1,*vz2))  stdlib.h
sortiert die Elemente vz[0]..vz[s1-1] (jedes hat Groesse s2);
Vergleich 2er Elemente wird von Funktion *vergl vorgenommen
@@@ int raise(i)  signal.h
schickt Signal i an das momentan ablaufende Programm
@@@ int rand(v)  stdlib.h
```

```
liefert ganzzahlige Zufallszahl aus dem Intervall [0,RAND_MAX]
@@@ void *realloc(*vz,s)  stdlib.h
veraendert Groesse des Objekts, auf das vz zeigt, auf s und gibt Zeiger auf
dieses neue Objekt zurueck
@@@ int remove(*cz)  stdio.h
loescht die Datei mit Namen cz
@@@ int rename(*cz1,*cz2)  stdio.h
tauft Datei cz1 in cz2 um
@@@ void rewind(*fz)  stdio.h
setzt Schreib/Lesezeiger fuer Datei fz auf den Dateianfang
@@@ int scanf(*cz,...)  stdio.h
liest von der Standardeingabe (stdin) entsprechend dem Format cz und
weist die so umgewandelten Werte den nachfolgenden Argumenten (...) zu
@@@ void setbuf(*fz,*cz)  stdio.h
Wenn cz NULL ist, so wird Pufferung fuer Datei fz ausgeschaltet,
ansonsten identisch zu (void)setvbuf(fz,cz,_IOFBF,BUFSIZ)
@@@ int setjmp(j)  setjmp.h
macht einen Schnappschuss j des momentanen Programmzustands, um
spaeter genau an diesem Programmpunkt wieder aufzusetzen (siehe longjmp)
@@@ char *setlocale(i,*cz)  locale.h
passt die C Umgebung an einen speziellen Sprach- und Kulturkreis (cz) an;
i legt dabei die Bereiche fest, welche von dieser Anpassung betroffen sein
sollen
@@@ int setvbuf(*fz,*cz,i,s)  stdio.h
legt die Pufferungsart (i) fuer Datei fz fest; wenn cz nicht NULL ist, wird
cz als Puffer verwendet, wobei s die Puffergroesse festlegt
@@@ void (*signal(i,void(*funkz)(i1)))(i2)  signal.h
legt fest, wie auf das Auftreten von Signal i waehrend des Programmablaufs
zu reagieren ist: Aufruf von funkz
@@@ double sin(d)  math.h
Sinus von d
@@@ double sinh(d)  math.h
Sinus hyperbolicus von d
@@@ int sprintf(*cz1,*cz2,...)  stdio.h
schreibt die nachfolgenden Argumente (...) entsprechend dem Format cz2
in die Zeichenkette cz1 (wird mit \0 abgeschlossen)
@@@ double sqrt(d)  math.h
Quadratwurzel von d
@@@ void srand(u)  stdlib.h
verwendet den Wert u, um eine neue Folge von Zufallszahlen anzustossen
@@@ int sscanf(*cz1,*cz2,...)  stdio.h
liest von der Zeichenkette cz1 entsprechend dem Format cz2 und weist die
so umgewandelten Werte den nachfolgenden Argumenten (...) zu
@@@ char *strcat(*cz1,*cz2)  string.h
haengt Zeichenkette cz2 an Zeichenkette cz1 an
@@@ char *strchr(*cz,i)  string.h
liefert Zeiger auf erstes Vorkommen von Zeichen i in Zeichenkette cz
@@@ int strcmp(*cz1,*cz2)  string.h
vergleicht die beiden Zeichenketten cz1 und cz2
@@@ int strcoll(*cz1,*cz2)  string.h
verhaelt sich wie strcmp, ausser dass lokal-spezif. Vergleichsregeln gelten
```

```
@@@ char *strcpy(*cz1,*cz2)  string.h
kopiert die Zeichenkette cz2 (einschliesslich \0) an die Adresse cz1
@@@ size_t strcspn(*cz1,*cz2)  string.h
liefert Laenge der Praefix-Zeichenkette in cz1,
welche keine Zeichen aus cz2 enthaelt
@@@ char *strerror(i)  string.h
liefert die zur Fehlernummer i gehoerige Fehlermeldung
@@@ size_t strftime(*cz1,s,*cz2,*tz)  time.h
formatiert Datum und Zeit-Info aus *tz nach cz1 entspr. dem Format cz2,
wobei nicht mehr als s Zeichen nach cz1 geschrieben werden
@@@ size_t strlen(*cz)  string.h
liefert die Laenge der Zeichenkette cz
@@@ char *strncat(*cz1,*cz2,s)  string.h
haengt hoechstens s Zeichen aus cz2 an die Zeichenkette cz1 an
@@@ int strncmp(*cz1,*cz2,s)  string.h
vergleicht bis zu s Zeichen der beiden Zeichenketten cz1 und cz2
@@@ char *strncpy(*cz1,*cz2,s)  string.h
kopiert bis zu s Zeichen von Adresse cz2 nach cz1.
@@@ char *strpbrk(*cz1,*cz2)  string.h
sucht in Zeichenkette cz1 das erste Vorkommen eines Zeichens aus cz2
@@@ char *strrchr(*cz,i)  string.h
sucht letztes Vorkommen von Zeichen i in der Zeichenkette cz
@@@ size_t strspn(*cz1,*cz2)  string.h
liefert Laenge der Praefix-Zeichenkette in cz1,
welche nur Zeichen aus cz2 enthaelt
@@@ char *strstr(*cz1,*cz2)  string.h
sucht in cz1 das erste Vorkommen der Zeichenkette cz2
@@@ double strtod(*cz1,**cz2)  stdlib.h
wandelt Praefix von cz1 nach double um;
*cz2 zeigt auf einen eventuell unkonvertierten Rest.
@@@ char *strtok(*cz1,*cz2)  string.h
durchsucht cz1 nach Tokens, wobei die Zeichen aus cz2
als Trennzeichen interpretiert werden
@@@ long int strtol(*cz1,**cz2,i)  stdlib.h
wandelt Praefix von cz1 nach long int um; Basis wird mit i festgelegt;
*cz2 zeigt auf einen eventuell unkonvertierten Rest
@@@ unsigned long strtoul(*cz1,**cz2,i)  stdlib.h
wandelt Praefix von cz1 nach unsigned long um;
Basis wird mit i festgelegt;
*cz2 zeigt auf einen eventuell unkonvertierten Rest
@@@ size_t strxfrm(*cz1,*cz2,s)  string.h
wandelt die lokal-spezifische Zeichenkette cz2 in andere Form um (cz1),
so dass strcmp auf so umgewandelte Zeichenketten angewendet das gleiche
Ergebnis liefert, wie wenn strcoll mit Original-Zeichenketten aufgerufen
worden waere
@@@ int system(*cz)  stdlib.h
bewirkt die Ausfuehrung des Betriebssystemkommandos cz;
z.B. system("dir") unter MSDOS
@@@ double tan(d)  math.h
Tangens von d
@@@ double tanh(d)  math.h
```

```
Tangens hyperbolicus von d
@@@ time_t time(*kz)  time.h
liefert momentane Kalenderzeit, welche zusaetzlich in *kz abgelegt wird,
wenn kz nicht NULL ist
@@@ FILE *tmpfile(v)  stdio.h
legt eine temporaere Datei mit Modus "wb+" an
@@@ char *tmpnam(*cz)  stdio.h
erzeugt eindeutigen (nicht existierenden) Namen fuer eine temporaere Datei
@@@ int tolower(i)  ctype.h
wandelt Zeichen i in entsprechenden Kleinbuchstaben um (wenn moeglich)
@@@ int toupper(i)  ctype.h
wandelt Zeichen i in entsprechenden Grossbuchstaben um (wenn moeglich)
@@@ int ungetc(i,*fz)  stdio.h
"schiebt" das Zeichen i in die Datei fz zurueck
@@@ Typ va_arg(w,Typ)  stdarg.h
liefert das naechste nicht benamte Argument aus Argumentenliste w;
Typ fuer dieses Argument muss angegeben werden; danach
wird w um ein Argument in der variablen Argumentenliste weitergeschaltet
@@@ void va_end(w)  stdarg.h
muss am Ende einer Funktion mit variabel langer Argumentenliste, nachdem
alle Argumente verarbeitet sind, aufgerufen werden
@@@ void va_start(w,letztarg)  stdarg.h
muss am Anfang einer Funktion mit variabel langer Argumentenliste aufgerufen
werden, um "Argumentlisten-Zeiger" w zu initialisieren.
Dieser Aufruf muss immer stattfinden,
bevor auf unbenamte Argumente via va_arg zugegriffen werden kann
@@@ int vfprintf(*fz,*cz,w)  stdio.h
schreibt die unbenamten Argumente einer variabel langen Argumentenliste w
entsprechend dem Format cz auf die Datei fz
@@@ int vprintf(*cz,w)  stdio.h
schreibt die unbenamten Argumente einer variabel langen Argumentenliste w
entsprechend dem Format cz auf die Standardausgabe
(entspricht: vfprintf(stdout,*cz,w) )
@@@ int vsprintf(*cz1,*cz2,w)  stdio.h
schreibt die unbenamten Argumente einer variabel langen Argumentenliste w
entsprechend dem Format cz2 in die Zeichenkette cz1 (mit \0 abgeschlossen)
@@@ int wcstombs(*cz,*yz,s)  stdlib.h
wandelt eine wchar_t-Zeichenkette yz (nicht mehr als s Zeichen) in eine
Vielbyte-Zeichenkette cz um; liefert die Anzahl der umgewandelten Bytes
@@@ int wctomb(*cz,y)  stdlib.h
wandelt das Zeichen y (vom Typ wchar_t) in ein Vielbyte-Zeichen um;
liefert die Anzahl von Bytes, aus denen sich wchar_t-Zeichen zusammensetzt
@@@
"Datei fz" bedeutet immer "Datei, die mit Dateizeiger fz verbunden ist";
TRUE bedeutet "verschieden von 0"
=======
In der Tabelle verwendeten Abkuerzungen:
einfache Typen:
d, d1,  d2 = double d, double d1, double d2          | j = jmp_buf j
i, i1, i2 = int i, int i1, int i2                    | u = unsigned int u
k0, k1 = time_t k0, time_t k1                        | v = void
```

```
l, l1, l2 = long int l, long int l1, long int l2      | w = va_list w
letztarg = das letzte benamte Argument                | x = fpos_t x
s, s1, s2 = size_t s, size_t s1, size_t s2            | y = wchar_t y
t, t1, t2 = struct tm t, struct tm t1, struct tm2     |
=======
angehaengtes z bedeutet immer "Zeiger auf":
*cz, *cz1, *cz2 = char *cz, char *cz1, char *cz2      | *dz = double *dz
**cz,**cz1,**cz2 = char **cz, char **cz1, char **cz2 | *fz = FILE *fz
*tz = struct tm *tz                                   | *iz = int *iz
*vz, *vz1, *vz2 = void *vz, void *vz1, void *vz2      | *kz = time_t *kz
*xz = fpos_t *xz                                      | *yz = wchar_t *yz
```

Das folgende Shellskript *c_info* erlaubt es nun, alle Routinen am Bildschirm einzublenden, die in ihrem Namen oder ihrer Beschreibung einen bestimmten Begriff enthalten, der als Parameter an das Skript zu übergeben ist. Nach dem Auflisten aller entsprechenden Bibliotheksroutinen wird der Benutzer gefragt, ob er sich die Bedeutungen der Abkürzungen anzeigen lassen möchte:

```
# c_info druckt Information zu C-Bibliotheksroutinen
#    Aufruf: c_info  begriff
#
if [ $# -lt 1 ]
then
   echo "Aufruf:  c_info  begriff"
   exit 1
fi

awk '
   BEGIN { RS="@" }

   $0 ~ /'$1'/ {
            print $0 | "more"
            gefunden = 1
         }
         {  letztes = $0  }

   END   {  if (gefunden) {
               close ("more")
               print "Hilfsinformation fuer Abkuerzungen erwuenscht (J/N) ?"
               "read a; echo $a" | getline antw
               antw = substr(antw, 1, 1)
               if (antw=="J" || antw=="j")
                  print letztes
            } else
               print "Keinen Begriff '$1' gefunden"
         }
   ' c_bibl
```

Mit dem Aufruf

```
c_info  stdlib.h
```

kann man sich z. B. alle Funktionen auflisten lassen, die in der Headerdatei *stdlib.h* deklariert sind.

Der Aufruf

```
c_info  [fF]ormat
```

liefert folgende Ausgabe:

```
 int fprintf(*fz,*cz,...)  stdio.h
schreibt nachfolgenden Argumente (...) entspr. dem Format cz auf Datei fz

 int fscanf(*fz,*cz,...)  stdio.h
liest von Datei fz entsprechend dem Format cz und weist die so
umgewandelten Werte den nachfolgenden Argumenten (...) zu.

 int printf(*cz,...)  stdio.h
schreibt die nachfolgenden Argumente entsprechend dem Format cz auf die
Standardausgabe (entspricht: fprintf(stdout,cz,...))

 int scanf(*cz,...)  stdio.h
liest von der Standardeingabe (stdin) entsprechend dem Format cz und
weist die so umgewandelten Werte den nachfolgenden Argumenten (...) zu

 int sprintf(*cz1,*cz2,...)  stdio.h
schreibt die nachfolgenden Argumente (...) entsprechend dem Format cz2
in die Zeichenkette cz1 (wird mit \0 abgeschlossen)

 int sscanf(*cz1,*cz2,...)  stdio.h
liest von Zeichenkette cz1 entsprechend dem Format cz2 und weist die so
umgewandelten Werte den nachfolgenden Argumenten (...) zu

 size_t strftime(*cz1,s,*cz2,*tz)  time.h
formatiert Datum und Zeit-Info aus *tz nach cz1 entspr. dem Format cz2,
wobei nicht mehr als s Zeichen nach cz1 geschrieben werden

 int vfprintf(*fz,*cz,w)  stdio.h
schreibt die unbenamten Argumente einer variabel langen Argumentenliste w
entsprechend dem Format cz auf die Datei fz

 int vprintf(*cz,w)  stdio.h
schreibt die unbenamten Argumente einer variabel langen Argumentenliste w
entsprechend dem Format cz auf die Standardausgabe
(entspricht: vfprintf(stdout,*cz,w) )

 int vsprintf(*cz1,*cz2,w)  stdio.h
schreibt die unbenamten Argumente einer variabel langen Argumentenliste w
entsprechend dem Format cz2 in die Zeichenkette cz1 (mit \0 abgeschlossen)

Hilfsinformation fuer Abkuerzungen erwuenscht (J/N) ?
j[↵]   <------------------ [Eingabe]
```

```
 "Datei fz" bedeutet immer "Datei, die mit Dateizeiger fz verbunden ist";
TRUE bedeutet "verschieden von 0"
=======
In der Tabelle verwendeten Abkuerzungen:
einfache Typen:
d, d1,  d2 = double d, double d1, double d2           | j = jmp_buf j
i, i1, i2 = int i, int i1, int i2                     | u = unsigned int u
k0, k1 = time_t k0, time_t k1                         | v = void
l, l1, l2 = long int l, long int l1, long int l2      | w = va_list w
letztarg = das letzte benamte Argument                | x = fpos_t x
s, s1, s2 = size_t s, size_t s1, size_t s2            | y = wchar_t y
t, t1, t2 = struct tm t, struct tm t1, struct tm2     |
=======
angehaengtes z bedeutet immer "Zeiger auf":
*cz, *cz1, *cz2 = char *cz, char *cz1, char *cz2      | *dz = double *dz
**cz,**cz1,**cz2 = char **cz, char **cz1, char **cz2 | *fz = FILE *fz
*tz = struct tm *tz                                   | *iz = int *iz
*vz, *vz1, *vz2 = void *vz, void *vz1, void *vz2      | *kz = time_t *kz
*xz = fpos_t *xz                                      | *yz = wchar_t *yz
```

2.3.5 Ein relationales Datenbanksystem

Hier wird gezeigt, wie mit awk ein einfaches Datenbanksystem[1] realisiert werden kann. Dieses Datenbanksystem verfügt über eine awk-ähnliche Query-Sprache[2] *qsprach*, ein Daten-Wörterbuch (in der Datei *wortbuch*) und einem Query-Verarbeitungsprogramm *qverarb*, das *qsprach* Anfragen in awk-Programme übersetzt.

Dieses Anwendungsbeispiel erweitert awk zu einer Datenbanksprache, indem es folgendes ermöglicht:

- Felder können mit einem Namen anstelle einer Nummer angesprochen werden.
  $einwohnerzahl ist sicher aussagekräftiger als **$2.**
- Eine Datenbank kann sich über mehrere Dateien erstrecken. Eine Mehrdateien-Datenbank ist »pflegeleichter«, da
  - es einfacher ist, eine Datei mit einer kleinen Zahl von Feldern zu editieren, als eine Datei, die die gesamte Information in einer Vielzahl von Feldern enthält.
  - die Datenbank leichter umstrukturiert werden kann, ohne dass die Programme, die auf sie zugreifen, geändert werden müssen.
  - der Zugriff auf kleine Dateien wesentlich schneller erfolgen kann als auf große Dateien.

1. Dieses Anwendungsbeispiel ähnelt einem Beispiel im Buch »The AWK Programming Language, Alfred V. Aho, Brian W. Kernighan, Peter J. Weinberger; Addison-Wesley 1988«.
2. Query bedeutet soviel wie »Anfrage an eine Datenbank«.

In einem früheren Anwendungsbeispiel wurde eine Datei *wahlerg* verwendet:

```
Stuttgart     ZTU 133987    SBT 131728    FTB 39948    B-Wuerttembg.
Muenchen      SBT 320452    ZTU 290377    FTB 80929    Bayern
Duesseldorf   SBT 153919    ZTU 123737    FTB 28727    NR-Westfalen
Wuerzburg     ZTU 32981     SBT 24537     FTB 8277     Bayern
Bochum        SBT 103729    ZTU 62643     FTB 18282    NR-Westfalen
Nuernberg     ZTU 113939    SBT 109828    FTB 35872    Bayern
Erlangen      SBT 22837     FTB 21377     ZTU 8746     Bayern
Ulm           ZTU 25791     SBT 19374     FTB 6782     B-Wuerttembg.
Koeln         SBT 237473    ZTU 183734    FTB 73829    NR-Westfalen
Karlsruhe     ZTU 63532     SBT 61237     FTB 19328    B-Wuerttembg.
```

Diese Datei umfaßt 8 Felder:

stadt
partei1
part1stimmen
partei2
part2stimmen
partei3
part3stimmen
bundesland

Nun soll eine zweite Datei *wahlzahl*, die zu jeder Stadt die Wahlberechtigten angibt, verwendet werden:

```
Stuttgart          435354
Muenchen           964673
Duesseldorf        429736
Wuerzburg          91928
Bochum             287929
Nuernberg          338188
Erlangen           71938
Ulm                69823
Koeln              765255
Karlsruhe          224517
```

Wenn nun eine Wahlbeteiligung der einzelnen Städte gefordert ist, könnte dies mit dem Shellskript *db1*

```
awk 'FILENAME == "wahlzahl" {
        zahl[$1] = $2
        next
     }
     FILENAME == "wahlerg" {
        printf("%12s : %5.2f\n", $1, ($3+$5+$7)/zahl[$1]*100)
     }
    ' wahlzahl wahlerg
```

erreicht werden. Die resultierende Ausgabe wäre

```
   Stuttgart : 70.21
    Muenchen : 71.71
 Duesseldorf : 71.30
   Wuerzburg : 71.57
      Bochum : 64.13
   Nuernberg : 76.77
    Erlangen : 73.62
         Ulm : 74.40
       Koeln : 64.69
   Karlsruhe : 64.18
```

Dieses Programm kann lesbarer gestaltet werden, wenn Konstruktionen wie

($part1stimmen + $part2stimmen + $part3stimmen) / $wahberechtigt

angegeben werden. Dazu wird allerdings ein Programm benötigt, das herausfindet, wo sich die zugehörigen Felder befinden.

Die Join-Operation – Vereinigung von Dateien in einer Datenbank

In relationalen Datenbanksystemen nennt man die Dateien *Tabellen* oder *Relationen* und die einzelnen Spalten *Attribute*. So hat z. B. die Tabelle *wahlzahl* die Attribute **stadt** und **wahlberechtigt**.

Eine **join**-Operation vereinigt nun zwei Tabellen in einer, wobei Attribute, die in beiden Tabellen vorkommen, zu einem verschmolzen werden.

Wenn z. B. die beiden Tabellen *wahlerg* und *wahlzahl* mit **join** vereint werden, resultiert hieraus eine Tabelle mit den folgenden Attributen:

stadt
partei1
part1stimmen
partei2
part2stimmen
partei3
part3stimmen
bundesland
wahlberechtigt

Obwohl ein eigenes UNIX-Kommando **join** existiert, soll hier ein awk-Programm *join.awk* entwickelt werden. Dieses awk-Programm, das die **join**-Operation für zwei Dateien realisiert, setzt allerdings voraus, dass beide Dateien sortiert sind:

wahlerg.srt:

```
Bochum         SBT 103729    ZTU 62643     FTB 18282     NR-Westfalen
Duesseldorf    SBT 153919    ZTU 123737    FTB 28727     NR-Westfalen
```

```
Erlangen      SBT 22837     FTB 21377     ZTU 8746      Bayern
Karlsruhe     ZTU 63532     SBT 61237     FTB 19328     B-Wuerttembg.
Koeln         SBT 237473    ZTU 183734    FTB 73829     NR-Westfalen
Muenchen      SBT 320452    ZTU 290377    FTB 80929     Bayern
Nuernberg     ZTU 113939    SBT 109828    FTB 35872     Bayern
Stuttgart     ZTU 133987    SBT 131728    FTB 39948     B-Wuerttembg.
Ulm           ZTU 25791     SBT 19374     FTB 6782      B-Wuerttembg.
Wuerzburg     ZTU 32981     SBT 24537     FTB 8277      Bayern
```

wahlzahl.srt:

```
Bochum        287929
Duesseldorf   429736
Erlangen      71938
Karlsruhe     224517
Koeln         765255
Muenchen      964673
Nuernberg     338188
Stuttgart     435354
Ulm           69823
Wuerzburg     91928
```

Wird das im folgenden vorgestellte awk-Programm *join.awk* mit diesen beiden Dateien als Eingabe gestartet, liefert es folgende Ausgabe:

```
Bochum       SBT 103729   ZTU 62643    FTB 18282    NR-Westfalen    287929
Duesseldorf  SBT 153919   ZTU 123737   FTB 28727    NR-Westfalen    429736
Erlangen     SBT 22837    FTB 21377    ZTU 8746     Bayern          71938
Karlsruhe    ZTU 63532    SBT 61237    FTB 19328    B-Wuerttembg.   224517
Koeln        SBT 237473   ZTU 183734   FTB 73829    NR-Westfalen    765255
Muenchen     SBT 320452   ZTU 290377   FTB 80929    Bayern          964673
Nuernberg    ZTU 113939   SBT 109828   FTB 35872    Bayern          338188
Stuttgart    ZTU 133987   SBT 131728   FTB 39948    B-Wuerttembg.   435354
Ulm          ZTU 25791    SBT 19374    FTB 6782     B-Wuerttembg.   69823
Wuerzburg    ZTU 32981    SBT 24537    FTB 8277     Bayern          91928
```

Das Programm *join.awk* vereinigt also zwei Dateien anhand des Attributs im 1. Feld der beiden Dateien.

Es ist zu beachten, dass die **join**-Operation auf zwei Tabellen wie

Attr1	*Attr2*	*Attr3*
A	w	p
B	x	q
B	y	r
C	z	s

Attr1	*Attr4*
A	1
A	2
B	3

angewandt, die folgende Tabelle liefert:

Attr1	*Attr2*	*Attr3*	*Attr4*
A	w	p	1
A	w	p	2
B	x	q	3
B	y	r	3

Das awk-Programm *join.awk* liest immer abwechselnd von den beiden Eingabedateien; von *datei2* liest es explizit mit **getline** und von *datei1* läßt es implizit lesen. Von *datei2* liest es immer eine ganze Gruppe von Zeilen, bis das 1. Feld nicht mehr mit dem 1. Feld der ersten gelesenen Zeile übereinstimmt. Allerdings hat es in diesem Fall bereits eine Zeile zuviel gelesen, die es in einem internen Puffer halten muss, um sie beim nächsten Lesen von dieser Datei wieder zur Verfügung stellen zu können.

```
# join.awk - join auf 2 Dateien anhand des 1.Felds
#      Eingabe:  zwei sortierte Dateien
#      Ausgabe:  aufgrund des 1.Feldes "vereinigte" Dateien mit join

BEGIN {
    OFS = "\t"
    datei2  = ARGV[2]
    ARGV[2] = ""      # implizites Lesen von datei1; datei2 explizit lesen
    eofstatus = 1     # Statuswert, um Dateistatus fuer datei2 anzuzeigen
    if ((anzahl=hole_zeilen_gruppe()) <= 0)
       exit           # datei2 ist leer
}

{  while ($1 > praefix(zeile[1]))
      if ((anzahl=hole_zeilen_gruppe()) <= 0)
         exit        # datei2 vollstaendig gelesen
   praef = praefix($0)
   if (praef == praefix(zeile[1]))      # Erstes Attribut in datei1
      for (i=1 ; i<=anzahl ; i++)       #  und datei2 stimmen ueberein
         print $0, suffix(zeile[i])     # Ausgabe der gemischten Zeile
}

   # speichert alle Zeilen mit gleichem 1.Feld in zeile[1],..,zeile[anzahl]
function hole_zeilen_gruppe() {
   if (hole_eine_zeile(datei2, zeile, 1) <= 0)  # Dateiende erreicht
      return 0
   for (anzahl=2 ; hole_eine_zeile(datei2, zeile, anzahl) > 0 ; anzahl++)
      if (praefix(zeile[anzahl]) != praefix(zeile[1])) {
         puffer = zeile[anzahl]
         puffer_voll = 1
         return anzahl-1
      }
   return anzahl-1
}
```

```
function hole_eine_zeile(datei, zeile, n) {
   if (eofstatus <= 0)  # Dateiende erreicht oder Lesefehler aufgetreten
      return 0
   if (puffer_voll) {
      zeile[n] = puffer
      puffer_voll = 0
      return 1
   }
   return eofstatus = (getline zeile[n] <datei)
}

function praefix(string) { return substr(string, 1, index(string,"\t")-1) }
function suffix(string)  { return substr(string, index(string,"\t")+1) }
```

Das Daten-Wörterbuch wortbuch

Um von einer Datenbank, die sich über mehrere Dateien erstreckt, Daten abfragen zu können, muss bekannt sein, welche Dateien welche Attribute enthalten. Diese Information ist in der Datei *wortbuch* enthalten. Die Datei *wortbuch* enthält neben den Namen der Tabelle in der Datenbank und deren Attribute noch die Regeln (Kommandos), wie die Tabelle konstruiert werden kann, wenn sie noch nicht existiert:

tabellenname1:
   attribut1
   attribut2
   ....
   ....
   !kommando1
   !kommando2
   .....

tabellenname2:
   attribut1
   .....
   .....

Wenn zu einer Tabelle keine Folge von

!kommando1
!kommando2
.....

vorhanden ist, existiert diese Tabelle bereits. Eine solche Tabelle wird auch *Basis-Tabelle* genannt. Eine Tabelle, zu der eine Folge von

!kommando1
!kommando2
.....

angegeben ist, wird *hergeleitete Tabelle* genannt.

Für dieses Beispiel könnte die Datei *wortbuch* wie folgt aussehen:

```
wahlerg:
    stadt
    partei1
    part1stimmen
    partei2
    part2stimmen
    partei3
    part3stimmen
    bundesland

wahlzahl:
    stadt
    wahlberechtigt

gemischt:
    stadt
    partei1
    part1stimmen
    partei2
    part2stimmen
    partei3
    part3stimmen
    bundesland
    wahlberechtigt
    !sort wahlerg >wahlerg.srt
    !sort wahlzahl >wahlzahl.srt
    !awk -f join.awk wahlerg.srt wahlzahl.srt >gemischt
```

qsprach – eine awk-ähnliche Query-Sprache

Die hier angegebene Query-Sprache *qsprach* besteht aus einzeiligen awk-Programmen mit Attributnamen anstelle von Feld-Namen. Das Query-Verarbeitungsprogramm *qverarb* beantwortet eine Query wie folgt:

1. Es bestimmt die Menge von Attributen in der Query.
2. Es sucht in *wortbuch* von Anfang an die erste Tabelle, die alle im Query vorhandenen Attribute enthält. Wenn es sich bei dieser Tabelle um eine Basis-Tabelle handelt, wird diese Tabelle für das Query verwendet. Wenn diese Tabelle allerdings eine hergeleitete Tabelle ist, werden zuvor die zugehörigen Kommandos

   !*kommando1*

   ....

   ausgeführt, um diese Tabelle zu konstruieren.

3. Es formt das awk-Programm *qsprach* in ein echtes awk-Programm um, indem es die symbolischen Attributnamen durch die numerischen Feld-Namen ersetzt. Das resultierende awk-Programm wird dann gestartet, wobei die im 2. Schritt ermittelte Tabelle als Eingabedatei verwendet wird.

Das *qsprach*-Query

$stadt ~ /Ulm/ { print $stadt, $partei2, $partei2stimmen }

enthält die Attribute **stadt**, **partei2** und **partei2stimmen**; alle diese Attribute sind in der Datei *wahlerg* enthalten. Das Query-Verarbeitungsprogramm übersetzt diese Query in das awk-Programm

$1 ~ /Ulm/ { print $1, $4, $5 }

und startet dieses Programm mit *wahlerg* als Eingabedatei.

Das *qsprach*-Query

$bundesland ~ /NR-Westfalen/ { print $stadt, $wahlberechtigt }

enthält die Attribute **bundesland**, **stadt** und **wahlberechtigt**; diese Attribute sind in der Datei *gemischt* enthalten. Das Query-Verarbeitungsprogramm führt deshalb zuerst die zu dieser Datei angegebenen **!*kommandos*** aus und übersetzt dann das Query in das awk-Programm

$8 ~ /NR-Westfalen/ { print $1, $9 }

Es startet dieses awk-Programm mit *gemischt* als Eingabedatei.

qverarb – ein Query-Verarbeitungsprogramm

qverarb liest zuerst die Datei *wortbuch* (mit Funktion **lese_wortbuch**) und sammelt

- die Tabellen im Array *tabelle*,
- die eventuell vorhandenen Kommandos, um Tabelle *i* zu konstruieren, in `kdo[i,1]`, `kdo[i,2]`, ...,
- die Attribute zu jeder Tabelle `i` in `attr[i,attr1]`, `attr[i,attr2]`, ..., wobei `attr1`, `attr2`, ... die Attributnamen sind.

Als nächstes ruft *qverarb* für jede nicht leere Query-Zeile die Funktion **query_verarbeit** auf. In dieser Funktion werden zunächst die in der Query-Zeile enthaltenen Attribute (Strings der Form **$*name***) ermittelt. Danach sucht es die erste Tabelle, die alle in der Query-Zeile vorhandenen Attribute enthält.

Ist diese gefunden, werden in der Query-Zeile die Attributnamen durch die wirklichen Feld-Namen ersetzt. Bevor dieses generierte awk-Programm mit der gefundenen Tabelle als Eingabedatei ausgeführt wird, werden die eventuell vorhandenen – zur Konstruktion der Tabelle erforderlichen – Kommandos ausgeführt:

```
# qverarb.awk - uebersetzt qsprach-Queries in awk-Programme

BEGIN {  lese_wortbuch("wortbuch") }
/./   {  query_verarbeit($0)  }

function lese_wortbuch(datei) {
   while (getline <datei >0)
      if ($0 ~ /^[A-Za-z0-9_\.-]+ *:/) {   # dateiname
         gsub(/[^A-Za-z0-9_\.-]+/, "", $0) # Entfernen unerlaubter Zeichen
         tabelle[++tab_zaehl] = $0
      } else if ($0 ~ /^[ \t]+[A-Za-z0-9_\.-]+[ \t]*$/)  # Attribut
         attr[tab_zaehl,$1] = ++attrzahl[tab_zaehl]
      else if ($0 ~ /^[ \t]*!/)
         kdo[tab_zaehl,++kdo_zahl[tab_zaehl]] = substr($0,index($0,"!")+1)
      else if ($0 !~ /^[ \t]*$/)   # keine Leerzeile
         print "Folgende Zeile ist nicht erlaubt:", $0
}

function query_verarbeit(query_zeile,    i, j) {
   for (i in query_attr)        # Loeschen der Array-Elemente von query_attr;
      delete query_attr[i]      # notwendig bei mehreren Queries
   zeile = query_zeile
   while (match(zeile, /\$[A-Za-z0-9_\.-]+/)) {
      query_attr[substr(zeile, RSTART+1, RLENGTH-1)] = 1
      zeile = substr(zeile, RSTART+RLENGTH+1)
   }
   for (i=1 ; i<=tab_zaehl && !alle_enthalten(i) ; )
      i++;
   if (i > tab_zaehl) {
      print "Keine Tabelle enthaelt alle folgenden Attribute:"
      for (j in query_attr)
         print j
   } else {
      for (j in query_attr)      # awk-Programm erzeugen
         gsub("\\$"j, "$" attr[i,j], query_zeile)
      for (j=1 ; j<=kdo_zahl[i] ; j++)   # Konstruktion der Tabelle i
         if (system(kdo[i,j]) != 0) {
             print "Kommando " kdo[i,j] " war nicht erfolgreich!"
             return
         }
      awk_kdo = sprintf("awk '%s' %s", query_zeile, tabelle[i])
      printf("Query: %s\n", awk_kdo)    # nur zur Information
      system(awk_kdo)
   }
}

function alle_enthalten(i) {
   for (j in query_attr)
```

```
        if (!((i,j) in attr))
            return 0
    return 1
}
```

2.3.6 Automatisches Erstellen von Netzplänen

Die Netzplantechnik fächert komplexe Vorgänge in Einzelaktivitäten auf.

Die Netzplantechnik ist ein Verfahren zur Planung und Überwachung von Projekten (Softwareentwicklung, Fertigung, Bauten und organisatorische Abläufe). Mit Hilfe von Netzplänen können

- einzelne Tätigkeiten
- die Zeiten
- die Kosten
- die Kapazitäten (z.B. Arbeitskräfte)
- berücksichtigt werden.

Man unterscheidet grundsätzlich zwei Arten von Netzplänen:

Vorgangspfeil-Netzplan
Beim Vorgangspfeil-Netzplan werden die einzelnen Vorgänge als Pfeile dargestellt; die Knoten kennzeichnen die Verknüpfung und Abhängigkeit der Vorgänge.

Vorgangsknoten-Netzplan
Im Vorgangsknoten-Netzplan werden die Vorgänge als Knoten dargestellt, während die Pfeile die Verknüpfungen zwischen den Vorgängen kennzeichnen.

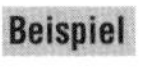


```
Abk.Tätigkeit                      Dauer (Tage)        Kosten (Euro)
A   Erdarbeiten                      1                  10000.-
B   Fundament+Mauerwerk             11                 110000.-
C   Dachstuhl errichten              2                  20000.-
D   Installationsarbeiten            8                  80000.-
E   Dachdeckerarbeiten               2                  10000.-
F   Fenster/Türen einsetzen          1                  10000.-
G   Garten anlegen                   1                  10000.-
H   Innenputz                        2                  20000.-
I   Außenputz                        3                  30000.-
K   Anstrich von Türen/Fenster       2                  20000.-
L   Einzug                           2                  15000.-
```

Balkendiagramm (GANTT-Diagramm)[1]

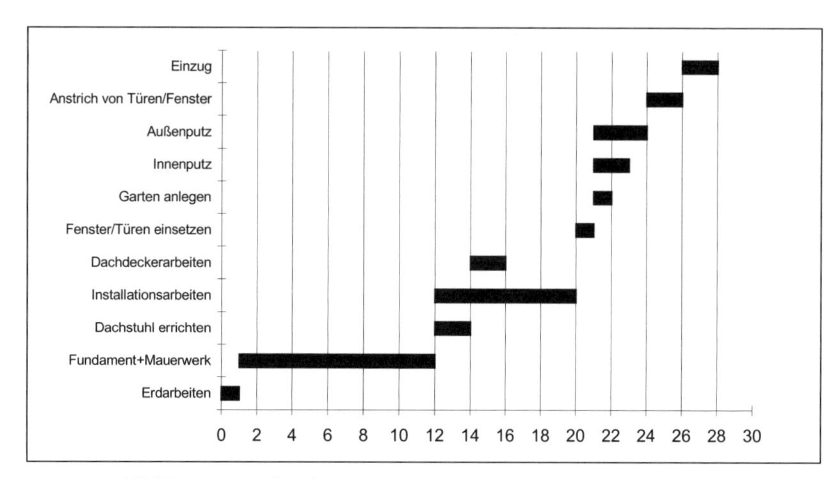

Abbildung 2.9: Balkendiagramm (GANTT-Diagramm) zu einem Hausbau

Ein Nachteil des BALKEN-Diagramms ist, dass die Abhängigkeiten der einzelnen Vorgänge voneinander nicht deutlich werden.

Vorgangspfeil-Netzplan

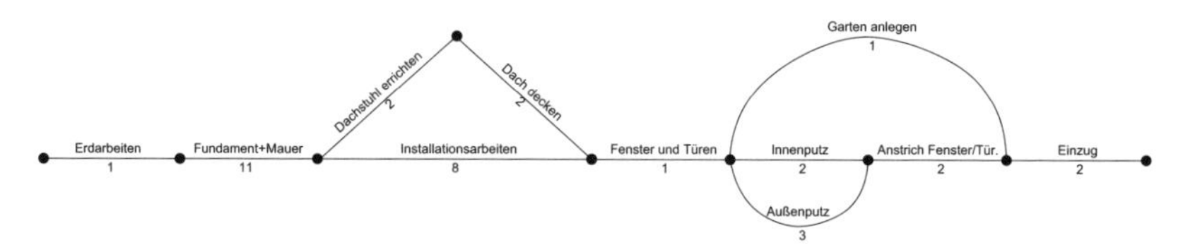

Abbildung 2.10: Vorgangspfeil-Netzplan zu einem Hausbau

Vorgangsknoten-Netzplan

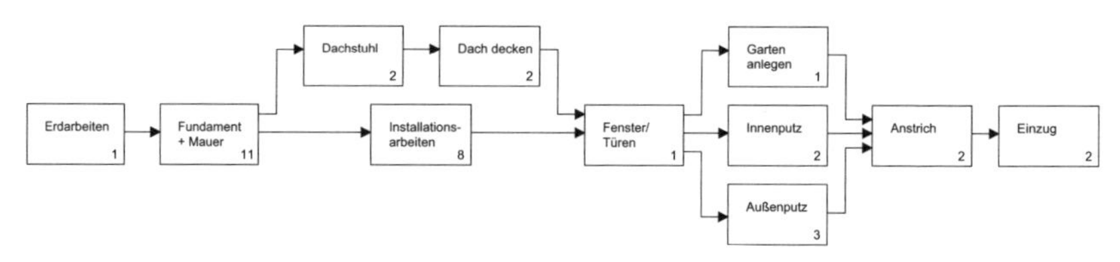

Abbildung 2.11: Vorgangsknoten-Netzplan zu einem Hausbau

1. bis 1957 üblich.

Methoden der Netzplantechnik

CPM (*Critical Path Method*): Erste Vorgangspfeil-Technik (1957):

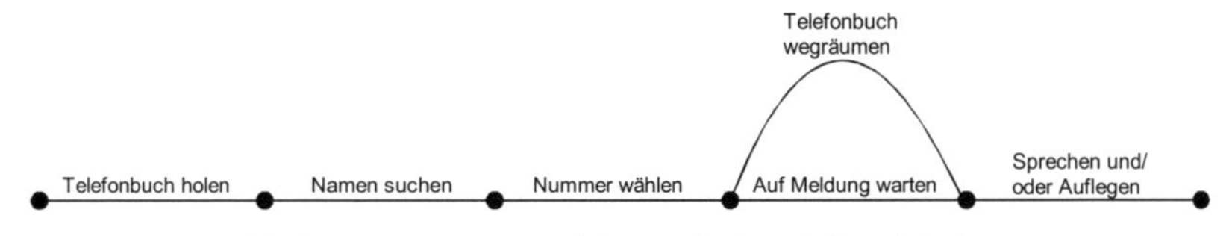

Abbildung 2.12: Vorgangspfeil-Netzplan(CPM) für Telefonieren

MPM (*Metra Potential Method*): Erste Vorgangsknoten-Technik (1958):

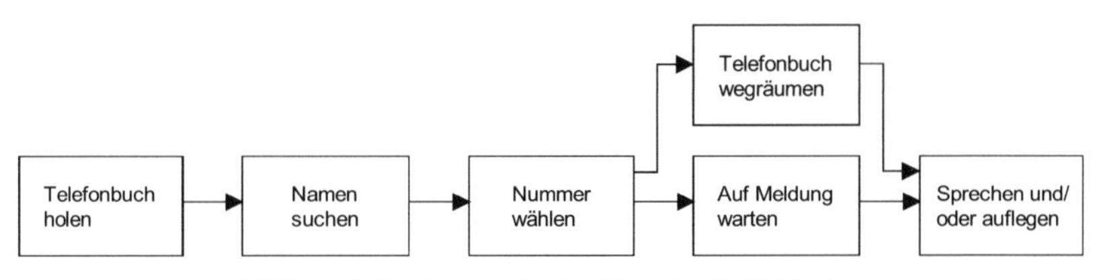

Abbildung 2.13: Vorgangsknoten-Netzplan für Telefonieren

Vorgangsweise der Netzplantechnik

1. Ablaufplanung – Strukturanalyse und Netzplanerstellung

Schritt 1:

Zerlegung des Projekts in einzelne Vorgänge und Ermittlung der Anordnungsbeziehungen zwischen diesen Vorgängen.

Schritt 2:

Das Ergebnis der Strukturanalyse, das zunächst in einer Liste oder Tabelle vorliegt, wird nun im Netzplan dargestellt.

2. Zeitplanung – Berechnung von Netzplänen

Bei allen Projekten interessiert der frühestmögliche Fertigstellungstermin; dieser ist abhängig von der Zeitdauer der Vorgänge und deren Anordnungsbeziehungen und ist durch den kritischen Weg fixiert. In der **Vorwärtsrechnung** werden deshalb die frühesten Anfangs- und Endtermine der einzelnen Vorgänge und des gesamten Projekts bestimmt. Die spätesten End- und Anfangszeitpunkte werden in der **Rückwärtsrechnung** ermittelt.

Die **Pufferzeiten** (Zeitreserven) ergeben sich aus der Differenz zwischen frühesten und spätesten Zeitpunkten. Vorgänge sind dann kritisch, wenn sie keine Pufferzeiten haben. Aus dem **kritischen Pfad** durch den Netzplan ergibt sich der Fertigstellungstermin des Gesamtprojekts.

Eine weitere Regel zu Netzplänen: Das Netz muss zyklenfrei sein, d.h. keine in sich geschlossenen Wege aufweisen.

Zeitplanung der Netzplantechnik

Vorwärtsrechnung

FAZ = Frühester Anfangszeitpunkt

$FAZj = max(FEZ_v)$ j = Knotennummer
v = alle Vorgänger von j

FEZ = Frühester Ende-Zeitpunkt

FEZj = FAZj + Dj j = Knotennummer
Dj = Dauer des Vorgangs j

Rückwärtsrechnung

SEZ = Spätester Ende-Zeitpunkt

$SEZj = min(SAZ_n)$ j = Knotennummer
n = alle Nachfolger von j

SAZ = Spätester Anfangszeitpunkt

SAZj = SEZj – Dj j = Knotennummer
Dj = Dauer des Vorgangs j

Gesamtpuffer

GPj = SEZj – FEZj = SAZj – FAZj = Knotennummer

Darstellungen

a) Vorgangspfeil-Netzplan

b) Vorgangsknoten-Netzplan

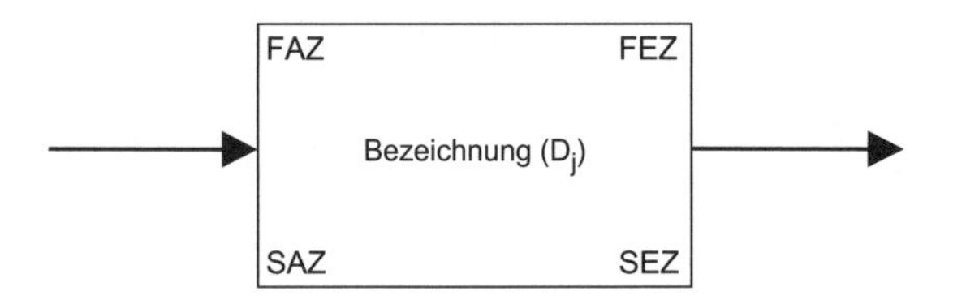

Alle Vorgänge mit `GP=0` bilden aneinandergereiht den kritischen Weg durch den Netzplan. In den folgenden Beispielen werden nur MPM-Netzpläne vorgestellt.

Beispiel Das Reinigen eines Teppichs (in Datei *npt1.ein*)

Abk.	*Tätigkeit*	*Dauer*	*FAZ*	*FEZ*	*SAZ*	*SEZ*	*GP*
A	Teppich zusammenrollen	5	0	5	0	5	0
B	Teppich klopfen	30	5	35	5	35	0
C	Fußboden reinigen	15	5	20	20	35	15
D	Teppich hinlegen	10	35	45	35	45	0

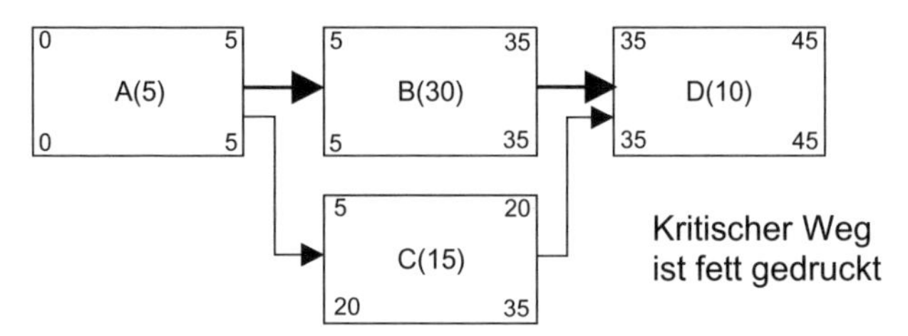

Abbildung 2.14: Reinigen eines Teppichs als Vorgangsknoten-Netzplan

Beispiel Ein Betrieb will eine Fertigungsanlage durch eine neue ersetzen (Datei *npt2.ein*):

Vorgänger	*Abk.*	*Aktivität*	*Dauer*
	A	Einholung der Angebote, Vergleich, Bestellung	25
	B	Demontage der alten Anlage	8
B	C	Entfernung des Maschinenfundaments	5
A	D	Konstruktion des neuen Maschinenfundaments	9
A	E	Lieferzeit für neue Anlage	21
D,C	F	Fundament für neu Anlage errichten	9
F,E	G	Installation der neuen Anlage	6
A	H	theoretische Personalausbildung	15
G	I	Elektrische Anschlüsse	2
I,H	J	Probelauf (mit ausgebildetem Personal)	1
J	K	Abnahme, Feier, Inbetriebnahme	2

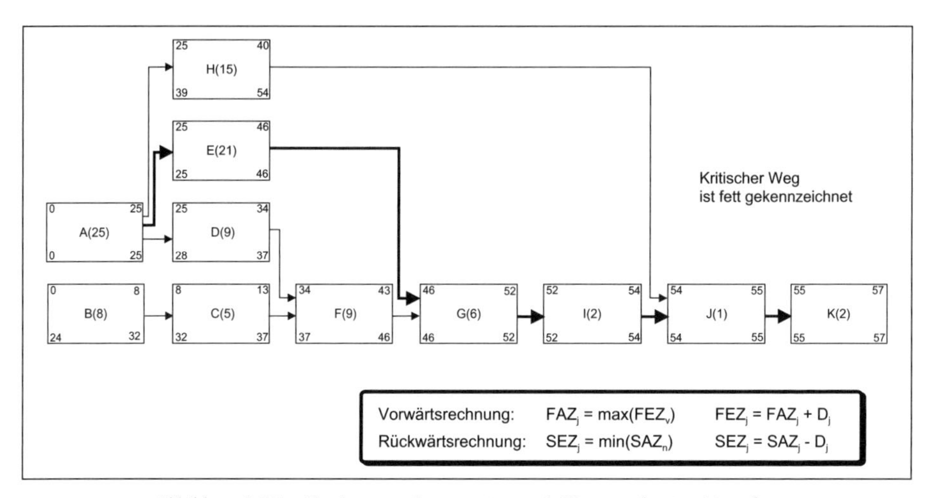

Abbildung 2.15: »Fertigungsanlage ersetzen« als Vorgangsknoten-Netzplan

Topologisches Sortieren

Die erste Aufgabe beim automatischen Erstellen eines Netzplans ist das topologische Sortieren der einzelnen Aktivitäten. Topologisch Sortieren bedeutet: Es muss eine Reihenfolge für die einzelnen Aktivitäten gefunden werden, die alle vorgegebenen Vorschriften der Form »Aktivität a muss vor Aktivität b erscheinen« erfüllt. So können z.B. die Vorgänger-Nachfolger-Vorschriften des vorhergehenden Beispiels »Ersetzen einer alten Fertigungsanlage durch eine Neue« durch den in Abbildung 2.16 gezeigten Graphen dargestellt werden:

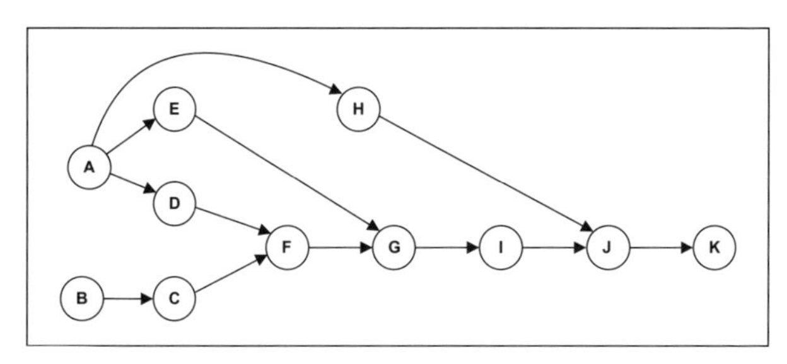

Abbildung 2.16: Vorgänger-Nachfolger-Relationen für das Beispiel »Fertigungsanlage ersetzen«

was eine Vielzahl von gültigen linearen Anordnungen erlaubt:

```
A H E B D C F G I J K
A E H D B C F G I J K
B C A H E D F G I J K
.......
.......
```

Obwohl hierfür das UNIX-Kommando **lorder** existiert, soll nun ein eigenes awk-Programm entwickelt werden, das das topologische Sortieren durchführt. Das Problem des topologischen Sortierens ist das richtige Anordnen der Knoten, so dass alle Vorgänger vor ihren Nachfolgern angegeben sind. Solch eine Anordnung ist allerdings nur möglich, wenn der Graph keinen Zyklus (das Folgen von Pfeilen führt wieder zu den Ausgangsknoten) enthält. Das folgende awk-Programm stellt solche Zyklen fest und meldet, dass keine lineare Anordnung möglich ist.

Zwar existieren viele Algorithmen zum topologischen Sortieren. Einer der einfachsten ist das sogenannte *Breadth-First*[1] Verfahren:

while (Graph nicht leer) do
begin
   Ermittle Knoten ohne Vorgänger und gib sie aus
   Entferne diese Knoten aus dem Graphen
end

Im obigen Beispiel könnte man z.B. zuerst Knoten A ausgeben und entfernen, dann einen der Knoten H, E, D oder B usw.

Das folgende awk-Programm ermittelt zwar nicht alle Kombinationen von möglichen linearen Anordnungen, aber es gibt eine Vielzahl der Möglichkeiten an, indem es Gruppen von Knoten ausgibt, die im jeweiligen Durchlauf keinen Vorgänger besitzen (und somit natürlich beliebig kombiniert werden können); zum obigen Beispiel gibt es folgendes aus:

```
|- B A  - D E H C -  F  -  G  -  I  -  J  -  K -|
```

Das zugehörige awk-Programm *tsort.awk* lautet

```
# tsort.awk  - topologisches Sortieren eines Graphen
#   Eingabe:    Vorgaenger  Kurzbezeichnung  Aktivitaet  Dauer
#   Ausgabe:    moegliche lineare Anordnungen der Kurzbezeichnungen

BEGIN { FS = "[\t]+" }
      {  vorg_zahl = split($1, hilf, ",")
           # Jeden Vorgaenger zu $2 im 2dim Array vorgaenger festhalten und
           # fuer jeden Vorgaenger im 2dim Array nachfolger den Nachfolger
           # mit fortlaufender Nummer eintragen und Anzahl der Vorgaenger
           # fuer Kurzbezeichnung ($2) im Array v_zaehl festhalten
         for (i=1 ; i<=vorg_zahl ; i++) {
            vorgaenger[$2, i] = hilf[i]
            nachfolger[hilf[i], ++n_zaehl[hilf[i]]] = $2
         }
         v_zaehl[$2] = v_zaehl2[$2] = vorg_zahl
           # Aktivitaet und Dauer in gleichnamigen Arrays abspeichern
           # und knot_zahl weiterzaehlen
```

1. *Breadth* heißt im deutschen: Weite, Breite.

```
            aktivitaet[$2] = $3
            dauer[$2] = $4
            knot_zahl++
        }
END     {     # Knoten ohne irgendeinen Vorgaenger
              # im Array ausgab_liste[1,1], ..[1,2], ..[1,3], .... festhalten.
            gruppe = 1
            for (knot in aktivitaet) {
               if (v_zaehl2[knot]+0 == 0)
                  ausgab_liste[gruppe, ++k] = knot
            }
            ausgegeben = g_zaehl[gruppe] = k

              # Bei jedem Durchlauf werden alle Knoten ohne Vorgaenger im
              # 2dim Array ausgab_liste festgehalten und dann
              # aus dem Graphen entfernt.
            do {
               gruppe++
               fuelle_ausgab_liste_neu(k, gruppe)
               ausgegeben += g_zaehl[gruppe]
            } while (ausgegeben < knot_zahl && gruppe < knot_zahl);

            if (ausgegeben != knot_zahl)
               printf("Fehler: Eingabe enthaelt einen Zyklus !\n");
            else {     # Ausgabe der linearen Anordnung
               printf("|- ")
               for (i=1 ; i<=gruppe ; i++) {
                  for (j=1 ; j<=g_zaehl[i] ; j++)
                     printf("%s ", ausgab_liste[i,j]);
                  printf(" -  ");
               }
               printf("\b\b\b\b-|\n")
            }
        }

   # Alle Knoten aus der vorherigen Gruppe im Array knoten festhalten
   # und dann aus dem Graphen streichen; sollte sich durch diesen
   # Streichvorgang ein neuer Knoten ohne Vorgaenger ergeben, so wird
   # dieser im Array ausgab_liste fuer die gerade behandelte Gruppe
   # untergebracht.
function fuelle_ausgab_liste_neu(anzahl, g,        i, j) {
   k = 0
   for (i=1 ; i<=anzahl ; i++)
      knoten[i] = ausgab_liste[g-1,i]
   for (i=1 ; i<=anzahl ; i++)
      for (j=1 ; j<=n_zaehl[knoten[i]] ; j++)
         if (--v_zaehl2[nachfolger[knoten[i],j]] == 0)
             ausgab_liste[g,++k] = nachfolger[knoten[i],j]
   g_zaehl[g] = k
}
```

Dieses awk-Programm *tsort.awk* soll nun weiter ausgebaut werden, so dass es automatisch Netzpläne erstellt, wie z. B.:

```
===============
| 0          5 |
|    A ( 5)    |
| 0          5 |
===============

    A                   A
===============    ---------------
| 5         35 |   | 5         20 |
|    B (30)    |   |    C (15)    |
| 5         35 |   | 20        35 |
===============    ---------------

     B   C
===============
| 35        45 |
|    D (10)    |
| 35        45 |
===============


Taetigkeiten:

A    Teppich zusammenrollen
B    Teppich klopfen
C    Fussboden reinigen
D    Teppich hinlegen
```

Hierbei zeigen die Kästchen mit Doppelstrichen den kritischen Pfad an. Die über den Knoten angegebenen Kurzbezeichnungen geben die Vorgängerknoten an, so dass man per Hand die Pfeile einzeichnen kann:

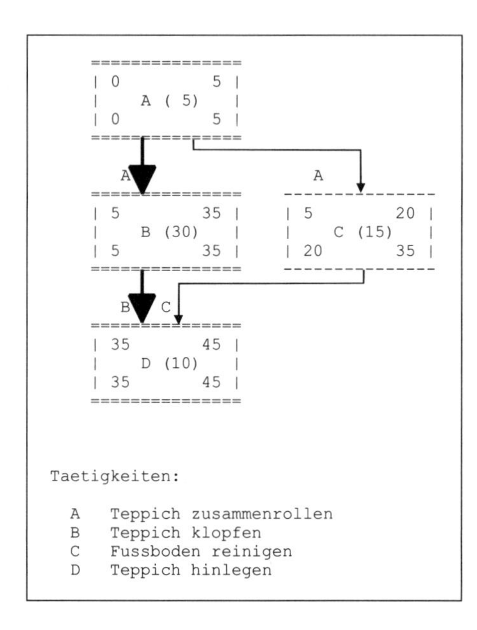

Programm zur automatischen Erstellung von Netzplänen

Es folgt das awk-Programm *npt.awk*, das automatisch Netzpläne erstellt:

```
# npt.awk  - Berechnen und Ausgabe eines Netzplanes
#   Eingabe:    Vorgaenger  Kurzbezeichnung  Aktivitaet  Dauer
#   Ausgabe:    zugehoerigen Netzplan

BEGIN {  FS = "[\t]+"
         leerz = "                                      "
         striche = "--------------------------------------"
         dstriche = "======================================"
      }
      {  vorg_zahl = split($1, hilf, ",")
           # Jeden Vorgaenger zu $2 im 2dim Array vorgaenger festhalten und
           # fuer jeden Vorgaenger im 2dim Array nachfolger den Nachfolger
           # mit fortlaufender Nummer eintragen und Anzahl der Vorgaenger
           # fuer Kurzbezeichnung ($2) im Array v_zaehl festhalten
         for (i=1 ; i<=vorg_zahl ; i++) {
            vorgaenger[$2, i] = hilf[i]
            nachfolger[hilf[i], ++n_zaehl[hilf[i]]] = $2
         }
         v_zaehl[$2] = v_zaehl2[$2] = vorg_zahl
           # Aktivitaet und Dauer in gleichnamigen Arrays abspeichern
           # und knot_zahl weiterzaehlen
         aktivitaet[$2] = $3
         dauer[$2] = $4
```

```
            kurzbez[++knot_zahl] = $2
        }
  END   {    # Knoten ohne irgendeinen Vorgaenger
             # im Array ausgab_liste[1,1], ..[1,2], ..[1,3], .... festhalten.
            gruppe = 1
            for (knot in aktivitaet) {
               if (v_zaehl2[knot]+0 == 0)
                  ausgab_liste[gruppe, ++k] = knot
            }
            ausgegeben = g_zaehl[gruppe] = k

              # Bei jedem Durchlauf werden alle Knoten ohne Vorgaenger im
              # 2dim Array ausgab_liste festgehalten und dann
              # aus dem Graphen entfernt.
            do {
               gruppe++
               fuelle_ausgab_liste_neu(k, gruppe)
               ausgegeben += g_zaehl[gruppe]
            } while (ausgegeben < knot_zahl && gruppe < knot_zahl);

            if (ausgegeben != knot_zahl)
               printf("Fehler: Eingabe enthaelt einen Zyklus !\n");
            else {
                 # FAZ, FEZ, SAZ, SEZ und Gesamtpuffer bestimmen
               faz_fez_saz_sez_gp()
                 # Netzplan ausgeben
               ausgab()
            }
        }

     # Alle Knoten aus der vorherigen Gruppe im Array knoten festhalten
     # und dann aus dem Graphen streichen; sollte sich durch diesen
     # Streichvorgang ein neuer Knoten ohne Vorgaenger ergeben, so wird
     # dieser im Array ausgab_liste fuer die gerade behandelte Gruppe
     # untergebracht.
  function fuelle_ausgab_liste_neu(anzahl, g,       i, j) {
     k = 0
     for (i=1 ; i<=anzahl ; i++)
        knoten[i] = ausgab_liste[g-1,i]
     for (i=1 ; i<=anzahl ; i++)
        for (j=1 ; j<=n_zaehl[knoten[i]] ; j++)
           if (--v_zaehl2[nachfolger[knoten[i],j]] == 0)
               ausgab_liste[g,++k] = nachfolger[knoten[i],j]
     g_zaehl[g] = k
  }

  function  faz_fez_saz_sez_gp(        knot_name, i, j) {
       # FAZ und FEZ fuer Knoten ohne jeden Vorgaenger bestimmen
     for (j=1 ; j<=g_zaehl[1] ; j++) {
        knot_name = ausgab_liste[1,j]
        faz[knot_name] = 0
```

```
        fez[knot_name] = dauer[knot_name]
    }
      # FAZ und FEZ fuer alle restlichen Knoten in Vorwaertsrechnung best.
    for (i=2 ; i<=gruppe ; i++)
        for (j=1 ; j<=g_zaehl[i] ; j++) {
            knot_name = ausgab_liste[i,j]
            faz[knot_name] = bestimme_max(knot_name)
            fez[knot_name] = faz[knot_name] + dauer[knot_name]
        }

        # SEZ und SAZ fuer Knoten ohne jeden Nachfolger bestimmen
    for (j=1 ; j<=g_zaehl[gruppe] ; j++) {
        knot_name = ausgab_liste[gruppe,j]
        sez[knot_name] = fez[knot_name]
        saz[knot_name] = sez[knot_name] - dauer[knot_name]
    }
      # SEZ und SAZ fuer alle restlichen Knoten in Rueckwaertsrechnung best.
    for (i=gruppe-1 ; i>=1 ; i--)
        for (j=1 ; j<=g_zaehl[i] ; j++) {
            knot_name = ausgab_liste[i,j]
            sez[knot_name] = bestimme_min(knot_name)
            saz[knot_name] = sez[knot_name] - dauer[knot_name]
        }

      # Gesamtpuffer und Kritischen Pfad bestimmen
    for (i=1 ; i<=gruppe ; i++)
        for (j=1 ; j<=g_zaehl[i] ; j++) {
            knot_name = ausgab_liste[i,j]
            gp[knot_name] = sez[knot_name]-fez[knot_name]
        }
}

    # Maximum der FEZ aus allen Vorgaengern zu einem Knoten ermitteln
function bestimme_max(knot_nam,     max, vorg, l) {
    max = fez[vorgaenger[knot_nam,1]]
    for (l=2 ; l<=v_zaehl[knot_nam] ; l++)
        if (fez[vorg=vorgaenger[knot_nam,l]] > max)
            max = fez[vorg]
    return max
}

    # Minimum der SAZ aus allen Nachfolgern zu einem Knoten ermitteln
function bestimme_min(knot_nam,     min, nachf, l) {
    min = saz[nachfolger[knot_nam,1]]
    for (l=2 ; l<=n_zaehl[knot_nam] ; l++)
        if (saz[nachf=nachfolger[knot_nam,l]] < min)
            min = saz[nachf]
    return min
}

    # Ausgabe des berechneten Netzplans
```

```
function ausgab(       knot_name, i, j, l, z) {
   for (i=1 ; i<=gruppe ; i++) {
      for (j=1 ; j<=g_zaehl[i] ; j++) {
         z = 4
         printf("%4s", " ");
         knot_name = ausgab_liste[i,j]
         for (l=1 ; l<=v_zaehl[knot_name] ; l++) {
            z += 4
            printf("%4s", vorgaenger[knot_name,l])
         }
         printf("%s", substr(leerz, 1, 19-z))
      }
      printf("\n");
      for (j=1 ; j<=g_zaehl[i] ; j++)
         printf("%4s%15.15s"," ", gp[ausgab_liste[i,j]] ? striche : dstriche)
      printf("\n");
      for (j=1 ; j<=g_zaehl[i] ; j++) {
         knot_name = ausgab_liste[i,j]
         printf("%4s| %-4d%7d |", " ", faz[knot_name], fez[knot_name])
      }
      printf("\n");
      for (j=1 ; j<=g_zaehl[i] ; j++) {
         knot_name = ausgab_liste[i,j]
         printf("%4s|%5s (%2d)    |", " ", knot_name, dauer[knot_name])
      }
      printf("\n");
      for (j=1 ; j<=g_zaehl[i] ; j++) {
         knot_name = ausgab_liste[i,j]
         printf("%4s| %-4d%7d |", " ", saz[knot_name], sez[knot_name])
      }
      printf("\n");
      for (j=1 ; j<=g_zaehl[i] ; j++)
         printf("%4s%15.15s", " ",gp[ausgab_liste[i,j]] ? striche : dstriche)
      printf("\n\n")
   }
   printf("\n\nTaetigkeiten:\n\n")
   for (i=1 ; i<=knot_zahl ; i++)
       printf("%3s   %s\n", kurzbez[i], aktivitaet[kurzbez[i]])
}
```

Auf das vorhergehende »Fertigungsanlage«-Beispiel (*npt2.ein*) angewandt, erzeugt dieses Programm folgendes:

Programmausgabe

```
    ---------------    ===============
    | 0          8 |   | 0         25 |
    |    B ( 8)    |   |    A (25)    |
    | 24        32 |   | 0         25 |
    ---------------    ===============
```

```
    B                  A                  A                  A
---------------    ---------------    ===============    ---------------
| 8         13 |   | 25        34 |   | 25        46 |   | 25        40 |
|    C ( 5)    |   |    D ( 9)    |   |    E (21)    |   |    H (15)    |
| 32        37 |   | 28        37 |   | 25        46 |   | 39        54 |
---------------    ---------------    ===============    ---------------

    D   C
---------------
| 34        43 |
|    F ( 9)    |
| 37        46 |
---------------

    F   E
===============
| 46        52 |
|    G ( 6)    |
| 46        52 |
===============

    G
===============
| 52        54 |
|    I ( 2)    |
| 52        54 |
===============

    I   H
===============
| 54        55 |
|    J ( 1)    |
| 54        55 |
===============

    J
===============
| 55        57 |
|    K ( 2)    |
| 55        57 |
===============


Taetigkeiten:

  A   Einholung der Angebote, Vergleich, Bestellung
  B   Demontage der alten Anlage
  C   Entfernung des Maschinenfundaments
  D   Konstruktion des neuen Maschinenfundaments
```

```
E   Lieferzeit fuer neue Anlage
F   Fundament fuer neue Anlage errichten
G   Installation der neuen Anlage
H   theoretische Personalausbildung
I   Elektrische Anschluesse
J   Probelauf (mit ausgebildetem Personal)
K   Abnahme, Feier, Inbetriebnahme
```

Programmausgabe mit eingezeichneten Pfeilen

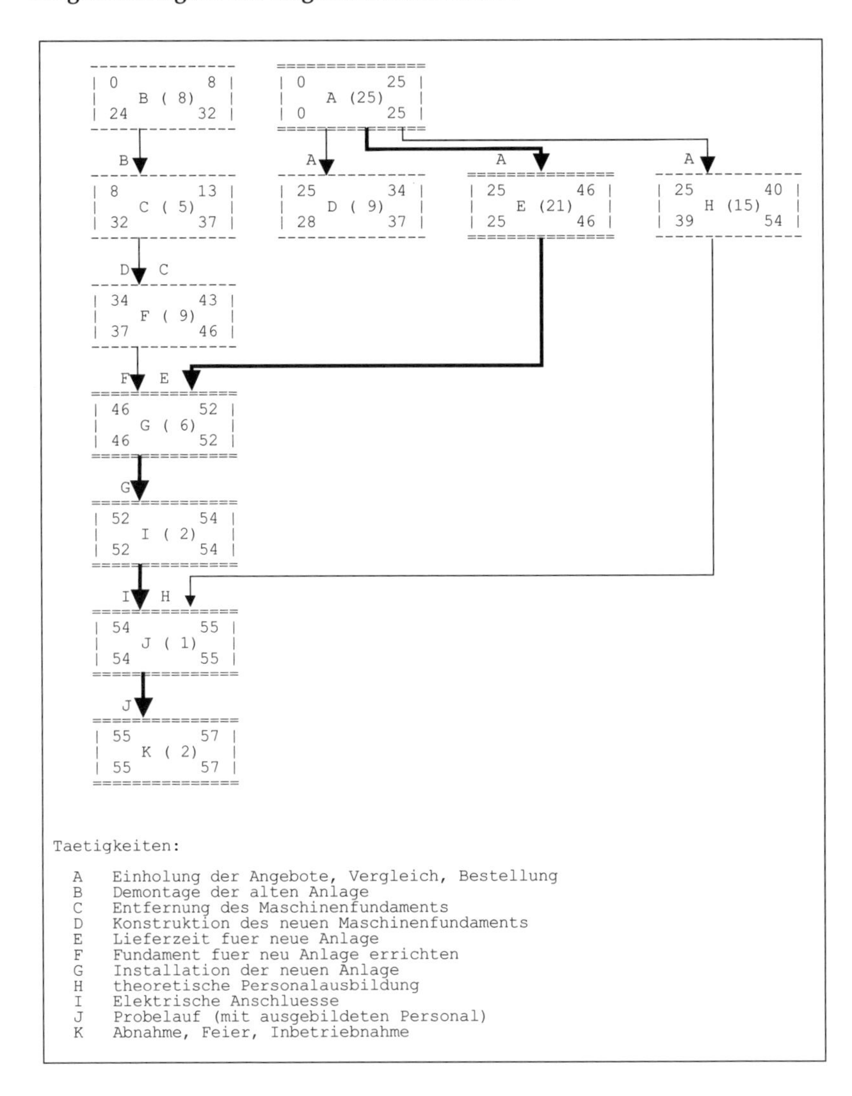

2.3.7 Erstellen einer Wortstatistik für eine Textdatei

An diesem Beispiel wird der Einsatz von awk als mögliches Prototypingtool gezeigt. Das Lesen des zu analysierenden Eingabetextes und das Herausfiltern der einzelnen Wörter läßt sich relativ einfach mit einem awk-Programm (*wortextr.awk*) realisieren:

```
BEGIN { FS="[^a-zA-Z0-9]"     # Nicht-Buchstaben und Nicht-Ziffer sind
      }                       # als Feld-Trennzeichen zu verwenden
      { for (i=1 ; i<=NF ; i++)       # Jedes Wort wird in einer
          if ($i != "") print $i      # eigenen Zeile ausgegeben
      }
```

Für das Speichern und Zählen der einzelnen Wörter dagegen kann ein Binärbaum verwendet werden. Diese Standarddatenstruktur mit ihren zugehörigen rekursiven Zugriffsoperationen kann – wenn nicht bekannt – in nahezu jedem Grundlagenbuch der Informatik nachgeschlagen werden, so dass eine relativ schnelle Realisierung in C möglich sein sollte. Das folgende C-Programm *wortstat.c* zeigt eine solche Implementierung:

```
#include <stdio.h>

typedef struct eintr {
        char         *wort;   /* zeigt auf das Wort */
        int           zaehl;  /* zaehlt die Vorkommen von wort */
        struct eintr *links;  /* linker Nachfolger-Knoten im Binaerbaum */
        struct eintr *rechts; /* rechter Nachfolger-Knoten im Binaerbaum */
} eintrag;

eintrag *binbaum(eintrag *zgr, char *wort)
{
        int vergl;

   if (zgr==NULL) {  /* neues Wort */
      if ((zgr=(eintrag *)malloc(sizeof(eintrag))) == NULL) {
         fprintf(stderr, "Speicherplatzmangel\n");
         exit(1);
      }
      if ((zgr->wort=(char *)malloc(strlen(wort)+1)) == NULL) {
         fprintf(stderr, "Speicherplatzmangel\n");
         exit(1);
      }
      strcpy(zgr->wort, wort);
      zgr->zaehl=1;
      zgr->links = zgr->rechts = NULL;
   } else if ((vergl=strcmp(wort, zgr->wort)) == 0)
      zgr->zaehl++;   /* Wort kommt wiederholt vor */
   else if (vergl < 0)
      zgr->links = binbaum(zgr->links, wort);
   else
```

```
        zgr->rechts = binbaum(zgr->rechts, wort);
    return(zgr);
}

void druckebaum(eintrag *zgr)
{
    if (zgr) {
        druckebaum(zgr->links);
        printf("%-20s : %5d\n", zgr->wort, zgr->zaehl++);
        druckebaum(zgr->rechts);
    }
}

int main(void)
{
    char wort[100];
    eintrag *wurzel;

    wurzel=NULL;
    while (scanf("%s", wort)==1)
        wurzel=binbaum(wurzel,wort);
    druckebaum(wurzel);
    return(0);
}
```

Nach der Kompilierung dieses C-Programms mit

```
cc -o wortstat wortstat.c
```

erhält man die erforderliche Wortstatistik mit dem Aufruf

```
awk -f wortextr.awk eingabedatei(en) | wortstat
```

Unter der Einbeziehung von awk konnte also die gestellte Aufgabe relativ schnell gelöst werden. Sollte sich das verwendete awk-Programm mit der Zeit als zu langsam erweisen, kann es später durch C-Code ersetzt werden. Jedenfalls bringt diese Vorgehensweise es mit sich, dass man relativ früh über ein einsetzbares (wenn vielleicht auch nicht optimales) Programm verfügt, das die gegebene Aufgabenstellung nach der Devise löst: *Der Spatz in der Hand ist besser als die Taube auf dem Dach.*

2.3.8 Realisierung des Kommandos ctags

Im ersten Band dieser Buchreihe wurde bereits besprochen, dass **vi** und **ex** das Suchen bestimmter Texte (in anderen Dateien) über eine Tag-Datei *tags* erlauben. In einer solchen Tag-Datei werden je Zeile angegeben:

- eine Marke,
- der Name der Datei, auf die sich die angegebene Marke bezieht,
- ein regulärer Ausdruck, nach dem zu suchen ist, oder die Nummer einer Zeile, in welcher der Cursor zu positionieren ist.

Diese Angaben sind jeweils durch ein Tabulatorzeichen voneinander getrennt anzugeben; die einzelnen Zeilen müssen dabei nach den Markennamen sortiert sein.

Wird nun **vi** bzw. **ex** mit der Option **-t** *marke* aufgerufen, sucht der jeweilige Editor nach der angegebenen *marke* (1. Feld) in der Datei *tags*, die sich im Working Directory oder im Directory */usr/lib* befinden muss, und positioniert den Cursor auf die entsprechende Zeile, die durch das 3. Feld (regulärer Ausdruck oder Zeilennummer) festgelegt ist.

Mit dem Editor-Kommando

:tag *marke* ↵

kann der Cursor während einer Editor-Sitzung auf eine andere *marke* positioniert werden. Häufige Anwendung findet dieser Tag-Mechanismus beim Arbeiten mit mehreren Modulen: Es läßt sich hiermit sehr schnell in die Programmdatei umschalten, die die Definition einer bestimmten Funktion enthält. Eine entsprechende Tag-Datei, in der zu jedem Funktionsnamen der Name des C-Moduls angegeben ist, in dem diese Funktion definiert ist, läßt sich mit dem UNIX-Kommando **ctags** automatisch erstellen; **ctags** wird inzwischen auf den meisten UNIX-Systemen angeboten:

ctags [*c-programmdateien*]

Sollte es auf einem UNIX-System nicht angeboten werden, kann die folgende vereinfachte Realisierung dieses Kommandos verwendet werden:

```
awk '/^[ \t]*[a-zA-Z_][a-zA-Z0-9_]*[ \t]*\(.*\)[^;]*$/ {
   match($0,/[a-zA-Z_][a-zA-Z0-9_]*/)
   printf("%s\t%s\t/^%s$/\n", substr($0,RSTART,RLENGTH), FILENAME, $0) }' $@ |
  sort
```

Dieses Skript **ctags** setzt voraus, dass bei Funktionsdefinitionen der entsprechende Funktionsname als erstes Wort in einer Zeile angegeben ist; vor diesem Wort dürfen allerdings beliebig viele Leer- und Tabulatorzeichen angegeben sein.

Wenn ein Directory folgende C-Module enthält:

haupt.c:

```
main()
{
   ausgab1("Hallo");
   ausgab2("Egon");
}
```

ausg1.c:

```
void
   ausgab1(string)
```

```
      char *string;
{
    printf("%s ", string);
}
```

ausg2.c:

```
void
   ausgab2(str)
      char *str;
{
    printf("%s\n", str);
}
```

so liefert der Aufruf

ctags *.c

folgende Ausgabe:

```
ausgab1       ausg1.c      /^   ausgab1(string)$/
ausgab2       ausg2.c      /^   ausgab2(str)$/
main          haupt.c      /^main()$/
```

Diese Ausgabe kann natürlich auch umgelenkt werden:

ctags *.c >tags

Der Aufruf

vi -t ausgab1

in diesem Directory führt zunächst zum Editieren der Datei *ausg1.c*, wobei der Cursor sofort auf dem Funktionsnamen *ausgab1* (2. Zeile) positioniert wird.

Die Eingabe von

:ta ausgab2↵

während des Editierens führt dann dazu, dass die Datei *ausg2.c* in den Arbeitspuffer von **vi** geladen und der Cursor dort automatisch auf die Zeile positioniert wird, welche die Kopfzeile der Funktionsdefinition von *ausgab2* enthält.

Will der Benutzer **egon** z.B. eine »*ctags*«-Datei für alle seine C-Quellprogramme erstellen, so kann er folgende Kommandozeile angeben:

```
ctags `find /home/egon -name "*.c" -print` > tags
```

Bei dieser Aufrufzeile besteht allerdings die Gefahr, dass das durch Kommandosubstitution gelieferte Ergebnis in einer zu langen Kommandozeile resultiert, die nicht mehr von der Shell bearbeitet werden kann. Deswegen ist die folgende Aufrufzeile besser, die diese Gefahr umgeht:

```
find /home/egon -name "*.c" -exec ctags {} \; > tags
```

2.3.9 Visualisierung einer UNIX-Prozeßhierarchie

Das Kommando **ps** gibt bekanntlich Informationen zu aktiven Prozessen aus. Mit der Angabe von Optionen kann der Umfang der auszugebenden Prozeßinformation gesteuert werden. Von der Vielzahl der möglichen Optionen werden in diesem Beispiel nur zwei verwendet:

- **-e** (*every*) Information über alle aktiven Prozesse ausgeben
- **-f** (*full*) vollständige Information zu den entsprechenden Prozessen ausgeben; so wird z. B. nicht nur der Kommandoname, sondern die vollständige Aufrufzeile ausgegeben, die zur Kreierung eines Prozesses führte.

Ein Aufruf

```
ps -ef
```

liefert z. B. folgende Ausgabe:

```
  UID   PID  PPID  C    STIME TTY      TIME COMMAND
 root     0     0  0  Dec  4  ?        0:00 sched
 root     1     0  0  Dec  4  ?        0:08 /etc/init
 root     2     0  0  Dec  4  ?        0:00 vhand
 root     3     0  0  Dec  4  ?        0:07 bdflush
 root   104     1  0 10:01:51 console  0:01 /etc/getty console console
 egon   868   110  0 12:03:03 ttyic    0:00 sh -x
 root   106     1  0 10:01:54 vt01     0:01 /etc/getty /dev/vt01 vt01
 root    74     1  0 10:01:42 ?        0:02 /etc/cron
 root    77     1  0 10:01:43 ?        0:00 /etc/ dload /etc /icc.vpix
 egon   873   868 26 12:04:36 ttyic    0:11 find / -name *.c -print
 egon   875   868  0 12:04:39 ttyic    0:01 csh
 egon   876   875  0 12:04:46 ttyic    0:00 /bin/sh
 egon   877   876 14 12:04:57 ttyic    0:00 ps -ef
   lp    95     1  0 10:01:49 ?        0:00 /usr/lib/lpsched
 root   107     1  0 10:01:54 vt02     0:01 /etc/getty /dev/vt02 vt02
 root   108     1  0 10:01:54 ttyia    0:00 /etc/getty ttyia 9600
 root   109     1  0 10:01:54 ttyib    0:00 /etc/getty ttyib 9600
 egon   110     1  0 10:01:54 ttyic    0:04 -sh
 root   111     1  0 10:01:54 ttyid    0:01 /etc/getty ttyid 9600
 root   112     1  0 10:01:55 ttyie    0:00 /etc/getty ttyie 9600
 root   113     1  0 10:01:55 ttyif    0:00 /etc/getty ttyif 9600
```

Leider sind an einer solchen Ausgabe die Prozeßhierarchie und somit die Abhängigkeiten der einzelnen Prozesse nur schwer zu erkennen. Eine Ausgabe wie die folgende ist deshalb in vielen Anwendungsfällen wesentlich informativer, da sie direkt die Abhängigkeiten der einzelnen Prozesse verdeutlicht:

```
0 *sched (root, ?        )
   |
   +---3 *bdflush (root, ?        )
   |
```

```
+---2 *vhand (root, ?      )
|
+---1 */etc/init  (root, ?      )
|   |
|   +---104 */etc/getty console console  (root, console)
|   |
|   +---106 */etc/getty /dev/vt01 vt01  (root, vt01    )
|   |
|   +---74 */etc/cron  (root, ?      )
|   |
|   +---77 */etc/icc/dload /etc/icc/icc.vp (root, ?      )
|   |
|   +---95 */usr/lib/lpsched  (lp, ?      )
|   |
|   +---107 */etc/getty /dev/vt02 vt02  (root, vt02    )
|   |
|   +---108 */etc/getty ttyia 9600  (root, ttyia  )
|   |
|   +---109 */etc/getty ttyib 9600  (root, ttyib  )
|   |
|   +---110 *-sh  (egon, ttyic  )
|   |   |
|   |   +---868 *sh -x  (egon, ttyic  )
|   |       |
|   |       +---873 *find / -name *.c -print  (egon, ttyic  )
|   |       |
|   |       +---875 *csh  (egon, ttyic  )
|   |           |
|   |           +---876 */bin/sh  (egon, ttyic  )
|   |               |
|   |               +---877 *ps -ef  (egon, ttyic  )
|   |
|   +---111 */etc/getty ttyid 9600  (root, ttyid  )
|   |
|   +---112 */etc/getty ttyie 9600  (root, ttyie  )
|   |
|   +---113 */etc/getty ttyif 9600  (root, ttyif  )
```

Bei dieser Form der Ausgabe wird zu jedem Prozeß aus Übersichtsgründen nur folgendes ausgegeben:

*PID *Kommandozeile (Login-Name, Kontrollterminal)*

Sind mehr Informationen zu einem Prozeß gewünscht, kann dies entweder im folgenden (Bourne-)Shellskript **psbaum** entsprechend geändert werden oder mit einem weiteren Aufruf wie

ps -f -p *pid1,pid2, ..*

nachträglich erfragt werden, denn dieser Aufruf liefert die vollständige Information zu den Prozessen *pid1, pid2, ..* .

Das Shellskript **psbaum** besteht im wesentlichen aus einem awk-Programm, das seine Daten aus einer Pipe liest, in der das Kommando **ps -ef** die entsprechenden Prozeßinformationen hineinschreibt. Unter LINUX, wo im übrigen ein eigenes Kommando **pstree** für diese Aufgabe vorhanden ist, muss dieses Skript an die speziellen Gegegebenheiten des **ps**-Kommandos angepaßt werden.

```
ps -ef | awk '
     BEGIN { FS="[ \t]+"
             strich[0] = "|"
           }
                # Aus der Ueberschrift (1.Zeile) wird die Startposition
                # des Kommandos und des zugehörigen Kontrollterminals
                # bestimmt
   NR == 1 { $0 = " " $0      # Leerz. voranstellen, damit UID sicher 2.Feld ist
             kdo_pos = index($0, "COMMAND")
             tty_pos = index($0, "TTY")
           }

   NR != 1 { $0 = " " $0      # Leerz. voranstellen, damit UID sicher 2.Feld ist
             s = ++sohnzahl[$4]  # Fuer jede PPID einer ps-Zeile die Sohn-
             sohn[$4,s] = $3     # zahl mitzaehlen und Sohn-PID festhalten
             if ($3 == 0)       # Wenn PID=0 (Urprozess), dann ist
                wurzel = $3     # dies die Wurzel des Prozessbaums
             else if ($4 == 0)   # Wenn PPID=0, dann Sohn von Urprozess
                merk[++x] = $3   # Alle diese Soehne in merk festhalten
                  # Aufbereiten der auszugebenden Zeile fuer jeden Prozess:
                  #       PID *COMMAND (UID, TTY)
             zeile[$3] = $3 " *" substr($0, kdo_pos, 30)
             zeile[$3] = zeile[$3] " (" $2 ", " substr($0,tty_pos,7) ")"
           }

    END    { leerzeil = "                                        "
             tiefe = 0
             print zeile[wurzel]  # Ausgabe der Wurzel-Zeile
             for (i in merk)      # Fuer alle Soehne des Urprozesses die
                ausgab(merk[i])   # rekursive Funktion zur Ausgabe der
           }                      # Aeste und Blaetter des zugehoerigen
                                  # Prozess-Teilbaumes aufrufen
    # Diese Funktion durchlaeuft rekursiv den Prozessbaum und gibt so
    # zu jedem Sohnprozess des Urprozesses zuerst dessen gesamten
    # darunterliegenden Teilbaum aus, bevor sie zur Ausgabe des
    # Teilbaums eines naechsten Sohnes des Urprozesses aufgerufen wird.
  function ausgab(i,           r, j) {
    for (r=0 ; r<tiefe ; r++)
       printf("   %s", strich[r])
    printf("   |\n")
    for (r=0 ; r<tiefe ; r++)
       printf("   %s", strich[r])
    printf("   +---%s\n", zeile[i])
    tiefe++
```

```
        for (j=1 ; j<=sohnzahl[i] ; j++) {
           strich[tiefe] = j<sohnzahl[i] ? "|" : " "
           ausgab(sohn[i,j])
        }
        tiefe--
     }'
```

Dieses Skript verwendet die Definition von Funktionen innerhalb eines awk-Programms. Da diese Funktionalität nur im neuen awk, der seit System V Release 3.1 verfügbar ist, angeboten wird, ist dieses Skript auch nur bei Verwendung des neuen awk ablauffähig.

2.3.10 Anzeige von freiem Speicherplatz auf Filesystemen

Mit dem nachfolgenden Shellskript *freiplat* kann man sich den freien Speicherplatz auf allen Filesystemen oder auch nur auf bestimmten Filesystemen in MegaBytes anzeigen lassen: Unter LINUX müßte dieses Skript an die speziellen Gegegebenheiten des **df**-Kommandos angepaßt werden.

```
#! /sbin/sh
#
#   Freien Speicherplatz ermitteln
#
while getopts it zeich
do
   case $zeich in
     i) inodes=1;;    # Info ueber Inodes erwuenscht
     t) total=1;;     # Totals berechnen und ausgeben
    \?) echo "Usage: `basename $0`  [-it]  [ filesys | directory ]"; exit 1;;
   esac
done
shift `expr $OPTIND - 1`

df -lt $* |
    awk '

#-------- awk-Skript --------------------------
function berechne(splatz) {
    splatz["belegt"] = splatz["gesamt"] - splatz["frei"]
    splatz["durchschn"] = 100.0 * ((splatz["frei"]+0.0) / splatz["gesamt"])
    splatz["sum_gesamt"] += splatz["gesamt"]
    splatz["sum_belegt"] += splatz["belegt"]
    splatz["sum_frei"] += splatz["frei"]
}

BEGIN {
   FS="[ \t():]+"
   inodes="'$inodes'"
   total="'$total'"
   kbyte=1024.0
```

```
    blockgroesse=1024.0        # evtl. auch andere, wie: blockgroesse=512.0
    factor = kbyte / blockgroesse
    printf("%-20.20s%8s%8s%11s   ", "Filesystem", "MBytes", "Belegt", "Frei")
    if (inodes)
      printf("%7s%8s ", "Files", "Frei")
    printf("  Mounted on\n")
}

(NR%2) != 0 {         #----------- Erste Zeile ------------------------------
     fsystem = $1
     fsnode = $2
     bloecke["frei"] = $3/factor
     dateien["frei"] = $5
}

(NR%2)==0 && $2>0 {  #----------- Zweite Zeile -----------------------------
     bloecke["gesamt"] = $3/factor
     dateien["gesamt"] = $5
     berechne(bloecke)
     printf("%-20.20s%8.2f%8.2f%8.2f%5.1f%%  ", fsnode,
            bloecke["gesamt"]/kbyte, bloecke["belegt"]/kbyte,
            bloecke["frei"]/kbyte, bloecke["durchschn"])
     if (inodes) {
        if (dateien["frei"] != 0) {
           berechne(dateien)
           printf("%5d%6d%3d%% %.12s\n",
              dateien["belegt"], dateien["frei"], dateien["durchschn"], fsystem)
        } else
           printf("%-20.20s\n", fsystem)
     } else
        printf("%-20.20s\n", fsystem)
}

END { if (total) {
         striche=sprintf("%80s", " ")
         gsub(/ /, "-", striche)
         printf(inodes ? "%s" : "%.43s", striche)
         printf("%-20.20s%8.2f%8.2f%8.2f%5.1f%%  ", "Total:",
                bloecke["sum_gesamt"]/kbyte, bloecke["sum_belegt"]/kbyte,
                bloecke["sum_frei"]/kbyte,
                100.0*(bloecke["sum_frei"]/bloecke["sum_gesamt"]))
         if (inodes)
            printf("%5d%6d%3d%% %.12s\n", dateien["sum_belegt"],
                   dateien["sum_frei"],
                   100*(dateien["sum_frei"]/dateien["sum_gesamt"]),
                   fsystem)
         printf("\n")
      }
}'
```

Das Skript *freiplat* kennt 2 Optionen

-i (***in****odes*) Zusätzliche Information über die Anzahl der noch freien Dateien ausgeben.

-t (***to****tal*) Summe zu allen Werten ausgeben.

Ruft man z. B. nur

freiplat

auf, so kann hieraus die folgende Ausgabe resultieren:

```
Filesystem            MBytes  Belegt       Frei    Mounted on
/dev/dsk/0s1          263.98  184.55   79.44 30.1%  /
/dev/dsk/0s10          19.84   18.53    1.31  6.6%  /stand
/dev/dsk/1s1          166.33  106.42   59.91 36.0%  /export
```

Ruft man

freiplat -it

auf, so ergibt sich z. B. die folgende Ausgabe:

```
Filesystem       MBytes  Belegt       Frei     Files    Frei  Mounted on
/dev/dsk/0s1     263.98  184.55   79.44 30.1%  22412 35156 61% /
/dev/dsk/0s10     19.84   18.53    1.31  6.6%   2412  1156 32% /stand
/dev/dsk/1s1     166.33  106.42   59.91 36.0%  57412 60156 51% /export
---------------------------------------------------------------------
Total:           450.16  309.50  140.66 31.2%  82236 96468 53%
```

2.3.11 Das Achtdamen-Problem

Eine der ältesten Programmieraufgaben stellt das Achtdamen-Problem dar. Beim Achtdamen-Problem besteht die Aufgabe darin, 8 Damen (aus dem Schachspiel) so auf einem Brett zu positionieren, dass keine der Damen sich gegenseitig bedrohen. Bedrohen bedeutet dabei, dass sich zwei Damen auf der gleichen Horizontalen, Vertikalen oder Diagonalen befinden. Diese Aufgabenstellung löst das folgende awk-Programm *achtdame.awk*:

```
function ausgabe(     i, j) {
   printf("%3d.Loesung\n", ++lsg)
   for (i=1 ; i<=8 ; i++) {
      printf("|---|---|---|---|---|---|---|---|\n")
      for (j=1 ; j<=8 ; j++)
         printf("| %s ", (spalte[j]==i)?"X":" ")
      printf("|\n")
   }
   printf("|---|---|---|---|---|---|---|---|\n")
   getline <"-"   # oder:   getline < "/dev/tty"
}

function koenigin_dazu(   s) {
```

```
   zeile++
   for (s=1 ; s<=8 ; s++) {
      if (spaltfrei[s] && aufwaertsfrei[zeile+s] && abwaertsfrei[zeile-s]) {
         spalte[zeile] = s
         spaltfrei[s] = aufwaertsfrei[zeile+s] = abwaertsfrei[zeile-s] = 0
         if (zeile==8)
            ausgabe()
         else
            koenigin_dazu()
         spaltfrei[s] = aufwaertsfrei[zeile+s] = abwaertsfrei[zeile-s] = 1
      }
   }
   zeile--
}

BEGIN {
   for (i=1 ; i<=8 ; i++) spaltfrei[i]=1
   for (i=2 ; i<=16 ; i++) aufwaertsfrei[i] = 1
   for (i=-7 ; i<=7 ; i++) abwaertsfrei[i] = 1
   koenigin_dazu()
}
```

Ruft man nun

```
awk -f achtdame.awk
```

so werden alle möglichen Stellungen auf einem 8 x 8 Schachbrett ausgegeben, bei denen sich die einzelnen Damen nicht gegenseitig bedrohen. Nach jeder Ausgabe einer Stellung muss der Benutzer die RETURN-Taste drücken, damit ihm die nächste mögliche Lösung angezeigt wird:

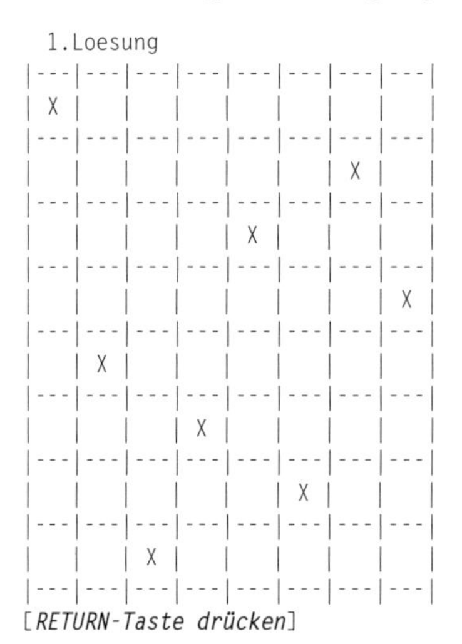

```
  1.Loesung
|---|---|---|---|---|---|---|---|
| X |   |   |   |   |   |   |   |
|---|---|---|---|---|---|---|---|
|   |   |   |   |   |   | X |   |
|---|---|---|---|---|---|---|---|
|   |   |   |   | X |   |   |   |
|---|---|---|---|---|---|---|---|
|   |   |   |   |   |   |   | X |
|---|---|---|---|---|---|---|---|
|   | X |   |   |   |   |   |   |
|---|---|---|---|---|---|---|---|
|   |   |   | X |   |   |   |   |
|---|---|---|---|---|---|---|---|
|   |   |   |   |   | X |   |   |
|---|---|---|---|---|---|---|---|
|   |   | X |   |   |   |   |   |
|---|---|---|---|---|---|---|---|
[RETURN-Taste drücken]
```

```
 2.Loesung

|---|---|---|---|---|---|---|---|
| X |   |   |   |   |   |   |   |
|---|---|---|---|---|---|---|---|
|   |   |   |   |   |   | X |   |
|---|---|---|---|---|---|---|---|
|   |   |   | X |   |   |   |   |
|---|---|---|---|---|---|---|---|
|   |   |   |   |   | X |   |   |
|---|---|---|---|---|---|---|---|
|   |   |   |   |   |   |   | X |
|---|---|---|---|---|---|---|---|
|   | X |   |   |   |   |   |   |
|---|---|---|---|---|---|---|---|
|   |   |   |   | X |   |   |   |
|---|---|---|---|---|---|---|---|
|   |   | X |   |   |   |   |   |
|---|---|---|---|---|---|---|---|
```

[*RETURN-Taste drücken*]

```
 3.Loesung
|---|---|---|---|---|---|---|---|
| X |   |   |   |   |   |   |   |
|---|---|---|---|---|---|---|---|
|   |   |   |   |   | X |   |   |
|---|---|---|---|---|---|---|---|
|   |   |   |   |   |   |   | X |
|---|---|---|---|---|---|---|---|
|   |   | X |   |   |   |   |   |
|---|---|---|---|---|---|---|---|
|   |   |   |   |   |   | X |   |
|---|---|---|---|---|---|---|---|
|   |   |   | X |   |   |   |   |
|---|---|---|---|---|---|---|---|
|   | X |   |   |   |   |   |   |
|---|---|---|---|---|---|---|---|
|   |   |   |   | X |   |   |   |
|---|---|---|---|---|---|---|---|
```

[*RETURN-Taste drücken*]

```
....................
....................
....................

92.Loesung
|---|---|---|---|---|---|---|---|
|   |   | X |   |   |   |   |   |
|---|---|---|---|---|---|---|---|
|   |   |   |   |   | X |   |   |
```

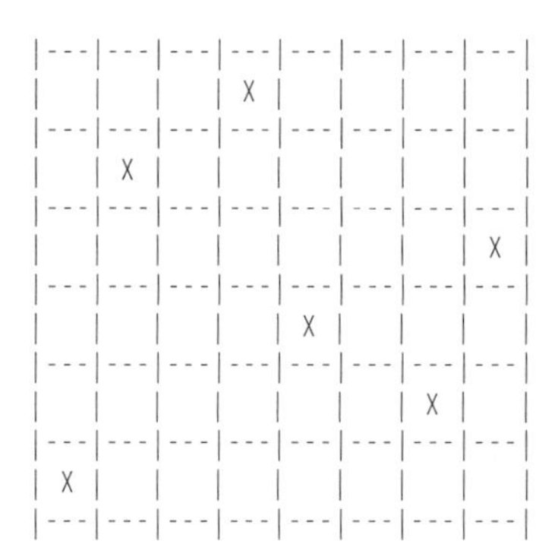

2.4 Die wichtigsten Unterschiede zwischen der neuen und der alten Version von awk

2.4.1 Neue Builtin-Variablen

ARGC Anzahl der Kommandozeilenargumente

ARGV Array, das die Kommandozeilenargumente enthält

FS Trennzeichen für die Eingabefelder (nicht neu, aber dieser Variablen kann im neuen awk ein regulärer Ausdruck zugewiesen werden)

FNR (*File Number of Records*) Anzahl der bisher gelesenen Eingabe-Records in aktueller Eingabedatei

RSTART Start eines Strings, der durch Aufruf der Funktion **match** ermittelt wurde

RLENGTH Länge eines Strings, der durch Aufruf der Funktion **match** ermittelt wurde

SUPSEP (*Supscript Separator*) Trennzeichen für die verschiedenen Indizes bei mehrdimensionalen Arrays

ENVIRON Array, in dem der Index den Namen der Enviroment-Variablen und das zugehörige Array-Element den Inhalt dieser Environment-Variablen enthält; seit System V.4 verfügbar.

2.4.2 Neue Funktion getline

getline
Liest das nächste Record aus aktueller Eingabedatei nach **$0**

getline *variable*
Liest das nächste Record aus aktueller Eingabedatei in die Variable *variable*

getline *<dateiname*
: Liest das nächste Record von Datei *dateiname* (anstelle von der momentan aktiven Eingabedatei) nach **$0**

getline *variable <dateiname*
: Liest das nächste Record von Datei *dateiname* (anstelle von der momentan aktiven Eingabedatei) nach *variable*

kommando **| getline**
: Liest das nächste Record von der Standardausgabe des Kommandos *kommando* nach **$0**

kommando **| getline** *variable*
: Liest das nächste Record von der Standardausgabe des Kommandos *kommando* nach *variable*

2.4.3 Neue Builtin-Funktionen

atan2	Berechnet Arcustangens
close	Schließt eine Datei oder Pipe
cos	Berechnet Cosinus
delete	Entfernt ein Element aus einem Array
gsub	Führt globale String-Substitutionen durch
match	Sucht einen über regulären Ausdruck angegebenen Teilstring in einem String
rand	Liefert eine Pseudo-Zufallszahl
sin	Berechnet Sinus
srand	Setzt Zufallszahlen-Generator auf neuen Startwert
sub	Führt String-Substitutionen durch
system	Bewirkt die Ausführung eines Betriebssystemkommandos
tolower	Wandelt Groß- in Kleinbuchstaben um
toupper	Wandelt Klein- in Großbuchstaben um

2.4.4 Neue Operatoren

+	Vorzeichen
^	Potenzierung
?:	Bedingungsoperator

2.4.5 Neue und verbesserte Optionen

-F regausdr	Als Feldtrennzeichen können bei der Option **-F** nun reguläre Ausdrücke angegeben werden.
--	zeigt das Ende der Optionen-Liste an.

-v *var=wert* definiert die awk-Variable *var* mit dem Wert *wert*, noch bevor die erste Aktion des awk-Programms ausgeführt wird.

2.4.6 Verbesserungen in nawk

- Benutzerdefinierte Funktionen sind nun möglich.
- Mehrdimensionale Arrays werden besser unterstützt.
- Zuweisung an die Builtin-Variablen **$0, $1, $2** usw. sind nun möglich.
- **do – while** Schleife ist nun vorhanden.
- Variablen, die auf der Kommandozeile initialisiert werden, sind in der **BEGIN**-Aktion verfügbar.
- Überprüfung auf die Existenz von Array-Elementen mit **in.**
- awk-Fehlermeldungen wurden erheblich verbessert.
- **BEGIN**- und **END**-Pattern müssen nicht mehr unbedingt als erstes bzw. als letztes Pattern angegeben sein.
- Reguläre Ausdrücke können in Variablen hinterlegt werden.
- awk-Skripts können mit **#!...** ausführbar gemacht werden.
- Neue Escape-Sequenzen **\a**, **\b**, **\f**, **\r**, **\v**, **\x***hh*.
- Löschen von Array-Elementen mit **delete** ist nun möglich.

2.5 Kritische Anmerkungen zu awk

2.5.1 Fehlerdiagnose

Leider läßt die Fehlerdiagnose von awk sehr oft zu wünschen übrig. Meist werden Fehler mit nicht gerade aussagekräftigen Meldungen wie

awk: Syntax error near line 12
awk: bailing outnear line 7

angezeigt. In der Regel hilft hier nur eine kritische Analyse des Quellprogramms weiter. Führt auch dies nicht zum Erfolg, ist meist ein äußerst aufwendiges Austesten der einzelnen Programmteile notwendig.

Unangenehmer noch als der Umgang mit Syntaxfehlern erweist sich das Auffinden und Beseitigen von Logikfehlern, da awk – im Gegensatz zu den meisten höheren Programmiersprachen – nicht die Unterstützung eines Debuggers anbietet. Bei solchen Fehlern bleibt dem Entwickler meist nur die alte aus Vordebugger-Zeiten her bekannte Methode des Einbaus von *Dummies*: Ausgeben von Zwischenergebnissen durch zusätzlich eingebaute **print**- oder **printf**-Befehle.

2.5.2 Verarbeitungsgeschwindigkeit

Solange awk-Programme nur für kleine Datenmengen verwendet werden, ist gegen ihre Verarbeitungsgeschwindigkeit kaum etwas einzuwenden. Werden awk-Programme jedoch auf größere Datenbestände angewendet, nehmen auch sehr schnell die Beschwerden über die Ablaufgeschwindigkeit zu. Da die Schnelligkeit von awk-Programmen einer der Hauptkritikpunkte gegen awk ist, sollen hier einige Worte darüber verloren werden:

Natürlich sollten auch in awk immer die effizientesten Algorithmen gewählt werden. Zudem ist es nicht erforderlich, alles mit awk zu lösen; so kann jederzeit ein schnelleres UNIX-Kommando (wie z.B. **grep** bei Suchvorgängen oder **sort** bei Sortieraufgaben) zusammen mit awk kombiniert werden. Nützlich ist auch zu wissen, dass Konkatenation besonders teuer ist; so braucht z.B.

```
print $1 " " $2 " " $3 " " $4 " " $5
```

zweimal solange wie

```
print $1, $2, $3, $4, $5
```

Sehr zeitaufwendig ist auch das Zugreifen auf Elemente von umfangreichen Arrays. Daran sollte jeder denken, bevor er umfangreiche Dateien in Arrays abspeichert, um dann den Inhalt dieser Arrays zu analysieren.

Am Anfang dieses Kapitels wurde bereits auf die Einsatzmöglichkeit von awk als Prototypingwerkzeug hingewiesen. Erweist sich ein awk-Programm als zu langsam, so besteht immer noch die Möglichkeit, dieses awk-Programm schrittweise in eine andere Sprache – wie z.B. C – umzuschreiben. Inzwischen wird auch ein Programm **awkcc** angeboten, das awk-Skripts in C-Programme umformt. So erhaltene C-Programme sind um Faktoren schneller als die entsprechenden awk-Skripts.

2.5.3 awk ist kein Allheilmittel

awk wurde ursprünglich entworfen, um kleine Aufgaben zu lösen, wie z.B. Daten zu extrahieren, auszuwerten oder in eine andere Form zu bringen. Allgemein gilt, dass awk immer dann erfolgreich eingesetzt werden kann, wenn die Programmentwicklungszeit Vorrang hat vor der Verarbeitungsgeschwindigkeit.

Die Grenzen von awk sind allerdings spätestens dann erreicht, wenn es um größere Softwareprojekte geht, wo Gesichtspunkte wie Datenabstraktion entscheidend sind.

Zwar verführt die neue Version von awk, die viele höhere Programmiersprachkonstrukte mit sich bringt, insbesondere C-Programmierer dazu, umfangreichere Programmpakete in awk zu entwickeln. Doch sollte bei der ganzen awk-Euphorie das ursprüngliche awk-Entwurfsziel nicht außer acht gelassen werden; spätestens wenn Softwarequalitätsmaßstäbe wie Verarbeitungsgeschwindigkeit, Wartbarkeit, Änderbarkeit usw. an ein solches Produkt angelegt werden, könnte sich awk als Damokles-Schwert erweisen.

2.6 Literaturhinweis

Beim Ausarbeiten dieses Kapitels diente das von den awk-Entwicklern Aho, Kernighan und Weinberger geschriebene Buch »*The AWK-Programming Language*«, das im *Addison-Wesley-Verlag* veröffentlicht wurde, als Vorlage.

3 sed – Ein nicht-interaktiver Stream-Editor

Jedes überflüssige Wort
wirkt seinem Zwecke gerade entgegen.

Schopenhauer

Herkunft

Das Programm **sed** (***stream editor***) ist ein nicht-interaktiver zeilenorientierter Editor, der vom UNIX Editor **ed** abgeleitet wurde.

Charakteristika

Im Gegensatz zu den anderen UNIX Editoren **ed**, **vi** und **ex** arbeitet sed nicht interaktiv, sondern liest die Editieranweisungen entweder aus einer Datei oder von der Kommandozeile.

Da sed auf die Standardausgabe schreibt, verändert er nicht die Originaldateien. Somit kann der Inhalt einer Datei nach bestimmten Kriterien temporär (nur auf der Standardausgabe) verändert werden, bevor er über eine Pipe an ein anderes Programm weitergereicht wird.

Auch wenn die vom sed gelieferten Fehlermeldungen nicht allzu aussagekräftig sind, handelt es sich doch um einen äußerst schnellen und leistungsfähigen Editor.

Einsatzgebiete

sed wird in der Praxis hauptsächlich für Textmanipulationen verwendet. Die typische Anwendung von sed liegt bei Aufgaben, die die gleichen systematischen und immer wiederkehrenden Änderungen von Dateien erfordern. So wird sed häufig in Shellskripts aufgerufen, um Inhalte von Dateien zu extrahieren oder nach bestimmten Kriterien modifizierte Kopien von Dateien für die weitere Verarbeitung zu erstellen. Sein Funktionsumfang erlaubt zwar auch komplexere Anwendungen, jedoch wird in solchen Fällen meist awk bevorzugt, das im Gegensatz zu sed Variablen kennt. Ein Vorteil von sed gegenüber awk ist allerdings seine Verarbeitungsgeschwindigkeit, weshalb für kleinere Aufgaben sed dem awk vorgezogen wird.

Funktionsweise

sed arbeitet ähnlich wie awk: Zunächst liest sed von den vorgegebenen Eingabedateien[1] die erste Eingabezeile in den Eingabepuffer (*pattern space*), prüft, welche der angegebenen Editieranweisungen für diese Zeile ausgeführt werden sollen, führt diese Anweisungen nacheinander aus und schreibt das Ergebnis auf die Standardausgabe. Danach löscht der sed den Inhalt des Eingabepuffers, liest die nächste Eingabezeile in den Eingabepuffer und wiederholt diesen Vorgang. Der sed beendet seine Ausführung, wenn entweder alle Eingabezeilen abgearbeitet sind oder er eine explizite Beendigungsanweisung erhält. Ein zweiter Puffer, der Haltepuffer (*hold buffer*), dient dazu, Ergebnisse zwischenzuspeichern, um an späterer Stelle auf sie zuzugreifen.

3.1 Der Aufruf des sed

Die vollständige Aufrufsyntax für sed lautet:

sed [**-n**] [**-e** *skript*] [**-f** *skript-datei*] [*eingabedatei(en)*] [2]

Der sed bearbeitet die angegebenen Eingabedateien oder – falls keine Eingabedatei angegeben wurde – die Daten der Standardeingabe und schreibt das Ergebnis auf die Standardausgabe.

Die Editieranweisungen für die Eingabedateien werden sed durch ein sed-Skript vorgegeben. Dieses Skript kann entweder beim Aufruf des sed in der Form **-e** ***skript*** (üblicherweise: **-e** ***'skript'***[3]) angegeben werden oder in einer Skriptdatei stehen, deren Name mit **-f** ***skript-datei*** auf der Kommandozeile anzugeben ist.

Beim Aufruf dürfen meherere Skripts mit **-e** und **-f** (auch kombiniert) angegeben werden.

Wenn nur eine **-e** ***skript*** und keine **-f** ***skript-datei*** Angabe in der Kommandozeile vorkommt, kann die Option **-e** weggelassen werden.

Die Angabe der Option **-n** bewirkt, dass die automatische Ausgabe von bearbeiteten Eingabezeilen auf die Standardausgabe unterdrückt wird. In diesem Fall wird nur noch das auf die Standardausgabe geschrieben, was mittels expliziter Ausgabeanweisungen (wie z.B. **print**) in den sed-Anweisungen vorgegeben wird oder in einem temporären Haltepuffer zwischengespeichert wurde, um an späterer Stelle ausgegeben zu werden.

---

1. Falls keine angegeben sind, liest sed - wie awk - von der Standardeingabe.
2. Die mit [..] geklammerten Teile sind optional.
3. Apostroph-Klammerung ist notwendig, wenn dieses Skript mehr als eine Anweisung umfaßt oder ein Sonderzeichen enthält.

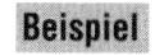

Es soll die 3. und 5. Zeile einer Datei *text* bei der Ausgabe am Bildschirm gelöscht (besser: nicht ausgegeben) werden. Dazu dienen die sed-Anweisungen *3d* und *5d*[1]. Die Datei *dreidel.sed* enthält nur eine Zeile der Form

```
3d
```

Alle vier folgenden Aufrufe lösen diese Aufgabe:

```
sed -e '3d
5d' text

sed '3d
5d' text

sed -e '5d' -f dreidel.sed text

sed -f dreidel.sed -e '5d' text
```

Wie aus diesem Beispiel zu ersehen ist, stehen in einem *skript* oder in einer *skript-datei* jeweils eine sed-Anweisung pro Skriptzeile.

sed faßt alle Angaben aus den angegebenen *skripts* und *skript-dateien* zu einer Anweisungsfolge zusammen, die für jede Eingabezeile ausgeführt[2] wird.

Falls sed mit mehreren Eingabedateien aufgerufen wird, werden die Zeilen der Eingabedateien fortlaufend numeriert.

Die Ausgabe von sed kann natürlich auch umgelenkt werden, so schreibt z.B.

```
sed -e '3d
5d' text >text2
```

außer der 3. und 5. Zeile den gesamten Inhalt der Datei *text* in die Datei *text2*.

3.2 sed-Editieranweisungen

Die allgemeine Form einer sed-Editieranweisung lautet [3]:

[*adresse1* [,*adresse2*]] *funktion* [*argumente*]

Durch die Adressen *adresse1* und *adresse2* wird ein bestimmter Bereich hintereinander stehender Zeilen spezifiziert. Allerdings ist die Angabe der Adressen nicht gefordert. Die folgende Tabelle zeigt alle Adressierungsmöglichkeiten und die dadurch ausgewählten Eingabezeilen:

1. **d** steht für **d**elete.
2. Wirklich ausgeführt werden allerdings nur die Anweisungen aus der Anweisungsfolge, die vorgeben, dass sie für die aktuelle Zeile auszuführen sind; z.B. würde die Anweisung **3d** nicht für die 4. Zeile ausgeführt.
3. Die mit [..] geklammerten Teile sind optional.

Keine Adressen angegeben:
alle Eingabezeilen.

Nur eine Adresse angegeben:
alle Eingabezeilen, auf die die angegebene Adresse zutrifft.

Beide Adressen angegeben:
Bereich (*von, bis*) von Eingabezeilen. Die erste und letzte Eingabezeile sind Bestandteil dieses Bereichs.

Auf diese so ausgewählten Zeilen wird dann die Editieraktion *funktion* ausgeführt. Diese Funktion kann weitere *argumente* besitzen.

3.2.1 Adressen

Die Adreßangaben *adresse1* und *adresse2* wählen aus den Eingabedateien bestimmte Zeilen aus. Diese Angaben können auf unterschiedliche Weise erfolgen:

ganze Zahl *n*
adressiert die Zeile *n*; es ist zu beachten, dass die Zeilennumerierung bei mehreren Eingabedateien nicht ständig neu beginnt, sondern fortlaufend über mehrere Eingabedateien weitergezählt wird.

$ adressiert die letzte Eingabezeile.

/regulärer Ausdruck/
adressiert Eingabezeilen, die einen String enthalten, der durch den vorgegebenen *regulären Ausdruck* abgedeckt ist.

Bei der ausführlichen Beschreibung dieser Konstrukte soll bereits eine der später beschriebenen Editierfunktionen verwendet werden: **p** (für print) bewirkt die Ausgabe des Eingabepuffers. In den folgenden Beispielen wird immer die Option **-n** beim Aufruf von sed angegeben, um die automatische Ausgabe jeder bearbeiteten Eingabezeile zu verhindern. Als Eingabedatei wird für diese Beispiele die Datei *staedte* verwendet:

```
Muenchen
Bremen
Dortmund
Stuttgart
Koeln
Berlin
Hamburg
Nuernberg
Leipzig
Frankfurt
```

Ganze Zahl *n* und $

Die Aufrufe

```
(1)  sed -n '2p' staedte
(2)  sed -n '$p' staedte
(3)  sed -n '3,6p' staedte
(4)  sed -n '5,$p' staedte
(5)  sed -n 'p' staedte
```

bewirken folgende Ausgaben:

(1)

```
Bremen
```

(2)

```
Frankfurt
```

(3)

```
Dortmund
Stuttgart
Koeln
Berlin
```

(4)

```
Koeln
Berlin
Hamburg
Nuernberg
Leipzig
Frankfurt
```

(5)

```
Muenchen
Bremen
Dortmund
Stuttgart
Koeln
Berlin
Hamburg
Nuernberg
Leipzig
Frankfurt
```

Reguläre Ausdrücke

Hierbei gilt die folgende Angabe:

/regulärer ausdruck/

sed kennt nur eine begrenzte Menge von regulären Ausdrücken: Ein *regulärer Ausdruck* ist ein Ausdruck, der Strings spezifiziert und/oder über Vorschriften beschreibt, welche Strings durch ihn abgedeckt sind:

1. Die Metazeichen von regulären Ausdrücken sind:

   \ ^ $. [ ] *

Metazeichen haben eine Sonderbedeutung.

2. Ein einfacher regulärer Ausdruck ist einer der folgenden:

- **einfaches Zeichen**, aber kein Metazeichen.
- Das **Metazeichen** \, das die Sonderbedeutung eines Metazeichens ausschaltet (z.B. *).
- **Escape-Sequenz \n** deckt ein im Eingabepuffer eingebettetes Neuezeilezeichen (nicht das abschließende) ab.
- **^** steht für den Anfang einer Zeile.
- **$** steht für das Ende einer Zeile.
- **.** steht für jedes beliebige einzelne Zeichen, außer das Neuezeilezeichen.
- Eine **Klasse von Zeichen**: z.B. `[ABC]` deckt eines der Zeichen `A`, `B` oder `C` ab.
- Eine **Klasse von Zeichen mit Abkürzungen**: z.B. deckt `[a-zA-Z]` alle Buchstaben ab (nicht Umlaute).
- Eine **Komplement-Klasse von Zeichen**: z.B. deckt `[^0-9]` alle Zeichen außer die Ziffern und das Neuezeilezeichen ab.

3. Operatoren, die reguläre Ausdrücke zu größeren zusammenzufassen

- **Konkatenation**: `AB` deckt `A` unmittelbar gefolgt von `B` ab.
- **null-oder-beliebig-viele**: `A*` deckt kein oder mehr `A` ab.
- **\runde Klammern**: \(`r`\) deckt gleiche Strings wie `r` ab.
- **Wiederholungen**[1]:

  (=*m*): *z*\{*m*\} deckt genau *m* Vorkommen von *z* ab.

  (>=*m*): *z*\{*m*,\} deckt mindestens *m* Vorkommen von *z* ab.

1. Im folgenden steht:
   z für reguläre Ausdrücke, die ein Zeichen abdecken.
   m und *n* für nichtnegative ganze Zahlen kleiner als 256.

(>=*m* und <=*n*): z\{*m*,*n*\} deckt eine beliebige Anzahl zwischen *m* und *n* Vorkommen von z ab.

- **n-ter Teilausdruck**: *n* deckt den gleichen String ab, wie ein im selben regulären Ausdruck zuvor angegebener **\\(*ausdruck*\\)**. *n* muss eine Ziffer sein und spezifiziert den *n*.ten \\(*ausdruck*\\); z.B. deckt **^\\(.*\\)\\1$** eine Zeile ab, die sich aus zwei gleichen Strings zusammensetzt.

Im folgenden werden die einzelnen Konstrukte genauer beschrieben.

Einfache Zeichen und Metazeichen

Ein regulärer Ausdruck, in dem nur Nicht-Metazeichen angegeben sind, repräsentiert genau diese Zeichen. Wenn die Sonderbedeutung eines Metazeichens ausgeschaltet werden soll, damit der reguläre Ausdruck das Zeichen selbst abdeckt, muss ein Backslash \ diesem Metazeichen vorangestellt werden; z.B. repräsentiert * das Zeichen *.

Die Aufrufe

```
(1)  sed -n '/o/p' staedte
(2)  sed -n '/o/,$p' staedte
(3)  sed -n '3,/o/p' staedte
(4)  sed -n '/o/,/b/p' staedte
```

bewirken folgende Ausgaben:

(1)

```
Dortmund
Koeln
```

(2)

```
Dortmund
Stuttgart
Koeln
Berlin
Hamburg
Nuernberg
Leipzig
Frankfurt
```

(3)

```
Dortmund
Stuttgart
Koeln
```

(4)

```
Dortmund
Stuttgart
```

```
Koeln
Berlin
Hamburg
```

Die Zeichen ^, $ und .(Punkt)

Die Zeichen ^ und $ stehen für den Anfang bzw. das Ende eines Strings. Der Punkt . steht für jedes beliebige einzelne Zeichen.

Beispiel

^H	deckt jede Zeile ab, die mit `H` beginnt.
H$	deckt jede Zeile ab, die mit `H` endet.
^H$	deckt eine Zeile ab, die nur das Zeichen `H` enthält.
^.$	deckt eine Zeile ab, die genau ein Zeichen enthält.
^$	deckt eine Leerzeile ab.
^...$	deckt eine Zeile ab, die genau 3 Zeichen enthält.
...	deckt 3 beliebige aufeinanderfolgende Zeichen ab.
^\.	deckt einen Punkt am Anfang einer Zeile ab.

Der Aufruf

```
sed -n '/g$/p' staedte
```

gibt alle Zeilen aus *staedte* aus, die als letztes Zeichen den Buchstaben `g` haben:

```
Hamburg
Nuernberg
Leipzig
```

Der Aufruf

```
sed -n '/r.$/p' staedte
```

gibt alle Zeilen aus *staedte* aus, die als vorletztes Zeichen den Buchstaben `r` haben:

```
Stuttgart
Hamburg
Nuernberg
Frankfurt
```

Klasse von Zeichen (mit und ohne Abkürzungen)

Zeichen können zu einer Zeichenklasse zusammengefaßt werden, indem sie mit [..] geklammert werden. Die in [..] angegebenen Zeichen decken genau ein Zeichen ab, wenn dieses in [..] angegeben ist.

Beispiel

[OLRAI] deckt eines der Zeichen `O`, `L`, `R`, `A` oder `I` ab.

```
sed -n '/b[ue]rg$/p' staedte
```

gibt alle Zeilen aus *staedte* aus, die mit »`burg`« oder »`berg`« enden:

```
Hamburg
Nuernberg
```

Wenn ein ganzer Zeichenbereich abgedeckt werden soll, so kann der Bindestrich verwendet werden, wobei das links davon stehende Zeichen die untere Grenze und das rechts davon stehende die obere Grenze festlegt.

Beispiel

[0-9]	deckt eine Ziffer ab.
[a-zA-Z][0-9]	deckt einen beliebigen Buchstaben[1] gefolgt von einer Ziffer ab.

```
sed -n '/^[B-K][o-z]/p' staedte
```

gibt alle Zeilen aus *staedte* aus, die mit einem der Buchstaben `B`, `C`, `D` bis `K` beginnen und als 2. Zeichen einen Buchstaben `o`, `p`, `q` bis `z` enthalten:

```
Bremen
Dortmund
Koeln
Frankfurt
```

Fehlt der linke oder rechte Operand zu einem Bindestrich, deckt er (Bindestrich) sich selbst ab und es handelt sich um keine Bereichsangabe.

Beispiel

[+-]	deckt ein + oder – ab.
[-+]	deckt ein + oder – ab.
[-A-Za-z_]	deckt alle Buchstaben[2] einschließlich Bindestrich und Unterstrich ab.

Komplement-Klasse von Zeichen

Eine Komplement-Klasse von Zeichen ist eine Zeichenklasse, in der als 1.Zeichen **^** angegeben ist. Eine solche Klasse deckt genau ein Zeichen ab, wenn dieses nicht in [^ ..] angegeben ist.

Beispiel

[^a-z]	deckt ein Zeichen ab, wenn dieses kein Kleinbuchstabe ist.
[^AEIOUaeiou]	deckt ein Zeichen ab, wenn dieses kein Vokal ist.
^[AEIOUaeiou]	deckt jede Zeile ab, die mit einem Vokal beginnt.
^[^AEIOUaeiou]$	deckt jede Zeile ab, die nur aus einem Zeichen besteht, das kein Vokal ist.

```
sed -n '/^[^B-K][^o-z]/p' staedte
```

gibt alle Zeilen aus *staedte* aus, die nicht mit einem Buchstaben `B`, `C`, `D` bis `K` beginnen und gleichzeitig als 2. Zeichen nicht einen Buchstaben `o`, `p`, `q` bis `z` enthalten:

```
Leipzig
```

1. keine Umlaute oder ß.
2. keine Umlaute oder ß.

Außer den Zeichen \, ^ (am Anfang) und – (zwischen 2 Zeichen) repräsentieren alle Zeichen innerhalb einer Zeichenklasse sich selbst.

[$]	deckt das Zeichen $ ab.
^[^^]	deckt außer ^ alle Zeichen am Anfang einer Zeile ab.

Konkatenation

Für die Konkatenation ist kein eigener Operator vorgesehen. Wenn r_1 und r_2 reguläre Ausdrücke sind, dann deckt r_1r_2[1] einen String der Form s_1s_2 ab, wobei r_1 den Teilstring s_1 und r_2 den Teilstring s_2 abdecken muss.

Beispiel

```
sed -n '/^.ue/p' staedte
```

gibt alle Zeilen aus *staedte* aus, die als 2. Zeichen den Buchstaben u gefolgt von e enthalten:

```
Muenchen
Nuernberg
```

null-oder-beliebig-viele

Wenn *r* ein regulärer Ausdruck ist, deckt *r** jeden String ab, der sich aus null-oder-beliebig-vielen aufeinanderfolgenden Teil-Strings zusammensetzt, die jeweils durch *r* abgedeckt sind

Beispiel

B*	deckt den Null-String, »B«, »BB«, »BBB« usw. ab.
AB*C	deckt die Strings »AC«, »ABC«, »ABBC«, »ABBBC« usw. ab.
ABB*C	deckt die Strings »ABC«, »ABBC«, »ABBBC« usw. ab.

\runde Klammern

Die runden Klammern mit vorangestelltem \ werden in regulären Ausdrücken verwendet um festzulegen, wie die einzelnen Komponenten zu gruppieren sind. Man verwendet sie, um die vorgegebenen Prioritätsregeln zu durchbrechen.

Beispiel

AB*C	deckt die Strings »AC«, »ABC«, »ABBC«, »ABBBC« usw. ab.
(\AB\)*C	deckt die Strings »C«, »ABC«, »ABABC«, »ABABABC« usw. ab.

Wiederholungen mit \{..\}

Im folgenden steht

- *z* für reguläre Ausdrücke, die ein Zeichen abdecken.
- *m* und *n* für nichtnegative ganze Zahlen kleiner als 256.

1. kein Leerzeichen zwischen r_1 und r_2.

1. genau *m* Wiederholungen: *z\{m\}*

```
sed -n '/^.\{7\}$/p' staedte
```

gibt alle Städte aus, deren Namen sich aus genau 7 Zeichen zusammensetzen:

```
Hamburg
Leipzig
```

2. mindestens *m* Wiederholungen: *z\{m,\}*

```
sed -n '/^.\{7,\}$/p' staedte
```

gibt alle Städte aus, deren Namen sich aus mindestens 7 Zeichen zusammensetzen:

```
Muenchen
Dortmund
Stuttgart
Hamburg
Nuernberg
Leipzig
Frankfurt
```

3. zwischen *m* und *n* Wiederholungen: *z\{m,n\}*

```
sed -n '/^.\{6,8\}$/p' staedte
```

gibt alle Städte aus, deren Namen sich aus 6, 7 oder 8 Zeichen zusammensetzen:

```
Muenchen
Bremen
Dortmund
Berlin
Hamburg
Leipzig
```

n-ter Teilausdruck

\n deckt den gleichen String ab wie ein im selben regulären Ausdruck zuvor angegebener *\(ausdruck\)*. *n* muss eine Ziffer sein und spezifiziert (von links gezählt) den *n*.ten *\(ausdruck\)*.

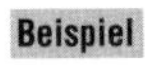


```
sed -n '/.*\(er\).*\1/p' staedte
```

gibt alle Städte aus, in denen die Zeichenkette »er« zumindest zweimal vorkommt:

```
Nuernberg
```

Eine Datei *n.sed* enthalte das folgende sed-Skript:

```
/^\([A-Z]\)\([a-z][a-z]*\)\2\1$/p
```

Der Aufruf

```
sed -n -f n.sed woerter
```

liefert folgende Ausgabe,

```
OttO
HuuH
HeroeroH
```

wenn die Datei *woerter* folgendes beinhaltet:

```
AmemA
AbendschaA
ZeppeZ
GuG
OttO
HuuI
HuuH
LalaL
WinteR
HeroeroH
```

3.2.2 Funktionen

In einer sed-Anweisung muss immer eine Funktion angegeben werden. Sie wird bis auf wenige Ausnahmen mit einem Groß- oder Kleinbuchstaben bezeichnet.

In der folgenden alphabetisch geordneten Kurzbeschreibung[1] aller Funktionen (siehe Tabelle 3.1) wird für jede einzelne Funktion zuerst in Klammern die maximale Anzahl von erlaubten Adressen angegeben; werden mehr Adressen bei Verwendung der Funktion angegeben, resultiert dies in einem Fehler.

Zu jeder Funktion wird auch eine Klassifizierung angegeben:

Kürzel	*Kategorie*
zo	zeilenorientierte Funktion
ers	Ersetzungsfunktion
ea	Ein-/Ausgabefunktion
mzo	mehrzeilenorientierte Funktion
zsp	Zwischenspeicherungsfunktion
as	Funktion für die Ablaufsteuerung
s	sonstige Funktionen

1. Die mit [..] geklammerten Teile sind optional.

	Funktion	Bedeutung	Kategorie
(1)	`a\` *text*	(***a**ppend lines*) Der *text* wird nach der aktuellen Eingabezeile auf die Standardausgabe geschrieben. Besteht der *text* aus mehreren Zeilen, muss das Fortsetzungszeichen \ am Zeilenende vor Return angegeben werden.	(zo)
(2)	`b` [*marke*]	(***b**ranch to label*) Es wird zu der *marke* (in der Form :*marke* angegeben) des sed-Skripts gesprungen und dort die Abarbeitung des Skripts fortgesetzt. Fehlt die Angabe der Marke, so wird an das Skriptende gesprungen, was bewirkt, dass eine neue Eingabezeile gelesen und das sed-Skript von Beginn an mit dieser neuen Eingabezeile wieder ausgeführt wird.	(as)
(2)	`c\` *text*	(***c**hange lines*) Der Inhalt des Eingabepuffers wird durch *text* ersetzt. Besteht der *text* aus mehreren Zeilen, muss das Fortsetzungszeichen \ am Zeilenende vor Return angegeben werden.	(zo)
(2)	`d`	(***d**elete lines*) Der Inhalt des Eingabepuffers wird gelöscht (nicht ausgegeben), und das sed-Skript wird sofort wieder von Beginn an mit dem Lesen einer neuen Eingabezeile gestartet.	(zo)
(2)	`D`	(***D**elete first part of pattern space*) Der erste Teil des Eingabepuffers (bis zum ersten Zeilenende) wird gelöscht (nicht ausgegeben), und das sed-Skript wird sofort wieder von Beginn an mit dem restlichen Eingabepuffer gestartet. *pattern space* ist der Eingabepuffer.	(mzo)
(2)	`g`	(***g**et contents of hold area*) Der Inhalt des Eingabepuffers wird durch den Inhalt des Haltepuffers (*hold area*) überschrieben.	(zsp)
(2)	`G`	(***G**et contents of hold area*) Der Inhalt des Haltepuffers wird am Ende des Eingabepuffers (mit Neuezeilezeichen getrennt) angehängt.	(zsp)
(2)	`h`	(***h**old pattern space*) Der Inhalt des Haltepuffers wird durch den Inhalt des Eingabepuffers überschrieben.	(zsp)
(2)	`H`	(***H**old pattern space*) Der Inhalt des Eingabepuffers wird am Ende des Haltepuffers (mit Neuezeilezeichen getrennt) angehängt.	(zsp)
(1)	`i\` *text*	(***i**nsert lines*) Der *text* wird vor der aktuellen Eingabezeile auf die Standardausgabe geschrieben. Besteht der *text* aus mehreren Zeilen, muss das Fortsetzungszeichen \ am Zeilenende vor Return angegeben werden.	(zo)

Tabelle 3.1: sed-Funktionen im Überblick

	Funktion	Bedeutung	Kategorie
(2)	l	(*list pattern space on the standard output*) Der Inhalt des Eingabepuffers wird auf die Standardausgabe geschrieben, wobei nicht druckbare Zeichen durch ihren ASCII-Wert (2-Ziffer) und überlange Zeilen als mehrere einzelne Zeilen ausgegeben werden.	(ea)
(2)	n	(*next line*) Der Eingabepuffer wird auf die Standardausgabe ausgegeben und dann die nächste Eingabezeile in den Eingabepuffer gelesen.	(zo)
(2)	N	(*Next line*) Die nächste Eingabezeile wird an den Eingabepuffer (mit Neuezeilezeichen getrennt) angehängt; die aktuelle Zeilennummer wird hierbei weitergezählt.	(mzo)
(2)	p	(*print*) Der Eingabepuffer wird auf die Standardausgabe ausgegeben.	(ea)
(2)	P	(*Print first part of the pattern space*) Der erste Teil des Eingabepuffers (bis einschließlich ersten Neuezeilezeichen) wird auf die Standardausgabe ausgegeben.	(mzo)
(1)	q	(*quit*) Nach Ausgabe des Eingabepuffers (nicht bei Option -n) wird zum Skriptende gesprungen und die Skriptausführung beendet.	(s)
(2)	r *datei*	(*read the contents of a file*) Es wird die Datei *datei* gelesen und ihr Inhalt auf die Standardausgabe ausgegeben, bevor die nächste Eingabezeile gelesen wird. Zwischen r und *datei* muss genau ein Leerzeichen sein.	(ea)
(2)	s/*regulärer Ausdruck*/*text*/[*flags*][1]	(*substitute*) Im Eingabepuffer werden die Textstücke, die durch den *regulären Ausdruck* abgedeckt sind, durch den String *text* ersetzt. Anstelle des Trennzeichens / kann jedes beliebige Zeichen verwendet werden. *flags* legt fest, wie der Ersetzungsprozeß durchgeführt werden soll. Als *flags* kann folgendes angegeben werden: *n* (*number*) Es wird nur das *n*-te Teilstück ersetzt; *n* muss eine natürliche Zahl zwischen 1 und 512 sein. g (*global*) Es werden alle (nicht nur das erste) passenden Textstücke, die sich nicht überlappen, ersetzt. p (*print the pattern space if a replacement was made*) Falls eine Ersetzung stattfand, wird der veränderte Eingabepuffer ausgegeben. w *datei* (*write the pattern space to a file if a replacement was made*) Falls eine Ersetzung stattfand, wird der veränderte Eingabepuffer ans Ende der Datei *datei* geschrieben.	(ers)

Tabelle 3.1: sed-Funktionen im Überblick

	Funktion	Bedeutung	Kategorie
		Fehlt die Angabe von *flags*, wird nur das erste passende Textstück des Eingabepuffers ersetzt. Es dürfen mehrere der vorgestellten *flags*-Angaben gleichzeitig verwendet werden, wobei `g` (falls verwendet) an erster Stelle stehen muss.	
(2)	`t` [*marke*]	(*test substitutions*) Falls seit dem letzten Lesen einer Eingabezeile oder der Ausführung einer `t`-Funktion eine Ersetzung stattfand, wird zu der *marke* (in der Form *:marke* angegeben) des sed-Skripts gesprungen und dort die Abarbeitung des Skripts fortgesetzt; im anderen Fall hat die Angabe dieser Funktion keine Auswirkung. Fehlt die Angabe der Marke, wird an das Ende des Skripts gesprungen. Zwischen `w` und *datei* muss genau ein Leerzeichen sein.	(as)
(2)	`w` *datei*	(*write to a file*) Es wird der Eingabepuffer an das Ende der Datei *datei* geschrieben. Zwischen `w` und *dateiname* muss genau ein Leerzeichen sein.	(ea)
(2)	`x`	(*exchange*) Der Inhalt des Eingabepuffers wird mit dem Inhalt des Haltepuffers vertauscht.	(zsp)
(2)	`y`/*string1*/*string2*/	Im Eingabepuffer werden alle Zeichen, die in *string1* vorkommen, durch die an gleicher Position in *string2* stehenden Zeichen ersetzt. *string1* und *string2* müssen gleich lang sein.	(ers)
(2)	`!` *funktion*	Die angegebene *funktion* (oder Gruppe von Funktionen bei Klammerung mit { }) wird nur für jene Zeilen ausgeführt, für die die angegebene Adreßangabe nicht zutrifft.	(as)
(0)	`:` *marke*	Definiert eine Sprungmarke für die Funktionen `b` und `t`.	(as)
(1)	`=`	Schreibt die aktuelle Zeilennummer als eigene Zeile auf die Standardausgabe.	(s)
(2)	`{ .. }`	Klammert eine Gruppe von Funktionen, die nur ausgeführt werden, wenn der Eingabepuffer gefüllt ist.	(as)
(0)	`#`	Dieses Zeichen leitet – wenn es als erstes Zeichen in einer Zeile angegeben wird, einen Kommentar ein. Die einzige Ausnahme ist, wenn direkt nach `#` das Zeichen '`n`' angegeben wird; in diesem Fall wird die automatische Ausgabe – wie bei der Kommandozeilen-option `-n` – ausgeschaltet. Der Rest der Zeile nach `#n` wird ebenfalls ignoriert. Eine Skript-Datei muss mindestens eine Nicht-Kommentarzeile enthalten.	(s)
(0)		Eine leere Funktion wird ignoriert.	(s)

Tabelle 3.1: sed-Funktionen im Überblick

1. Die mit [] geklammerten Teile sind optional.

Im folgenden werden die einzelnen Funktionen ausführlich beschrieben, wobei in Klammern die Anzahl der maximal erlaubten Adressen angegeben ist. Die Kurzbeschreibung ist jeweils als Vorspann angegeben.

Zeilenorientierte Funktionen

Diese Editierfunktionen erlauben, einen Text hinter einer Zeile anzufügen – Funktion **a** (*append*) – oder vor einer Zeile einzufügen – Funktion **i** (*insert*) –, sowie eine oder mehrere Zeilen durch einen Text zu ersetzen – Funktion **c** (*change*). Ebenso bietet diese Gruppe eine Funktion zum Löschen des Eingabepuffers – Funktion **d** (*delete*) – und eine Funktion, die nach der Ausgabe des Eingabepuffers die nächste Eingabezeile in den Eingabepuffer liest – Funktion **n** (*next*) – an.

Die Datei mit dem Namen *buch*:

```
1. Kapitel
An dieser Datei wird gezeigt, wie die
Funktionen a, i, c, d und n wirken.
1.1 Unterkapitel 1
Ueberschriften werden an den Zahlen am
Anfang der Zeile erkannt
2. Ende
Hoffentlich verdeutlichen die
Beispiele die Funktionsweise der
Funktionen a, i, c, d und n.
```

wird in allen Beispielen zu den zeilenorientierten Funktionen verwendet werden.

---

a **(1)**
text

(append lines) text wird nach der aktuellen Eingabezeile auf die Standardausgabe geschrieben

---

Der Text *text* muss in einer neuen Zeile beginnen, wobei das voranstehende Neuezeilezeichen durch \ ausgeschaltet werden muss. *text* kann aus beliebig vielen Zeilen bestehen. Das Zeilenendezeichen muss dann in jeder Zeile – außer in der letzten – mit einem abschließenden \ ausgeschaltet werden. Eventuell nachfolgende Editier-Anweisungen haben keinerlei Auswirkungen auf *text;* auch wird der aktuelle Zeilenzähler durch diese Funktion niemals weitergezählt.

Beispiel Eine sed-Skriptdatei *a1.sed* habe folgenden Inhalt:

```
/^[1-9][1-9]*\.[^1-9]/a\
==========\

/^[1-9][1-9]*\.[1-9]/a\
------------------
```

Der Aufruf

```
sed -f a1.sed buch
```

führt zu folgender Ausgabe:

```
1. Kapitel
==========

An dieser Datei wird gezeigt, wie die
Funktionen a, i, c, d und n wirken.
1.1 Unterkapitel 1
------------------
Ueberschriften werden an den Zahlen am
Anfang der Zeile erkannt
2. Ende
==========

Hoffentlich verdeutlichen die
Beispiele die Funktionsweise der
Funktionen a, i, c, d und n.
```

Wenn in *text* Zeilen enthalten sind, die führende Leerzeichen oder Tabulatorzeichen enthalten, werden diese – wie bei allen sed-Kommandos – nicht berücksichtigt. Um nun die Ausgabe von führenden Leer- oder Tabulatorzeichen zu erzwingen, muss diesen ein \ vorangestellt werden.

Beispiel Ein sed-Skriptdatei *a2.sed* habe folgenden Inhalt:

```
/^[1-9][1-9]*\.[^1-9]/a\
\ ==========\

/^[1-9][1-9]*\.[1-9]/a\
\ ------------------
```

Der Aufruf

```
sed -f a2.sed buch
```

führt zu folgender Ausgabe:

```
1. Kapitel
 ==========

An dieser Datei wird gezeigt, wie die
Funktionen a, i, c, d und n wirken.
1.1 Unterkapitel 1
 ------------------
Ueberschriften werden an den Zahlen am
Anfang der Zeile erkannt
2. Ende
 ==========
```

```
Hoffentlich verdeutlichen die
Beispiele die Funktionsweise der
Funktionen a, i, c, d und n.
```

i **(1)**
text

(insert lines) text wird vor der aktuellen Eingabezeile auf die Standardausgabe geschrieben

Wie bei der Funktion **a** muss *text* in einer neuen Zeile beginnen, wobei das voranstehende Neuezeilezeichen durch \ ausgeschaltet werden muss. *text* kann wieder aus beliebig vielen Zeilen bestehen. Das Zeilenendezeichen muss dann in jeder Zeile – außer in der letzten – mit einem abschließenden \ ausgeschaltet werden. Eventuell nachfolgende Editieranweisungen haben auch hier keinerlei Auswirkungen auf *text;* der aktuelle Zeilenzähler wird auch durch diese Funktion niemals weitergezählt.

Beispiel Ein sed-Skriptdatei *i.sed* habe folgenden Inhalt:

```
/^[1-9][1-9]*\.[^1-9]/i\
-\
-\
==========
/^[1-9][1-9]*\.[^1-9]/a\
==========\
-
/^[1-9][1-9]*\.[1-9]/i\
\
------------------
/^[1-9][1-9]*\.[1-9]/a\
------------------\
-
```

Der Aufruf

```
sed -f i.sed buch
```

führt zu folgender Ausgabe:

```
-
-
==========
1. Kapitel
==========
-
An dieser Datei wird gezeigt, wie die
Funktionen a, i, c, d und n wirken.

------------------
1.1 Unterkapitel 1
```

```
------------------
-
Ueberschriften werden an den Zahlen am
Anfang der Zeile erkannt
-
-
==========
2. Ende
==========
-
Hoffentlich verdeutlichen die
Beispiele die Funktionsweise der
Funktionen a, i, c, d und n.
```

Wenn im *text* Zeilen enthalten sind, die führende Leerzeichen oder Tabulatorzeichen enthalten, werden diese – wie bei allen sed-Kommandos – nicht berücksichtigt. Um die Ausgabe von führenden Leer- oder Tabulatorzeichen zu erzwingen, muss diesen ein \ vorangestellt werden.

---

c **(2)**
text

(change lines) Der Inhalt des Eingabepuffers wird durch *text* ersetzt

---

Der ersetzte Eingabepuffer wird auf die Standardausgabe geschrieben und das sed-Skript wird sofort mit einer neuen Eingabezeile von Beginn an wieder ausgeführt.

Wie bei den Funktionen **a** und **i** muss *text* in einer neuen Zeile beginnen, wobei das voranstehende Neuezeilezeichen durch \ ausgeschaltet werden muss. *text* kann auch wieder aus beliebig vielen Zeilen bestehen. Das Zeilenendezeichen muss dann in jeder Zeile – außer in der letzten – mit einem abschließenden \ ausgeschaltet werden. Eventuell nachfolgende Editier-Anweisungen haben auch hier keinerlei Auswirkungen auf *text;* der aktuelle Zeilenzähler wird auch durch diese Funktion niemals weitergezählt. Im Unterschied zu **a** und **i** sind bei dieser Funktion zwei Adressen erlaubt.

Beispiel Ein sed-Skriptdatei *c1.sed* habe folgenden Inhalt:

```
/^[1-9][1-9]*\.[^1-9]/c\
==========\
==========\

/^[1-9][1-9]*\.[1-9]/c\
------------------
```

Der Aufruf

```
sed -f c1.sed buch
```

führt dann zu folgender Ausgabe:

```
==========
==========

An dieser Datei wird gezeigt, wie die
Funktionen a, i, c, d und n wirken.
------------------
Ueberschriften werden an den Zahlen am
Anfang der Zeile erkannt
==========
==========

Hoffentlich verdeutlichen die
Beispiele die Funktionsweise der
Funktionen a, i, c, d und n.
```

dass nach der Ausgabe des geänderten Eingabepuffers sofort wieder das Skript von Beginn an mit einer neuen Eingabezeile ausgeführt wird, kann am sed-Skript in der Datei *c2.sed* nachvollzogen werden:

```
/^[1-9][1-9]*\.[1-9]/,/^[1-9][1-9]*\.[^1-9]/c\
 \
Kapitelvorspann muss neu geschrieben werden\

a\
----
```

Der Aufruf

```
sed -f c2.sed buch
```

führt zu folgenderAusgabe:

```
1. Kapitel
----
An dieser Datei wird gezeigt, wie die
----
Funktionen a, i, c, d und n wirken.
----

Kapitelvorspann muss neu geschrieben werden

Hoffentlich verdeutlichen die
----
Beispiele die Funktionsweise der
----
Funktionen a, i, c, d und n.
----
```

Wenn ein Text zuvor mit einer der Funktionen **a** oder **r**[1] nach der aktuellen Eingabezeile ausgegeben wurde und die aktuelle Eingabezeile später mit der Funktion **c** geändert wurde, wird der geänderte Text des Eingabepuffers vor dem Text der Funktionen **a** oder **r** ausgegeben.

Ein sed-Skriptdatei *c3.sed* habe folgenden Inhalt:

```
/^[1-9][1-9]*\.[^1-9]/a\
==========\
==========\

/^[1-9][1-9]*\.[^1-9]/c\
-\
-Kapitelueberschrift\
-
```

Der Aufruf

```
sed -f c3.sed buch
```

führt zu folgender Ausgabe:

```
-
-Kapitelueberschrift
-
==========
==========

An dieser Datei wird gezeigt, wie die
Funktionen a, i, c, d und n wirken.
1.1 Unterkapitel 1
Ueberschriften werden an den Zahlen am
Anfang der Zeile erkannt
-
-Kapitelueberschrift
-
==========
==========

Hoffentlich verdeutlichen die
Beispiele die Funktionsweise der
Funktionen a, i, c, d und n.
```

Wenn in *text* Zeilen enthalten sind, die führende Leerzeichen oder Tabulatorzeichen enthalten, werden diese – wie bei allen sed-Kommandos – nicht berücksichtigt. Um die Ausgabe von führenden Leer- oder Tabulatorzeichen zu erzwingen, muss diesen ein \ vorangestellt werden.

1. wird später bei den Ein-/Ausgabefunktionen beschrieben.

d **(2)**

(delete lines) Eingabepuffer wird gelöscht und sed-Skript mit neuer Eingabezeile von Beginn an ausgeführt

Der Inhalt des Eingabepuffers wird gelöscht (nicht ausgegeben) und das sed-Skript wird sofort wieder von Beginn an mit dem Lesen einer neuen Eingabezeile gestartet.

Beispiel Der Aufruf

```
sed -e '1,7d' buch
```

bewirkt folgende Ausgabe:

```
Hoffentlich verdeutlichen die
Beispiele die Funktionsweise der
Funktionen a, i, c, d und n.
```

Der Aufruf

```
sed '5,$d' buch
```

bewirkt folgende Ausgabe:

```
1. Kapitel
An dieser Datei wird gezeigt, wie die
Funktionen a, i, c, d und n wirken.
1.1 Unterkapitel 1
```

Der Aufruf

```
sed '3d' buch
```

bewirkt folgende Ausgabe:

```
1. Kapitel
An dieser Datei wird gezeigt, wie die
1.1 Unterkapitel 1
Ueberschriften werden an den Zahlen am
Anfang der Zeile erkannt
2. Ende
Hoffentlich verdeutlichen die
Beispiele die Funktionsweise der
Funktionen a, i, c, d und n.
```

Der Aufruf

```
sed '/^[1-9][0-9]*\.[^1-9]/d' buch
```

bewirkt folgende Ausgabe:

```
An dieser Datei wird gezeigt, wie die
Funktionen a, i, c, d und n wirken.
1.1 Unterkapitel 1
Ueberschriften werden an den Zahlen am
Anfang der Zeile erkannt
Hoffentlich verdeutlichen die
Beispiele die Funktionsweise der
Funktionen a, i, c, d und n.
```

Der Aufruf

```
sed -e '/er/d' buch
```

bewirkt folgende Ausgabe:

```
1. Kapitel
Funktionen a, i, c, d und n wirken.
2. Ende
Funktionen a, i, c, d und n.
```

Der Aufruf

```
sed '/Kapitel/,/Ende/d' buch
```

bewirkt folgende Ausgabe:

```
Hoffentlich verdeutlichen die
Beispiele die Funktionsweise der
Funktionen a, i, c, d und n.
```

Der Aufruf

```
sed -e '2,/ie/d' buch
```

bewirkt folgende Ausgabe:

```
1. Kapitel
Beispiele die Funktionsweise der
Funktionen a, i, c, d und n.
```

Das sed-Skript in der Datei *d.sed*:

```
/^[^1-9]/d
a\
----
```

zeigt, dass nach dem Löschen des Eingabepuffers das sed-Skript sofort wieder mit der nächsten Eingabezeile von Beginn an ausgeführt wird. Die Ausgabe für den Aufruf

```
sed -f d.sed buch
```

sieht wie folgt aus:

```
1. Kapitel
----
1.1 Unterkapitel 1
----
2. Ende
----
```

An dieser Ausgabe wird ersichtlich, dass alle Eingabezeilen, die nicht mit einer der Ziffern 1 bis 9 beginnen, nicht nur nicht ausgegeben werden, sondern dass für diese Zeilen auch die nachfolgende Funktion **a** nicht mehr ausgeführt wird.

---

n **(2)**

(*next line*) Eingabepuffer wird ausgegeben und nächste Eingabezeile in Eingabepuffer gelesen

---

Der Eingabepuffer wird auf die Standardausgabe ausgegeben und die nächste Eingabezeile in den Eingabepuffer gelesen.

Im Unterschied zur Funktion **d** wird jedoch nicht das sed-Skript neu gestartet, sondern die Ausführung an der entsprechenden Skriptstelle mit der neuen Eingabezeile fortgesetzt.

Beispiel Eine Datei *n2.sed* enthalte das folgende sed-Skript

```
/^[^1-9]/n
a\
----
```

Der Aufruf

```
sed -f n2.sed buch
```

liefert folgende Ausgabe:

```
1. Kapitel
----
An dieser Datei wird gezeigt, wie die
Funktionen a, i, c, d und n wirken.
----
1.1 Unterkapitel 1
----
Ueberschriften werden an den Zahlen am
Anfang der Zeile erkannt
----
2. Ende
----
Hoffentlich verdeutlichen die
Beispiele die Funktionsweise der
----
Funktionen a, i, c, d und n.
```

Eine Datei *n3.sed* enthalte das folgende sed-Skript

```
/^[^1-9]/n
a\
----
d
```

Der Aufruf

```
sed -f n3.sed buch
```

führt zu folgender Ausgabe:

```
----
An dieser Datei wird gezeigt, wie die
----
----
Ueberschriften werden an den Zahlen am
----
----
Hoffentlich verdeutlichen die
----
Funktionen a, i, c, d und n.
```

Die gleiche Ausgabe erreicht man mit den beiden folgenden sed-Skripts *n31.sed* und *n32.sed*:

Skript n31.sed:

```
/^[^1-9]/n
i\
----
d
```

Skript n32.sed:

```
/^[^1-9]/n
c\
----
d
```

Ersetzungsfunktionen

Die Datei mit Namen *buch2*:

```
1. Kapitel
An dieser Datei wird gezeigt, wie die
Ersetzungsfunktionen s und y wirken.
1.1 Unterkapitel 1: Funktion s
Die Funktion s ersetzt durch regulaere Ausdruecke
beschriebene Textstuecke im Eingabepuffer
1.2 Unterkapitel 2: Funktion y
```

```
Die Funktion y erlaubt die Ersetzung von Zeichen
aus einem String1 durch die Zeichen aus String2.
Bei dieser Funktion muessen die beiden Strings gleich lang sein.
```

wird hier in vielen Beispielen zu den Ersetzungsfunktionen verwendet.

s / *regulärer Ausdruck/text/[flags]* *(2)*
(substitute) Textstücke im Eingabepuffer werden durch neue ersetzt

Im Eingabepuffer werden die Textstücke, die durch den *regulären Ausdruck* abgedeckt sind, durch den String *text* ersetzt. Anstelle des Trennzeichens **/** kann jedes beliebige Zeichen verwendet werden. *flags* legt fest, wie der Ersetzungsprozeß durchgeführt werden soll; als *flags* kann folgendes angegeben werden:

n Es wird nur das *n*-te Teilstück ersetzt; *n* muss eine natürliche Zahl zwischen 1 und 512 sein.

g (*global*) Es werden alle (nicht nur das erste) passenden Textstücke, die sich nicht überlappen, ersetzt.

p (*print the pattern space if a replacement was made*) Falls eine Ersetzung stattfand, wird der veränderte Eingabepuffer ausgegeben.

w *datei* (*write the pattern space to a file if a replacement was made*) Falls eine Ersetzung stattfand, wird der veränderte Eingabepuffer ans Ende der Datei *datei* geschrieben.

Fehlt die Angabe von *flags*, wird nur das erste passende Textstück des Eingabepuffers ersetzt. Es dürfen mehrere der vorgestellten *flags*-Angaben gleichzeitig verwendet werden, wobei dann **g** (falls verwendet) an erster Stelle stehen muss.

s ist wohl eine der wichtigsten und mächtigsten sed-Funktionen. Bei **w** *datei* muss genau ein Leerzeichen zwischen **w** und *datei* angegeben werden, und nach *datei* darf nichts weiteres stehen. Die Datei *datei* wird angelegt, bevor mit der eigentlichen Bearbeitung des sed-Skripts begonnen wird[1]; falls diese Datei bereits existiert, wird ihr alter Inhalt gelöscht.

Anstelle des Trennzeichens **/** kann jedes beliebige Zeichen – außer einem Leerzeichen oder einem Neuzeile-Zeichen – angegeben werden; dieses Zeichen darf aber weder im angegebenen *regulären Ausdruck* noch im *text* vorkommen.

Beispiel Der Aufruf

```
sed -e 's/i[eo]/--/' buch2
```

und der Aufruf

```
sed -e 's+i[eo]+--+' buch2
```

bewirken beide die folgende Ausgabe:

1. Es dürfen maximal 10 Dateien aus einem sed-Skript heraus angelegt werden.

```
1. Kapitel
An d--ser Datei wird gezeigt, wie die
Ersetzungsfunkt--nen s und y wirken.
1.1 Unterkapitel 1: Funkt--n s
D-- Funktion s ersetzt durch regulaere Ausdruecke
beschr--bene Textstuecke im Eingabepuffer
1.2 Unterkapitel 2: Funkt--n y
D-- Funktion y erlaubt die Ersetzung von Zeichen
aus einem String1 durch d-- Zeichen aus String2.
Bei d--ser Funktion muessen die beiden Strings gleich lang sein.
```

Der Aufruf

```
sed '3,$s/i[eo]/--/' buch2
```

und der Aufruf

```
sed '3,$sxi[eo]x--x' buch2
```

bewirken beide die folgende Ausgabe:

```
1. Kapitel
An dieser Datei wird gezeigt, wie die
Ersetzungsfunkt--nen s und y wirken.
1.1 Unterkapitel 1: Funkt--n s
D-- Funktion s ersetzt durch regulaere Ausdruecke
beschr--bene Textstuecke im Eingabepuffer
1.2 Unterkapitel 2: Funkt--n y
D-- Funktion y erlaubt die Ersetzung von Zeichen
aus einem String1 durch d-- Zeichen aus String2.
Bei d--ser Funktion muessen die beiden Strings gleich lang sein.
```

Der Aufruf

```
sed 's/i[eo]/--/2' buch2
```

und der Aufruf

```
sed 's#i[eo]#--#2' buch2
```

bewirken beide die folgende Ausgabe:

```
1. Kapitel
An dieser Datei wird gezeigt, w-- die
Ersetzungsfunktionen s und y wirken.
1.1 Unterkapitel 1: Funktion s
Die Funkt--n s ersetzt durch regulaere Ausdruecke
beschriebene Textstuecke im Eingabepuffer
1.2 Unterkapitel 2: Funktion y
Die Funkt--n y erlaubt die Ersetzung von Zeichen
aus einem String1 durch die Zeichen aus String2.
Bei dieser Funkt--n muessen die beiden Strings gleich lang sein.
```

Der Aufruf

```
sed 's/i[eo]/--/g' buch2
```

und der Aufruf

```
sed 's=i[eo]=--=g' buch2
```

bewirken beide die folgende Ausgabe:

```
1. Kapitel
An d--ser Datei wird gezeigt, w-- d--
Ersetzungsfunkt--nen s und y wirken.
1.1 Unterkapitel 1: Funkt--n s
D-- Funkt--n s ersetzt durch regulaere Ausdruecke
beschr--bene Textstuecke im Eingabepuffer
1.2 Unterkapitel 2: Funkt--n y
D-- Funkt--n y erlaubt d-- Ersetzung von Zeichen
aus einem String1 durch d-- Zeichen aus String2.
Bei d--ser Funkt--n muessen d-- beiden Strings gleich lang sein.
```

Der Aufruf

```
sed 's/ei/--/p' buch2
```

und der Aufruf

```
sed 'saeia--ap' buch2
```

bewirken beide die folgende Ausgabe:

```
1. Kapitel
An dieser Dat-- wird gezeigt, wie die
An dieser Dat-- wird gezeigt, wie die
Ersetzungsfunktionen s und y wirken.
1.1 Unterkapitel 1: Funktion s
Die Funktion s ersetzt durch regulaere Ausdruecke
beschriebene Textstuecke im Eingabepuffer
1.2 Unterkapitel 2: Funktion y
Die Funktion y erlaubt die Ersetzung von Z--chen
Die Funktion y erlaubt die Ersetzung von Z--chen
aus --nem String1 durch die Zeichen aus String2.
aus --nem String1 durch die Zeichen aus String2.
B-- dieser Funktion muessen die beiden Strings gleich lang sein.
B-- dieser Funktion muessen die beiden Strings gleich lang sein.
```

Der Aufruf

```
sed -n 's/ei/--/p' buch2
```

und der Aufruf

```
sed -n 's_ei_--_p' buch2
```

bewirken beide die folgende Ausgabe:

```
An dieser Dat-- wird gezeigt, wie die
Die Funktion y erlaubt die Ersetzung von Z--chen
aus --nem String1 durch die Zeichen aus String2.
B-- dieser Funktion muessen die beiden Strings gleich lang sein.
```

Der Aufruf

```
sed '1,3s/i[eo]/--/w strich2' buch2
```

und der Aufruf

```
sed '1,3s<i[eo]<--<w strich2' buch2
```

bewirken beide die folgende Ausgabe:

```
1. Kapitel
An d--ser Datei wird gezeigt, wie die
Ersetzungsfunkt--nen s und y wirken.
1.1 Unterkapitel 1: Funktion s
Die Funktion s ersetzt durch regulaere Ausdruecke
beschriebene Textstuecke im Eingabepuffer
1.2 Unterkapitel 2: Funktion y
Die Funktion y erlaubt die Ersetzung von Zeichen
aus einem String1 durch die Zeichen aus String2.
Bei dieser Funktion muessen die beiden Strings gleich lang sein.
```

Die Datei *strich2* hat dann folgenden Inhalt:

```
An d--ser Datei wird gezeigt, wie die
Ersetzungsfunkt--nen s und y wirken.
```

Der Aufruf

```
sed 's/[Kk]apitel//' buch2
```

und der Aufruf

```
sed 's|[Kk]apitel||' buch2
```

bewirken beide die folgende Ausgabe:

```
1.
An dieser Datei wird gezeigt, wie die
Ersetzungsfunktionen s und y wirken.
1.1 Unter 1: Funktion s
Die Funktion s ersetzt durch regulaere Ausdruecke
beschriebene Textstuecke im Eingabepuffer
1.2 Unter 2: Funktion y
Die Funktion y erlaubt die Ersetzung von Zeichen
aus einem String1 durch die Zeichen aus String2.
Bei dieser Funktion muessen die beiden Strings gleich lang sein.
```

Der Aufruf

```
sed '/[ \.]2/s/2/zwei/gw zahlwort' buch2  >datei1
```

und der Aufruf

```
sed '/[ \.]2/s@2@zwei@gw zahlwort' buch2  >datei1
```

bewirken beide keine Ausgabe. Die Datei *datei1* hat nach beiden dieser Aufrufe folgenden Inhalt:

```
1. Kapitel
An dieser Datei wird gezeigt, wie die
Ersetzungsfunktionen s und y wirken.
1.1 Unterkapitel 1: Funktion s
Die Funktion s ersetzt durch regulaere Ausdruecke
beschriebene Textstuecke im Eingabepuffer
1.zwei Unterkapitel zwei: Funktion y
Die Funktion y erlaubt die Ersetzung von Zeichen
aus einem String1 durch die Zeichen aus String2.
Bei dieser Funktion muessen die beiden Strings gleich lang sein.
```

Die Datei *zahlwort* hat den folgenden Inhalt:

```
1.zwei Unterkapitel zwei: Funktion y
```

Es ist anzumerken, dass bei der Angabe von mehreren **s** Funktionen mit einem Flag **p** der gleiche unterschiedlich veränderte Eingabepuffer mehrmals ausgegeben wird. Diese Eigenschaft läßt sich sehr gut für Testzwecke nützen, wie das folgende Beispiel zeigt:

Es ist ein sed-Skript zu erstellen, das aus der Datei `/etc/passwd`, die z.B. folgenden Inhalt hat[1]:

```
root:jhsdhj:0:2:Super-User:/:/bin/sh
hh:jhdhjh:14:3:Helmut Horten:/home/hh:/bin/sh
fm:jhsduzizfduh:127:3:Fritz Meier:/user2/fm:/bin/sh
mike:hgjdhjfhjfh:63:6:Michael Kermer:/home/mike:/bin/sh
```

den Login-Namen, den wirklichen Namen (Kommentar-Feld) und das home directory herausfiltert. Um nun die einzelnen Ersetzungsschritte von sed mitverfolgen zu können, bietet sich das ständige Ausgeben des Eingabepuffers an. Während der Testphase soll das sed-Skript nur auf eine Zeile (Zeile 3) angewendet werden, um eine zu umfangreiche Ausgabe zu vermeiden. Das zugehörige sed-Skript befindet sich in der Datei *sp.sed*:

```
3s/[^:]*://2p
3s/[^:]*://2p
```

1. Seit System V.4 befindet sich das verschlüsselte Paßwort nicht mehr in `/etc/passwd`, sondern in der für normale Benutzer nicht lesbaren Datei `/etc/shadow`

```
3s/[^:]*://2p
3s/:/ (Login) --- /p
3s/:/ (Name) --- /p
3s/:/ (HOME-Directory)/p
```

Der Aufruf

```
sed -n -f sp.sed /etc/passwd
```

liefert folgende Ausgabe:

```
fm:127:3:Fritz Meier:/user2/fm:/bin/sh
fm:3:Fritz Meier:/user2/fm:/bin/sh
fm:Fritz Meier:/user2/fm:/bin/sh
fm (Login) --- Fritz Meier:/user2/fm:/bin/sh
fm (Login) --- Fritz Meier (Name) --- /user2/fm:/bin/sh
fm (Login) --- Fritz Meier (Name) --- /user2/fm (HOME-Directory)
```

Nachdem dieses Skript fehlerfrei arbeitet, müssen nur noch die Adreßangaben (Zeilennummer 3) und die **p** Flags entfernt werden, so dass hieraus das folgende Skript resultiert:

```
s/[^:]*://2
s/[^:]*://2
s/[^:]*://2
s/:/ (Login) --- /
s/:/ (Name) --- /
s/:/ (HOME-Directory)/
```

Der Aufruf

```
sed -f sp.sed /etc/passwd
```
[1]

liefert die folgende Ausgabe:

```
root (Login) --- Super-User (Name) --- / (HOME-Directory)
hh (Login) --- Helmut Horten (Name) --- /home/hh (HOME-Directory)
fm (Login) --- Fritz Meier (Name) --- /user2/fm (HOME-Directory)
mike (Login) --- Michael Kermer (Name) --- /home/mike (HOME-Directory)
```

Wie beim Flag **p** bewirkt die Angabe von mehreren **s** Funktionen mit einem Flag **w** *datei* im gleichen sed-Skript die mehrmalige Ausgabe des gleichen unterschiedlich veränderten Eingabepuffers.

Auch kann die ***n***-Konstruktion[2] (*n*-ter Teilausdruck) im regulären Ausdruck einer **s** Funktion verwendet werden. So führt z.B. der Aufruf

```
sed 's/\(un\)\(..\)\(io\)/\3\2\1/g' buch2
```

1. Hier darf die Option **-n** nicht mehr angegeben werden.
2. *n* muss eine Ziffer sein.

zu folgender Ausgabe:

```
1. Kapitel
An dieser Datei wird gezeigt, wie die
Ersetzungs-Fioktunnen s und y wirken.
1.1 Unterkapitel 1: Fioktunn s
Die Fioktunn s ersetzt durch regulaere Ausdruecke
beschriebene Textstuecke im Eingabepuffer
1.2 Unterkapitel 2: Fioktunn y
Die Fioktunn y erlaubt die Ersetzung von Zeichen
aus einem String1 durch die Zeichen aus String2.
Bei dieser Fioktunn muessen die beiden Strings gleich lang sein.
```

Falls der zu ersetzende *reguläre Ausdruck* bereits als Adresse verwendet wurde, kann bei der Funktion **s** auf den als Adresse angegebenen *regulären Ausdruck* mit // verwiesen werden. Somit bewirkt der Aufruf

```
sed '/^[1-9][0-9]*\.[1-9]*/s//---/' buch2
```

die folgende Ausgabe:

```
--- Kapitel
An dieser Datei wird gezeigt, wie die
Ersetzungsfunktionen s und y wirken.
--- Unterkapitel 1: Funktion s
Die Funktion s ersetzt durch regulaere Ausdruecke
beschriebene Textstuecke im Eingabepuffer
--- Unterkapitel 2: Funktion y
Die Funktion y erlaubt die Ersetzung von Zeichen
aus einem String1 durch die Zeichen aus String2.
Bei dieser Funktion muessen die beiden Strings gleich lang sein.
```

Auch kann bei sed das bereits bei awk vorgestellte Zeichen & verwendet werden, um es durch einen zuvor mit einem regulären Ausdruck beschriebenen Teilstring ersetzen zu lassen.

Beispiel Die Datei *sund.sed* enthalte folgendes sed-Skript:

```
/^[1-9][0-9]*\.[^1-9]/s//--- &/p
/^[1-9][0-9]*\.[1-9][0-9]*/s//----- &/p
```

Der Aufruf

```
sed -n -f sund.sed buch2
```

ergibt folgende Ausgabe:

```
--- 1. Kapitel
----- 1.1 Unterkapitel 1: Funktion s
----- 1.2 Unterkapitel 2: Funktion y
```

Die gleiche Ausgabe erreicht man mit dem folgenden sed-Skript *sund2.sed*:

```
s/^[1-9][0-9]*\.[^1-9]/--- &/p
s/^[1-9][0-9]*\.[1-9][0-9]*/----- &/p
```

Um die Sonderbedeutung von & auszuschalten, muss diesem ein \ vorangestellt werden (\&).

Es ist ein sed-Skript zu erstellen, das aus einem C-Programm alle **include**-Headerdateien herausfiltert. Wird das sed-Skript in der Datei *incl.sed*[1]:

```
s/^#[\t ]*include[\t ]*["<]\(.*\)[">].*$/\1/p
```

mit

```
sed -n -f incl.sed cprog.c
```

aufgerufen, wobei der Inhalt von *cprog.c* der folgende ist,

```
#include <stdio.h>

#   include "dat1.h"    /* Headerdatei dat1.h */
#define  PI  3.14
#include "/home/heh/dev/dat2.h"

main()
{
   printf("Hallo\n");
}
```

ergibt sich folgende Ausgabe:

```
stdio.h
dat1.h
/home/heh/dev/dat2.h
```

Es ist ein Shellskript zu erstellen, das eine baumartige Ausgabe einer Directory-Hierarchie erstellt. Das zugehörige Shellskript befindet sich in der Datei *tree*:

```
if [ $# -lt 1 ]
then
   echo "Richtiger Aufruf: $0 pfadname1 pfadname2 ... [find-Optionen]"
   echo "..... druckt eine Directory-/Datei-Hierachie in tree-Form"
else
   find $@ -print 2>/dev/null |
      sed  -e 's/[^\/]*\//|----- /g' -e 's/----- |/      |/g'
fi
```

1. Statt **\t** muss die Tabulator-Taste bei der Eingabe dieses sed-Skripts gedrückt werden.

Im ersten sed-Skript werden alle Teilstrings, die mit einem Slash / enden, durch den String »|----- « ersetzt. Das zweite sed-Skript ersetzt im so geänderten Eingabepuffer alle Teilstrings »----- |« durch den String » |«.

Der Aufruf

```
tree  .
```

liefert z.B. folgende Ausgabe:

```
.
|----- .profile
|----- prompt.sh
|----- bin
|      |----- trap.sh
|      |----- tree
|      |----- fehlerfile
|      |----- ft
|      |----- fdemo.c
|      |----- fdemo1.c
|      |----- a.out
|      |----- ft2
|----- ctrlmweg.awk
|----- core
|----- pro.sh
|----- awk
|      |----- printf1.awk
|      |----- printf1.aus
|      |----- cals.ksh
|      |----- core
|      |----- cals.aus
|----- xx
|----- du.lst
|----- nutzung
|----- cals.ksh
|----- lss.ksh
|----- lss.sh
|----- sed
|      |----- dd.sed
|      |----- text
|      |----- woerter
|      |----- nl.sed
|      |----- dir.ksh
|----- zz
```

Dieses Shellskript verwendet das UNIX-Kommando **find**, das die folgende Aufrufsyntax hat:

```
find pfadname1  pfadname2...  ausdruck
```

find durchsucht die gesamten Directory-Bäume aller angegebenen Pfadnamen (*pfadname1 pfadname2 ...*) nach Dateien, die durch den vorgegebenen booleschen *ausdruck* beschrieben sind.

Es ist eine Vielzahl von Ausdrücken möglich; hier werden nur einige erwähnt:

-print
: ist immer WAHR; bewirkt die Ausgabe des momentan von **find** behandelten Pfadnamen in der Dateihierarchie.

-type *c*
: ist WAHR, wenn der Typ der vorgegebenen Datei *c* ist; für *c* ist z.B. die Angabe von **b** (blockorientierte Gerätedatei), **c** (zeichenorientierte Gerätedatei), **d** (Directory), **p** (FIFO-Gerätedatei; named pipe) oder **f** (reguläre Datei) erlaubt.

-name *dateiname*
: ist WAHR, wenn die momentan betrachtete Datei den Namen *dateiname* besitzt.

Die einzelnen Ausdrücke können auch mithilfe von Operatoren verknüpft sein:

!	Negation des Wahrheitswerts
Konkatenation	entspricht einer AND-Verknüpfung
-o	entspricht einer OR-Verknüpfung

So listet z.B. der Aufruf

```
find /home \( -type d -o -name *.c \) -print
```

alle im Directory-Baum `/home` vorhandenen Directories und zusätzlich alle dort vorkommenden Dateien, die mit `.c` enden, auf. Der Vorteil des obigen sed-Skripts ist, dass es auch die find-Argumente anbietet, da es find mit allen übergebenen postionellen Parametern (**find $@ -print**) aufruft. So führt z.B. der Aufruf

```
tree . -type d
```

zur folgenden Ausgabe:

```
.
|----- bin
|----- awk
|----- sed
```

Directories können ab einer gewissen Anzahl von Dateien ziemlich unübersichtlich werden, da nur ein `d` am Anfang der Zeile bei **ls -l** ein Directory anzeigt. Hier wird nun ein Shellskript vorgestellt, das bei der Bildschirmausgabe die Directories durch Invers-Darstellung oder Unterstreichen hervorhebt. Dieses Shellskript kennt die folgenden Optionen, von denen immer nur eine angegeben werden darf:

-a die gesamte Zeile wird invers dargestellt.

-i der linke und rechte Teil wird invers dargestellt.

-l nur der linke Teil der Ausgabe wird invers dargestellt.

-r nur der rechte Teil wird der Ausgabe invers dargestellt.

-u Directories (gesamte Zeile) wird unterstrichen.

Beim Aufruf des Shellskripts in der Datei *lvs*:

```
UNTER="`tput smul`&`tput rmso`"  # Verwendung des Zeichens &, um es durch einen
INVERS="`tput smso`&`tput rmso`" # zuvor mit einem regulären Ausdruck
PRKOPF="pr -h `tput smso``pwd``tput rmso`"  # beschriebenen Teilstring
                                            # ersetzen zu lassen


if [ $# -ne 0 ]
then
   case $1 in
    "-a") ls -la | sed "/^d/s/.*/$INVERS/" | eval $PRKOPF - | more;;
    "-i") ls -la |
            sed "/^d/s/[^ ]*$/$INVERS/
                 s/^d\(..........\)/$INVERS/" | eval $PRKOPF - | more;;
    "-l") ls -la | sed "s/^d\(..........\)/$INVERS/" | eval $PRKOPF - | more;;
    "-r") ls -la | sed "/^d/s/[^ ]*$/$INVERS/" | eval $PRKOPF - | more;;
    "-u") ls -la | sed "/^d/s/.*/$UNTER/" | eval $PRKOPF - | more;;
       *) echo "Nur die Optionen -a -i -l -r -u erlaubt"
          exit 1;;
   esac
else
   ls -la | eval $PRKOPF - | more
fi
exit 0
```

kann immer nur eine Option angegeben werden. Die Ausgabe von **ls -la** wird über eine Pipe an die jeweiligen sed-Skripts übergeben. Die Ausgabe des entsprechenden sed-Skripts wird dann über eine weitere Pipe an das Unix-Kommando **pr** weitergeleitet. **pr** gibt zunächst die aktuelle Directory[1] als Überschrift (Option **-h**) aus. Um ein Durchlaufen der gesamten Ausgabe von **pr** zu verhindern, wird dessen Ausgabe über eine Pipe an **more** weitergereicht.

In diesem Beispiel ist eine weitere Besonderheit, dass die sed-Skripts mit » .. « geklammert sind. Dies ist notwendig um auf Shellvariablen (wie z.B. **$INVERS** usw.) innerhalb der sed-Skripts zugreifen zu können.

Der Aufruf:

```
lvs -a
```

1. unter Verwendung von Kommandosubstitution `pwd`.

bewirkt z.B. folgende Ausgabe (Invers ist dabei durch Unterstreichen angezeigt):

```
total 3
drwxrwxrwx 1 root super        0 Sep  7  15.14 .
drwxrwxrwx 1 root super        0 Sep  7  15.14 ..
-rwxrwxrwx 1 root super        0 Nov 21  16.54 aaa
drwxrwxrwx 1 root super        0 Sep  7  15.14 bin
drwxrwxrwx 1 root super        0 Sep  8  19.37 buch
-rwxrwxrwx 1 root super       24 Sep  7  16.54 environ.ksh
drwxrwxrwx 1 root super        0 Nov  9  14.45 schul
-rwxrwxrwx 1 root super      135 Nov  7  11.24 brief.txt
-rwxrwxrwx 1 root super      275 Dec 17  17.33 termine.txt
```

Der Aufruf:

```
lvs -i
```

bewirkt die folgende Ausgabe (Invers durch Unterstreichen dargestellt):

```
total 3
drwxrwxrwx 1 root super        0 Sep  7  15.14 .
drwxrwxrwx 1 root super        0 Sep  7  15.14 ..
-rwxrwxrwx 1 root super        0 Nov 21  16.54 aaa
drwxrwxrwx 1 root super        0 Sep  7  15.14 bin
drwxrwxrwx 1 root super        0 Sep  8  19.37 buch
-rwxrwxrwx 1 root super       24 Sep  7  16.54 environ.ksh
drwxrwxrwx 1 root super        0 Nov  9  14.45 schul
-rwxrwxrwx 1 root super      135 Nov  7  11.24 brief.txt
-rwxrwxrwx 1 root super      275 Dec 17  17.33 termine.txt
```

y/*strings1*/*string2*/ **(2)**

Im Eingabepuffer Zeichen aus *string1* durch Zeichen aus *string2* ersetzen

Es werden im Eingabepuffer alle Zeichen, die in *string1* vorkommen, durch die an gleicher Position in *string2* stehenden Zeichen ersetzt. *string1* und *string2* müssen gleich lang sein.

Die Funktion **y** erlaubt nicht die Angabe von regulären Ausdrücken.

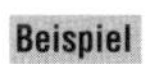

Die Datei *buch2* soll vollständig in Großbuchstaben ausgegeben werden. Dies ist mit dem Aufruf

```
sed 'y/abcdefghijklmnopqrstuvwxyz/ABCDEFGHIJKLMNOPQRSTUVWXYZ/' buch2
```

möglich.

Ein Aufruf wie

```
sed 'y/[a-z]/[A-Z]/' buch2
```

ist **nicht** erlaubt.

Ein-/Ausgabefunktionen

Die Ein-/Ausgabefunktionen erlauben es, einen Eingabepuffer auszugeben (Funktion **p**) oder auch bei der Ausgabe des Eingabepuffers nicht druckbare Zeichen als ASCII-Wert darstellen und überlange Zeilen in mehrere Zeilen aufteilen zu lassen (Funktion **l**). Ebenso kann mit diesen Funktionen entweder der Inhalt einer Datei gelesen und ausgegeben (Funktion **r**) oder der Eingabepuffer auf eine Datei geschrieben (Funktion **w**) werden.

---

p **(2)**

(print) Eingabepuffer wird auf die Standardausgabe ausgegeben

---

Die Funktion **p** schreibt den Eingabepuffer auf die Standardausgabe. Dieser Schreibvorgang findet zu dem Zeitpunkt statt, an dem die Abarbeitung des sed-Skripts auf die Funktion **p** trifft, wobei zuvor angegebene Editierfunktionen diesen Eingabepuffer möglicherweise schon verändert haben.

Beispiel Eine Datei *einwohner.txt* habe den folgenden Inhalt:

```
Programmierer : Manuela Meier : Stormstrasse 12 : 91058 Erlangen
Lehrer : Gudrun Boller : Wassergasse 17 : 97322 Schweinfurt
Programmierer : Franz Grabowsky : Torstrasse 11 : 81479 Muenchen
Arzt : Ronald Elliot : Mainstrasse 189 : 96049 Bamberg
```

Mit dem sed-Skript in der Datei *p.sed*:

```
s/[^:]*: //1
s/: [0-9][0-9][0-9][0-9][0-9]/-/
p
```

ergibt der Aufruf

```
sed -n -f p.sed einwohner.txt
```

die folgende Ausgabe:

```
Manuela Meier : Stormstrasse 12 - Erlangen
Gudrun Boller : Wassergasse 17 - Schweinfurt
Franz Grabowsky : Torstrasse 11 - Muenchen
Ronald Elliot : Mainstrasse 189 - Bamberg
```

---

l **(2)**

(list pattern space on the standard output) Eingabepuffer wird auf Standardausgabe ausgegeben (keine überlangen Zeilen)

Der Inhalt des Eingabepuffers wird auf die Standardausgabe geschrieben, wobei nicht druckbare Zeichen durch den ASCII-Wert (2-Ziffer) und überlange Zeilen als mehrere einzelne Zeilen ausgegeben werden.

Beispiel Das Auflisten der Datei *tab.ein* (z.B. mit **cat**) ergibt folgendes:

```
                        -   Das ist eine Testdatei
fuer die Funktion l ()
```

An diesem Listing ist nicht zu erkennen, dass diese Datei Tabulatorzeichen und das Klingel-Steuerzeichen enthält. Mit dem Aufruf

```
sed 'l' tab.ein
```

werden diese nicht-druckbaren Zeichen sichtbar[1]:

```
→→-→Das ist eine Testdatei
                        -   Das ist eine Testdatei
fuer die Funktion l (\07)
fuer die Funktion l ()
```

---

r *datei* ***(2)***

(read a file) Datei *datei* wird gelesen und ihr Inhalt auf die Standardausgabe ausgegeben

---

Es wird die Datei *datei* gelesen und ihr Inhalt auf die Standardausgabe ausgegeben, bevor die nächste Eingabezeile gelesen wird.

Zwischen **r** und *datei* muss genau ein Leerzeichen angegeben sein und nach *datei* darf nichts weiteres angegeben sein. Existiert die angegebene *datei* nicht, so wird dies als eine leere Datei und die Eingabe nicht als Fehler interpretiert. Wenn die Funktionen **a** und **r** auf die gleiche Eingabezeile angewendet werden, wird der Text der Funktionen **a** und **r** in der Reihenfolge ausgegeben, in der die Funktionen **a** und **r** im sed-Skript angegeben sind.

Beispiel Eine Datei *r.ein* habe den folgenden Inhalt:

```
Nachdem wir awk kennengelernt haben,
wird in diesem Kapitel sed vorgestellt.
Es werden natuerlich noch weitere
UNIX-Werkzeuge beschrieben werden.
```

Mit dem sed-Skript in der *r.sed*

```
/awk/r awk.txt
/sed/r sed.txt
```

ergibt der Aufruf

```
sed -f r.sed r.ein
```

die folgende Ausgabe

1. → steht für ein Tabulatorzeichen.

```
Nachdem wir awk kennengelernt haben,
       awk-> sind die Initialen seiner Schoepfer:
               Aho, Weinberger, Kernighan.
wird in diesem Kapitel sed vorgestellt.
       sed -> steht fuer Stream-Editor; wurde vom ed abgeleitet.
Es werden natuerlich noch weitere
UNIX-Werkzeuge beschrieben werden.
```

wenn die Dateien *awk.txt* und *sed.txt* folgendes enthalten:

awk.txt:

```
       awk-> sind die Initialen seiner Schoepfer:
               Aho, Weinberger, Kernighan.
```

sed.txt:

```
       sed -> steht fuer Stream-Editor; wurde vom ed abgeleitet.
```

w *datei* **(2)**

(write to a file) Es wird der Eingabepuffer an das Ende der Datei *datei* geschrieben

Zwischen **w** und *datei* muss genau ein Leerzeichen angegeben sein und nach *datei* darf nichts weiteres angegeben sein. Die Datei *datei* wird angelegt, bevor mit der eigentlichen Bearbeitung des sed-Skripts begonnen wird[1]; falls diese Datei bereits existiert, wird ihr alter Inhalt gelöscht.

Beispiel Es sollen alle Überschriften aus einer Datei (z.B. *buch2*) in die Datei *inhalt* geschrieben werden.

Der Aufruf

```
sed -n '^[ \t]*[1-9][0-9]*\./w inhalt' buch2
```
[2]

bewirkt keine Ausgabe; die Datei *inhalt* hat nach diesem Aufruf folgenden Inhalt:

```
1. Kapitel
1.1 Unterkapitel 1: Funktion s
1.2 Unterkapitel 2: Funktion y
```

Es ist ein Shellskript zu erstellen, das einen einfachen C-Präprozessor simuliert, indem es alle in einem C-Programm mit **#include** angegebenen benutzereigenen Headerdateien (mit " " geklammert) einkopiert.

Diese Aufgabe erfüllt das Shellskript in der Datei *cprpr*[3]:

1. Es dürfen maximal 10 Dateien aus einem sed-Skript heraus angelegt werden.
2. Statt **\t** muss die Tabulator-Taste bei der Eingabe dieses sed-Skripts gedrückt werden.
3. Statt **\t** muss die Tabulator-Taste bei der Eingabe dieses sed-Skripts gedrückt werden.

```
templ="/tmp/cpraepr1.$$"      # temporaere Dateien
temp2="/tmp/cpraepr2.$$"      #

  # Alle Namen von include-Dateien werden in die Datei 'incl_dat' geschrieben
sed -n 's_^#[ \t]*include[ \t]*"\(.*\)".*_\1_w incl_dat' $1
cp $1 $temp2
while read name
do
   cp $temp2 $templ
         # Alle #include "$name" durch den Inhalt der Datei $name ersetzen
   sed "/^#[ \t]*include[ \t]*\"$name\"/r $name" $templ >$temp2
done < incl_dat
cat $temp2         # Ergebnis des Skripts ausgeben
rm $templ $temp2  # die angelegten temporaeren Dateien wieder loeschen
exit 0
```

Wenn z. B. die Dateien *c_prog.c*, *dat1.h* und *dat2.h* folgende Inhalte haben,

c_prog.c:

```
#   include "dat1.h"
#define  PI  3.14
#include "dat2.h"

main()
{
   printf("Hallo\n");
}
```

dat1.h:

```
#define MAX 1000

extern int func1();
extern float abweich;
```

dat2.h:

```
#define MIN -1000
#define MAX_ZAHL 1200

extern float durch;
extern int func2();
```

dann ergibt der Aufruf

```
cprpr  c_prog.c
```

die folgende Ausgabe:

```
#define MAX 1000

extern int func1();
```

```
extern float abweich;
#define  PI  3.14
#define MIN -1000
#define MAX_ZAHL 1200

extern float durch;
extern int func2();

main()
{
   printf("Hallo\n");
}
```

Die Datei *incl_dat* hat nach diesem Aufruf den folgenden Inhalt:

```
dat1.h
dat2.h
```

Mehrzeilenorientierte Funktionen

Diese Funktionengruppe wird hauptsächlich für Eingabepuffer verwendet, die ein eingebettetes Neuezeilezeichen enthalten; somit eignen sich die hier vorgestellten drei Funktionen vorzüglich für Pattern, die mehrere Eingabezeilen abdecken. Mit den mehrzeilenorientierten Funktionen ist es möglich, den ersten Teil des Eingabepuffers (bis zum ersten Zeilenendezeichen) ausgeben (Funktion **P**) bzw. löschen (Funktion **D**) zu lassen oder eine Eingabezeile an einen Eingabepuffer anzuhängen (Funktion **N**).

N **(2)**

(Next line) Die nächste Eingabezeile wird an den Eingabepuffer (mit Neuezeilezeichen getrennt) angehängt

Die nächste Eingabezeile wird an den Eingabepuffer (mit Neuezeilezeichen getrennt) angehängt; die aktuelle Zeilennummer wird dabei weitergezählt.

Nach Aufruf dieser Funktion ist es möglich, dass Pattern Strings im Eingabepuffer abdecken, die sich über das eingebettete Neuezeilezeichen hinweg erstrekken. Dazu muss die Escape-Sequenz **\n** im Pattern angegeben werden, um das eingebettete Neuezeilezeichen abzudecken.

Beispiel Das sed-Skript in der Datei *ng.sed*[1]:

```
/[^ \t]-[\t ]*$/N
s/-[\t ]*\n//g
p
```

1. Statt **\t** muss die Tabulator-Taste bei der Eingabe dieses sed-Skripts gedrückt werden.

fügt zwei Zeilen zu einer zusammen, wenn eine Trennung im letzten Wort vorliegt. Allerdings werden niemals mehr als zwei Zeilen zusammengefügt. Ein sed-Skript, das diese Aufgabe vollständig richtig erfüllt, wird später vorgestellt.

Für die Eingabedatei *ng.ein*:

```
Dies ist ein Bei-
spiel, welches die Funk-
tion N verdeutlichen soll.
Es fuegt eine Zei-
le, die mit Binde-
strich endet, mit der
nachfolgenden Zeile zu einer Zei-
le zusammen, wobei das abschliessende -
beim Zusammenfuegen ent-
fernt wird.
```

ergibt der Aufruf

```
sed -n -f ng.sed ng.ein
```

die folgende Ausgabe:

```
Dies ist ein Beispiel, welches die Funk-
tion N verdeutlichen soll.
Es fuegt eine Zeile, die mit Binde-
strich endet, mit der
nachfolgenden Zeile zu einer Zeile zusammen, wobei das abschliessende -
beim Zusammenfuegen entfernt wird.
```

D **(2)**

(*Delete first part of pattern space)* Erster Teil des Eingabepuffers (bis erstes Zeilenende) wird gelöscht

---

Der erste Teil des Eingabepuffers (bis zum ersten Zeilenende) wird gelöscht (nicht ausgegeben) und das sed-Skript wird sofort wieder von Beginn an mit dem restlichen Eingabepuffer gestartet.

Das den ersten Teil abschließende Neuezeilezeichen wird ebenfalls gelöscht. Nur wenn durch den Löschvorgang der Eingabepuffer vollständig geleert wurde, wird eine neue Eingabezeile gelesen.

Beispiel Eine Datei *note.txt* habe den folgenden Inhalt:

```
=Manuela Meier
2 Geschichte
3 Mathematik
4 Physik
1 Latein
=Brunhilde Hansen
4 Geschichte
```

```
5 Mathematik
4 Physik
2 Latein
=Katrin Schwegler
1 Geschichte
3 Mathematik
4 Physik
4 Latein
```

Es sollen nun zu allen Schülern die Noten ausgegeben werden, die schlechter als 3 sind:

```
=Manuela Meier
       + --- + --- Physik 4 --- +
=Brunhilde Hansen
       Geschichte 4 --- Mathematik 5 --- Physik 4 --- +
=Katrin Schwegler
       + --- + --- Physik 4 --- Latein 4
```

Dies wird mit dem Aufruf

```
sed -n -f dg.sed note.txt
```

erreicht, wobei die Datei *dg.sed* folgenden Inhalt haben könnte:

```
/=/P
/=/D
N
N
N
s/[123] [a-zA-Z][a-zA-Z]*/+/g
s/\([456]\) \([a-zA-Z][a-zA-Z]*\)/\2 \1/g
s/\n/ --- /g
s/^/       /
P
D
```

P **(2)**

(Print first part of the pattern space) Erster Teil des Eingabepuffers (bis erstes Zeilenende) wird ausgegeben

Der erste Teil des Eingabepuffers (bis einschließlich dem ersten Neuezeilezeichen) wird auf die Standardausgabe ausgegeben.

Siehe dazu das vorangegangene Beispiel zur Funktion **D**.

Wenn im Eingabepuffer kein eingebettetes Neuezeilezeichen vorhanden ist, so entspricht die Wirkungsweise der Funktionen **P** und **D** exakt ihren kleingeschriebenen Gegenstücken, den Funktionen **p** und **d**.

Zwischenspeicherungsfunktionen

Neben dem Eingabepuffer existiert noch ein weiterer Puffer: der Haltepuffer (*hold space* oder *hold area*). Die hier vorgestellten Funktionen ermöglichen es, die Inhalte des Eingabepuffers und des Haltepuffers zu manipulieren. So kann der Inhalt des Eingabepuffers in den Haltepuffer kopiert werden, wobei der alte Inhalt des Haltepuffers überschrieben wird (Funktion **h**), oder der Inhalt des Eingabepuffers an den des Haltepuffers angehängt werden (Funktion **H**). Die inversen Operationen (Kopieren des Haltepuffers nach bzw. Anhängen des Haltepuffers an den Eingabepuffer) führen die Funktionen **g** und **G** aus. Mit Hilfe der Funktion **x** können die Inhalte dieser beiden Puffer vertauscht werden.

---

h **(2)**

(*hold pattern space)* Inhalt des Haltepuffers wird durch den Inhalt des Eingabepuffers überschrieben

---

Siehe dazu das folgende Beispiel zur Funktion **g**.

---

g **(2)**

(*get contents of hold area)* Inhalt des Eingabepuffers wird durch den Inhalt des Haltepuffers überschrieben

---

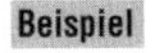

Eine Datei *gh.ein* habe den folgenden Inhalt:

```
Hans Meier

Sehr geehrter Herr @

  in diesem Beispiel werden die Funktionen h und g gezeigt.
Wir waeren sehr froh, wenn dieses Beispiel Ihnen, Herr @
beim Verstaendnis dieser Funktionen helfen wuerde.

Mit freundlichen Gruessen
   Ihr Beispiel
```

Die erste Zeile liefert in dieser Datei den Text, der für alle vorkommenden Zeichen `@` einzusetzen ist.

Wird das sed-Skript aus der Datei *gh.sed*:

```
1h
1d
/^$/p
/^$/d
/^[^@]*$/p
/^[^@]*$/d
/@/s/@//g
```

```
p
g
p
```

mit

```
sed -n -f gh.sed gh.ein
```

aufgerufen, ergibt sich die folgende Ausgabe:

```
Sehr geehrter Herr
Hans Meier

  in diesem Beispiel werden die Funktionen h und g gezeigt.
Wir waeren sehr froh, wenn dieses Beispiel Ihnen, Herr
Hans Meier
beim Verstaendnis dieser Funktionen helfen wuerde.

Mit freundlichen Gruessen
   Ihr Beispiel
```

Dieses sed-Skript setzt allerdings voraus, dass maximal ein Zeichen @ pro Eingabezeile vorkommt; zusätzlich muss dieses noch am Ende stehen. Ist diese Forderung nicht erfüllt, so wird es alle in einer Zeile angegebenen Zeichen @ löschen und nur einmal in einer eigenen Zeile den Text aus der ersten Zeile ausgeben.

In diesem sed-Skript wird die Funktion **d** immer aufgerufen, um das Skript von Beginn an mit einer neuen Eingabezeile ausführen zu lassen.

H **(2)**

(Hold pattern space) Inhalt des Eingabepuffers wird am Ende des Haltepuffers (mit Neuezeilezeichen getrennt) angehängt

Beispiel Die Datei *grossh.ein* habe den folgenden Inhalt:

```
Dies ist ein Bei-
spiel, welches eine An-
wendung der Funk-
tion H zeigt.
Es fuegt alle Zei-
len, die mit Binde-
strich (fuer Trennung) enden, mit der
nachfolgenden Zeile zu einer Zei-
le zusammen, wobei das abschliessende -
beim Zusammenfuegen ent-
fernt wird.
```

Im sed-Skript in der Datei *grossh.sed*[1]:

1. Statt **\t** muss die Tabulator-Taste bei der Eingabe dieses sed-Skripts gedrückt werden.

```
/[^ \t]-[\t ]*$/H
/[^ \t]-[\t ]*$/d
H
g
s/\([^\t ]\)-[\t ]*\n/\1/g
s/\n//g
p
s/.*//g
h
```

wird – solange eine Trennung am Zeilenende stattfindet – der Eingabepuffer am Ende des Haltepuffers (mit **H**) angehängt und mit **d** sowohl der Eingabepuffer gelöscht als auch wieder zum Skriptanfang mit dem Lesen einer neuen Eingabezeile gesprungen. Wird eine Eingabezeile ohne Trennzeichen am Ende gefunden, so wird diese mit dem in der 3. Zeile stehenden **H** ans Ende des Haltepuffers angehängt. Das darauffolgende **g** kopiert den Haltepuffer in den Eingabepuffer. Im Eingabepuffer werden dann sowohl alle Trennungs-Zeichen als auch alle danach eingebetteten Neuezeilezeichen entfernt.

Die letzten beiden Funktionen bewirken das Löschen des Haltepuffers, indem zunächst der vollständige Inhalt des Eingabepuffers gelöscht und dann dieser leere Eingabepuffer mit der Funktion **h** in den Haltepuffer geschrieben wird.

Der Aufruf

```
sed -n -f grossh.sed grossh.ein
```

bewirkt folgende Ausgabe:

```
Dies ist ein Beispiel, welches eine Anwendung der Funktion H zeigt.
Es fuegt alle Zeilen, die mit Bindestrich (fuer Trennung) enden, mit der
nachfolgenden Zeile zu einer Zeile zusammen, wobei das abschliessende -
beim Zusammenfuegen entfernt wird.
```

G **(2)**

(Get contents of hold area) Inhalt des Haltepuffers wird am Ende des Eingabepuffers (mit Neuezeilezeichen getrennt) angehängt

---

Siehe dazu das folgende Beispiel zur Funktion **x**.

---

x **(2)**

(exchange) Inhalt des Eingabepuffers wird mit dem Inhalt des Haltepuffers vertauscht

---

Beispiel Die Datei *buch3* habe den folgenden Inhalt:

```
1. Kapitel
An dieser Datei wird die Wirkungsweise der
Funktion x (exchange) gezeigt.
```

```
1.1 Unterkapitel 1: Funktion x
Die Funktion x vertauscht den Eingabepuffer
mit dem Haltepuffer.
1.2 Schlusswort
Die einzelnen Kapitelueberschriften werden pro
Zeile rechts mit | abgetrennt angegeben.
```

Mit dem sed-Skript in der Datei *x.sed*:

```
/[1-9][0-9]*\./h
/[1-9][0-9]*\.[0-9]*/s//  @/
/@/x
G
s/@/|/
s/\n//
```

ergibt sich für den Aufruf

```
sed -f x.sed buch3
```

die folgende Ausgabe:

```
1. Kapitel    | Kapitel
An dieser Datei wird die Wirkungsweise der  | Kapitel
Funktion x (exchange) gezeigt.  | Kapitel
1.1 Unterkapitel 1: Funktion x  | Unterkapitel 1: Funktion x
Die Funktion x vertauscht den Eingabepuffer  | Unterkapitel 1: Funktion x
mit dem Haltepuffer.  | Unterkapitel 1: Funktion x
1.2 Schlusswort  | Schlusswort
Die einzelnen Kapitelueberschriften werden pro  | Schlusswort
Zeile rechts mit | abgetrennt angegeben.  | Schlusswort
```

Wenn das hier vorgestellte sed-Skript eine Überschrift (enthält Ziffern und Punkt) erkennt, kopiert es den Eingabepuffer in den Haltepuffer (mit der Funktion **h**) und ersetzt dann im Eingabepuffer die Numerierung (einschließlich eines Punkts) durch den String » @«. Wenn eine solche Ersetzung stattfand, werden mit der Funktion **x** der Eingabe- und Haltepuffer vertauscht. Mit der Funktion **G** (in der 4. Zeile) wird der Haltepuffer an den Eingabepuffer angehängt. Die letzten beiden Skript-Zeilen sind für die Ersetzung des Zeichens @ durch | und das Löschen des eingebetteten Neuezeilezeichens verantwortlich.

Funktionen für die Ablaufsteuerung

Die Funktionen für die Ablaufsteuerung führen keine Editierarbeit an den Eingabezeilen durch, sondern steuern den Ablauf eines sed-Skripts. Die Möglichkeiten, innerhalb eines sed-Skripts den Ablauf zu steuern sind sehr begrenzt. Es gibt neben dem unbedingten Sprung (Funktion **b**) und dem bedingten Sprung (Funktion **t**) noch die Möglichkeit der Nicht-Ausführung der angegebenen Funktion (Funktion **!**) oder die Gruppierung mehrerer Funktionen für die gleiche Adreßangabe (Funktion **{ }**). Sprungpunkte, sogenannte Marken, können mit der Funktion **:** vereinbart werden.

! *funktion*	**(2)**
	funktion wird nur für jene Zeilen ausgeführt, für die die angegebene Adreßangabe nicht zutrifft

Die angegebene *funktion* (oder Gruppe von Funktionen bei Klammerung mit { }) wird nur für die Zeilen ausgeführt, für die die angegebene Adreßangabe **nicht** zutrifft.

Wenn die C-Shell benutzt wird, ist dem **!** ein Backslash voranzustellen (\!), damit das Ausrufezeichen nicht als *event*-Angabe interpretiert wird.

Beispiel Eine Datei *buch4* habe den folgenden Inhalt:

```
1. Kapitel
An dieser Datei wird die Wirkungsweise der
Funktion ! gezeigt.

1.1 Unterkapitel 1: Funktion !
Bei der Funktion ! handelt es sich um eine Negation
Die nachfolgend angegebenen Funktionen werden nicht
auf den Eingabepuffer ausgeführt, wenn die Adressangabe zutrifft.

1.2 Ende
Anders als in anderen UNIX-Programmen muss die
Funktion (Operator) ! nach dem Pattern angegeben werden.
```

Der Aufruf

```
sed '/^[\t ]*[1-9][0-9]*\./!d' buch4
```
[1]

liefert folgende Ausgabe:

```
1. Kapitel
1.1 Unterkapitel 1: Funktion !
1.2 Ende
```

Der Aufruf

```
sed -n '/^[\t ]*$/!p' buch4
```
[2]

liefert folgende Ausgabe:

```
1. Kapitel
An dieser Datei wird die Wirkungsweise der
Funktion ! gezeigt.
1.1 Unterkapitel 1: Funktion !
Bei der Funktion ! handelt es sich um eine Negation
Die nachfolgend angegebenen Funktionen werden nicht
```

1. Statt **\t** muss die Tabulator-Taste bei der Eingabe dieses sed-Skripts gedrückt werden.
2. Statt **\t** muss die Tabulator-Taste bei der Eingabe dieses sed-Skripts gedrückt werden.

```
auf den Eingabepuffer ausgeführt, wenn die Adressangabe zutrifft.
1.2 Ende
Anders als in anderen UNIX-Programmen muss die
Funktion (Operator) ! nach dem Pattern angegeben werden.
```

Allen nicht-leeren Zeilen in der Datei *buch4* sollen vier Querstriche vorangestellt werden:

```
sed '/^$/!s/^/----/' buch4
```

{..} **(2)**

Klammert eine Gruppe von Funktionen, die nur ausgeführt werden, wenn der Eingabepuffer gefüllt ist

---

Die einzelnen Funktionen müssen jeweils durch ein Neuezeilezeichen voneinander getrennt sein. Nach der öffnenden Klammer { darf die erste Funktion angegeben werden; diese kann allerdings auch in einer eigenen Zeile stehen. Die abschließende Klammer } muss immer in einer eigenen Zeile angegeben sein. Die Schachtelung von Gruppen ist möglich.

Beispiel Das Shellskript in der Datei *klammer*[1]:

```
# Bei der Angabe von [ \t] befindet sich innerhalb von [ ] ein
# Leer- und ein Tabulatorzeichen

      # Im nachfolgenden sed-Skript wird in der ersten Funktionengruppe
      # (nur fuer 1.Zeile ausgefuehrt) lediglich der Haltepuffer gesaeubert.
      # In der 2.Gruppe werden die Include-Dateien herausgefiltert und
      # am Haltepuffer angehaengt.
      # In der letzten Gruppe (nur fuer letzte Zeile ausgefuehrt)
      # wird der Haltepuffer in den Eingabepuffer kopiert und ausgegeben.
inc_dat=`sed -n '
          1 {   x
                s/.*//g
                x
            }
          /^#[ \t]*include[ \t]*[<"]/ {
                s/^#[ \t]*include[ \t]*[<"]\(.*\)[>"].*$/\1/
                H
          }
          $ {   g
                p
            }' $1`

echo "Include-Dateien in $1: $inc_dat"
```

1. Statt **\t** muss die Tabulator-Taste bei der Eingabe dieses sed-Skripts gedrückt werden.

filtert aus einer C Programmdatei, die als Parameter an dieses Shellskript zu übergeben ist, alle include-Dateien heraus und gibt diese aus.

So gibt es für die C Programmdatei *cprog.c*

```
#include <stdio.h>
#   include "dat1.h"
#define  PI  3.14
#include "/home/heh/dev/dat2.h"

main()
{
   printf("Hallo\n");
}
```

folgendes aus:

```
Include-Dateien in cprog.c:
stdio.h
dat1.h
/home/heh/dev/dat2.h
```

: *marke* **(0)**

Definiert eine Sprungmarke für die Funktionen **b** und **t**

Der Name für eine *marke* kann sich aus beliebigen Zeichen zusammensetzen[1]. Die bei der Funktion **:** angegebenen Namen müssen innerhalb eines sed-Skripts eindeutig sein.

Beispiel Siehe dazu die Beispiele zu den Funktionen **b** und **t**.

b [*marke*] **(2)**

(branch to label) springt zu *marke* bzw. ans Ende des Skripts

Es wird zu der *marke* (in der Form ***:marke*** angegeben) des sed-Skripts gesprungen und dort die Abarbeitung des Skripts fortgesetzt. Fehlt die Angabe der Marke, so wird an das Skriptende gesprungen, was bewirkt, dass eine neue Eingabezeile gelesen und das sed-Skript von Beginn an mit dieser neuen Eingabezeile wieder ausgeführt wird.

Existiert die angegebene Marke nicht, wird eine Fehlermeldung ausgegeben und das sed-Skript überhaupt nicht ausgeführt.

Beispiel Die Datei *bt.ein* habe den folgenden Inhalt:

```
Dies ist ein Bei-
spiel, welches die Funk-
```

1. Manche Implementierungen von sed begrenzen diesen Namen auf maximal 8 Zeichen.

```
tionen b und t verdeutlichen soll.
Es fuegt alle Zei-
len, die mit Binde-
strich enden (vor -
darf kein Leer- oder Tabulator-
zeichen stehen),
zu einer Zei-
le zusammen, wobei das abschliessende -
beim Zusammenfuegen ent-
fernt wird.
```

Der Aufruf des sed-Skripts in der Datei *b.sed*[1]:

```
:wieder
   /[^ \t]-[\t ]*$/{
         N
         s/-[\t ]*\n//g
         b wieder
   }
```

mit

```
sed -f b.sed bt.ein
```

liefert folgende Ausgabe:

```
Dies ist ein Beispiel, welches die Funktionen b und t verdeutlichen soll.
Es fuegt alle Zeilen, die mit Bindestrich enden (vor -
darf kein Leer- oder Tabulatorzeichen stehen),
zu einer Zeile zusammen, wobei das abschliessende -
beim Zusammenfuegen entfernt wird.
```

In diesem sed-Skript wird – wenn eine Eingabezeile mit einem Trennungszeichen endet – mit der Funktion **N** die nächste Eingabezeile an den Eingabepuffer angehängt und dann das Trennungszeichen mit dem eingebetteten Neuezeilezeichen entfernt. Schließlich wird wieder vor die Funktionsgruppe gesprungen, um den eben angegebenen Zyklus wiederholen zu lassen, falls die neue Eingabezeile wieder mit einem Trennungszeichen endet usw. Wird eine Eingabezeile gelesen, die nicht mit einem Trennungszeichen endet, so wird keine der angegebenen Funktionen ausgeführt, und die Eingabezeile lediglich – bedingt durch die automatische Ausgabe – ausgegeben.

1. Statt **\t** muss die Tabulator-Taste bei der Eingabe dieses sed-Skripts gedrückt werden.

t [*marke*] **(2)**

(test substitutions) springt zu *marke* bzw. ans Ende des Skripts, wenn Ersetzung stattfand

Falls seit dem letzten Lesen einer Eingabezeile oder der Ausführung einer Funktion t eine Ersetzung stattfand, wird zu der *marke* (in der Form ***:marke*** angegeben) des sed-Skripts gesprungen und dort die Abarbeitung des Skripts fortgesetzt; im anderen Fall hat die Angabe dieser Funktion keine Auswirkung. Fehlt die Angabe der Marke, wird an das Ende des Skripts gesprungen.

Beispiel Hier wird die Datei *bt.ein* aus dem vorangegangenen Beispiel als Eingabedatei verwendet. Mit dem sed-Skript in der Datei *t.sed*[1]:

```
:nochmal
/[^ \t]-[\t ]*$/{
          N
          h
          s/-[\t ]*\n\([^ \t]*\).*/\1/
          x
          s/.*-[\t ]*\n[^ \t]* //
          x
          s/\(.*\)$/\1    <----/
          p
          x
}
t nochmal
p
```

ergibt der Aufruf

```
sed -n -f t.sed bt.ein
```

die folgende Ausgabe:

```
Dies ist ein Beispiel,    <----
welches die Funktionen    <----
b und t verdeutlichen soll.
Es fuegt alle Zeilen,    <----
die mit Bindestrich    <----
enden (vor -
darf kein Leer- oder Tabulatorzeichen    <----
stehen),
zu einer Zeile    <----
zusammen, wobei das abschliessende -
beim Zusammenfuegen entfernt    <----
wird.
```

1. Statt **\t** muss die Tabulator-Taste bei der Eingabe dieses sed-Skripts gedrückt werden.

Erklärung zum sed-Skript in der Datei t.sed

Die angegebene Funktionengruppe wird nur ausgeführt, wenn eine Zeile mit einem Trennungszeichen endet. In dieser Gruppe wird zunächst mit **N** die nächste Eingabezeile an den Eingabepuffer angehängt, bevor mit **h** dieser Eingabepuffer in den Haltepuffer geschrieben wird.

Dann wird im Eingabepuffer nicht nur das Trennungszeichen mit dem eingebetteten Neuezeilezeichen, sondern auch der Zeilenrest nach dem getrennten Wort entfernt. Mit **x** werden die Inhalte des Eingabe- und Haltepuffers vertauscht, so dass im Haltepuffer das letzte Wort ungetrennt vorliegt.

Im Eingabepuffer wird der am Anfang stehende Wortrest des getrennten Worts entfernt. Danach wird wieder **x** aufgerufen, um den Inhalt von Halte- und Eingabepuffer zu vertauschen. An den Eingabepuffer wird der String »   <----« angehängt, bevor dieser mit **p** ausgegeben wird. Mit der letzten Funktion **x** in dieser Gruppe wird die aktuelle Zeile, aus der der Wortrest des getrennten Worts entfernt wurde, wieder in den Eingabepuffer gebracht, um mit dieser manipulierten Zeile das Skript fortzusetzen.

Nach dem Verlassen dieser Funktionsgruppe wird zur Marke `nochmal` verzweigt, falls im Eingabepuffer eine Ersetzung stattfand; andernfalls wird die zuletzt angegebene Funktion **p** ausgeführt.

Sonstige Funktionen

Diese Funktionengruppe enthält Funktionen, die das unmittelbare Beenden eines sed-Skripts (Funktion **q**) oder die Ausgabe der aktuellen Zeilennummer (Funktion =) ermöglichen. Daneben gehört hierzu noch die Angabe von Kommentaren (Funktion #) und die leere Funktion.

---

q **(1)**

(*quit*) Nach Ausgabe des Eingabepuffers
(nicht bei Option **-n**) wird Skript beendet

Nach Ausgabe des Eingabepuffers (nicht bei Option **-n**) wird zum Skriptende gesprungen und die Skriptausführung beendet

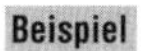

Als Eingabedateien werden *sonst.ein*

```
Die hier vorgestellten Funktionen
bieten folgende Funktionalitaet:
 - zum Skriptende springen (Funktion q)
 - Zeilennummer ausgeben (Funktion =)
 - Kommentar in einem sed-Skript unterbringen
Zusaetzlich existiert noch eine leere Funktion
```

und *leer.ein*

```
Eine leere Funktion wird
durch eine Leerzeile angegeben.
Eine solche leere Funktion
wird von sed einfach uebergangen.
```

verwendet. Der Aufruf

```
sed '3q' sonst.ein leer.ein
```

liefert dann die folgende Ausgabe:

```
Die hier vorgestellten Funktionen
bieten folgende Funktionalitaet:
 - zum Skriptende springen (Funktion q)
```

= **(1)**

Schreibt die aktuelle Zeilennummer als eigene Zeile auf die Standardausgabe

---

Wie die folgenden Beispiele zeigen, werden Zeilen von dem Anfang der Eingabe ab gezählt; die Numerierung wird am Anfang einer neuen Eingabedatei nicht neu begonnen.

Beispiel Als Eingabedateien werden wieder die im vorangegangenen Beispiel verwendeten Dateien *sonst.ein* und *leer.ein* herangezogen. Der Aufruf

```
sed '=' sonst.ein leer.ein
```

führt zu folgender Ausgabe:

```
1
Die hier vorgestellten Funktionen
2
bieten folgende Funktionalitaet:
3
 - zum Skriptende springen (Funktion q)
4
 - Zeilennummer ausgeben (Funktion =)
5
 - Kommentar in einem sed-Skript unterbringen
6
Zusaetzlich existiert noch eine leere Funktion
7
Eine leere Funktion wird
8
durch eine Leerzeile angegeben.
9
Eine solche leere Funktion
10
wird von sed einfach uebergangen.
```

Mit dem sed-Skript in der Datei *ist.sed*:

```
${i\
Die angegebenen Dateien enthalten insgesamt
=
a\
Zeilen
}
```

liefert der Aufruf

```
sed -n -f ist.sed sonst.ein leer.ein
```

die folgende Ausgabe:

```
Die angegebenen Dateien enthalten insgesamt
10
Zeilen
```

**(0)**

leitet Kommentar ein bzw. **#n** schaltet Option **-n** ein

Dieses Zeichen leitet – wenn es als erstes Zeichen in einer Zeile angegeben wird – einen Kommentar ein. Die einzige Ausnahme ist, wenn direkt nach # das Zeichen **n** angegeben wird; in diesem Fall wird die automatische Ausgabe – wie bei der Kommandozeilenoption **-n** – ausgeschaltet. Der Rest der Zeile nach **#n** wird ebenfalls ignoriert. Eine Skript-Datei muss mindestens eine Nicht-Kommentarzeile enthalten.

Mit **#n** kann das Ausschalten der automatischen Ausgabe auf ein bestimmtes sed-Skript begrenzt werden, wenn mehrere sed-Skripts in einem Aufruf angegeben sind.

Beispiel Mit der Eingabedatei *komment.ein*:

```
Frau Michaela Kimmel

Sehr geehrte(r) @

  in diesem Beispiel wird ausgiebig von der Funktion #
Gebrauch gemacht. Nicht wahr, @ ?
Wir waeren sehr froh, wenn dieses Beispiel Ihnen,
@, helfen wuerde, da Sie, @, hier
sehr oft erwaehnt werden. Bis bald, @, und

   mit freundlichen Gruessen
        Ihr Beispiel
```

und dem sed-Skript in der Datei *komment.sed*:

```
#n  Diese Zeile schaltet die automatische Ausgabe aus.

#   Dieses sed-Skript liest aus einer Datei die 1.Zeile und ersetzt in
```

```
#   der ganzen Datei das Zeichen @ durch den in der 1.Zeile
#   angegebenen Text

  # 1.Zeile ist der Ersetzungstext, welcher mit ## ... ## geklammert
  # und dann im Haltepuffer aufgehoben wird. Mit n wird dann die
  # naechste Eingabezeile gelesen.
1 { s/^\(.*\)$/##\1##/
    h
    n
  }

  # Alle restlichen Zeilen werden innerhalb einer Schleife mit
  #    :neuzeil
  #        ....
  #    b neuzeil
  # verarbeitet.
  # Enthaelt eine Eingabezeile das Zeichen @, so wird zuerst eine
  # Gruppe von Funktionen ausgefuehrt: Zunaechst wird dabei mit Fkt. G
  # der Haltepuffer (1.Zeile) an die aktuelle Eingabezeile angehaengt.
  # Die Schleife
  #    :nochda@
  #        ....
  #    t nochda@
  # wird solange ausgefuehrt, bis keine Ersetzung des Zeichens @
  # durch das Anhaengsel ## ... ## mehr stattfand.
  # Nach Verlassen dieser inneren Schleife wird zunaechst das Anhaengsel
  # ## ... ## abgehackt und dann werden alle Vorkommen von ## im
  # Eingabepuffer gestrichen.
  # Fuer jeden Eingabepuffer wird mit der Funktion p die Ausgabe
  # veranlasst und dann mit n eine neue Eingabezeile gelesen.

:neuzeil
/@/{
     G
     :nochda@
        s/@\([^#]*\)\(##.*##\)/\2\1\2/
     t nochda@
     /##/s/\n.*//
     /##/s/##//g
   }
p
n
b neuzeil
```

liefert der Aufruf

```
sed -f komment.sed komment.ein
```

folgende Ausgabe:

```
Sehr geehrte(r) Frau Michaela Kimmel

  in diesem Beispiel wird ausgiebig von der Funktion #
Gebrauch gemacht. Nicht wahr, Frau Michaela Kimmel ?
Wir waeren sehr froh, wenn dieses Beispiel Ihnen,
Frau Michaela Kimmel, helfen wuerde, da Sie, Frau Michaela Kimmel, hier
sehr oft erwaehnt werden. Bis bald, Frau Michaela Kimmel, und

   mit freundlichen Gruessen
       Ihr Beispiel
```

Leere Funktion	**(0)**
	wird ignoriert

3.3 Zusammenwirken von sed mit anderen Programmen

In diesem Kapitel wird gezeigt, wie sed-Skripts mit anderen Programmen zusammenarbeiten können.

3.3.1 sed-Skripts innerhalb von Shellskripts

sed-Skripts können – wie schon früher gezeigt – in Shellskripts eingebettet werden. Die einfachste Möglichkeit, Werte aus einem Shellskript an ein sed-Skript zu übergeben, ist die Übergabe dieser Werte über die Kommandozeile. In einem Shellskript kann man

```
sed 'sed-Skript' kdo_zeilen_argumente
```

angeben.

Dieses Shellskript wird dann mit

```
chmod +x skriptname
```

ausführbar gemacht.

Beispiel Es ist ein Shellskript zz zu erstellen, das zu allen auf der Kommandozeile angegebenen Dateien die Anzahl der enthaltenen Zeilen ausgibt.

So liefert z.B. der Aufruf

```
zz n*.sed
```

folgende Ausgabe:

```
n.sed: 1
n2.sed: 3
n3.sed: 4
```

```
n31.sed: 4
n32.sed: 4
ng.sed: 3
```

Das zugehörige Shellskript *zz* ist:

```
if [ $# -lt 1 ]
then
   echo "Aufrufsyntax:  zz  dateiname1 ....."
   exit 1
fi

for i in $*
do
   echo -n "$i: "
   sed -n '$=' $i
done
```

Eine andere Möglichkeit, Werte von einem Programm an ein sed-Skript weiterzureichen, ist die Übergabe dieser Werte über eine Pipe.

Beispiel Es ist ein Shellskript zu erstellen, das alle als Parameter übergebenen Dateien daraufhin überprüft, ob es sich bei diesen um ein C-Programm handelt. Das Kommando

file *datei1 ....*

analysiert bekanntlich den Dateiinhalt. Enthält eine Datei ein C-Programm, so gibt dieses Kommando zum Dateinamen noch den Text »`c program text`« aus. Diese Tatsache macht sich das folgende Shellskript *cid* zunutze:

```
if [ $# -lt 1 ]
then
   echo "Aufrufsyntax: cid datei1 ...."
   exit 1
fi

echo "Folgende C-Programmdateien wurden gefunden:"
file $* |
     sed -n '/c program text/{s///
                              p
                             }'
echo "----------"
```

Der Aufruf

```
cid /usr/egon/src/* *
```

liefert z.B. folgende Ausgabe:

```
Folgende C-Programmdateien wurden gefunden:
/usr/egon/src/aha.c:
```

```
/usr/egon/src/aha2.c:
c_prog.c:
cprog.c:
cprpr.aus:
-----------
```

3.3.2 Shellvariablen an sed übergeben

Es gibt mehrere Möglichkeiten, innerhalb eines sed-Skripts auf Shellvariablen zuzugreifen:

Shellvariable mit '.. ' klammern

Innerhalb eines sed-Skripts bewirkt die Klammerung einer Shellvariablen mit Apostrophs ('.. '***$variable***' .. '), dass die verschiedenen Sonderzeichen, die für sed gelten, vor der Interpretation durch die Shell geschützt werden; andererseits bleibt ***$variable*** ungeschützt und wird durch die Shell ausgewertet.

Beispiel Es existiere eine Datei *staaten*[1] mit folgendem Inhalt:

```
Staat:Hauptstadt:Einwohnerzahl:Flaeche
Grossbritannien:London:56 Mio:244000
Italien:Rom:57,3 Mio:294000
Frankreich:Paris:53,6 Mio:547000
USA:Washington:220,7 Mio:9363000
UdSSR:Moskau:266 Mio:22400000
Australien:Canberra:14,5 Mio:7678000
Indien:Neu Delhi:644 Mio:3288000
Schweiz:Bern:6,5 Mio:41000
Niederlande:Den Haag:14 Mio:41000
Oesterreich:Wien:7,5 Mio:83000
```

Das Shellskript *staat*:

```
echo "Welcher Staat ?"
read staat
sed -n '1{ s/.*/keine Daten zu '$staat' vorhanden/
           h
         }
         /^'$staat'/ {s/^[^:]*//
                      s/:/Hauptstadt: /
                      s/:/ --- Einwohner: /2
                      s/:/ --- Flaeche (in qkm): /3
                      h
         }
         ${g
           p
         }' staaten
```

1. ungefährer Stand 1980.

liest einen Staat ein, sucht diesen Staat dann in der Datei *staaten* und gibt die zugehörigen Daten aus.

Mögliche Bildschirmdialoge beim Aufruf von *staat* sind:

```
Welcher Staat ?
Indien[↵]
Hauptstadt: Neu Delhi --- Einwohner: 644 Mio --- Flaeche (in qkm): 3288000

Welcher Staat ?
Amerika[↵]
keine Daten zu Amerika vorhanden
```

sed-Skript mit ".. " klammern

Eine Klammerung mit " .. " bewirkt, dass der Zugriff auf Shellvariable mit **$** durch die Shell interpretiert wird, da bei dieser Art der Klammerung die Sonderbedeutung von **$** für die Shell nicht ausgeschaltet wird.

Beispiel Es ist ein Shellskript *einrueck* zu erstellen, das bei der Ausgabe den als 1. Argument übergebenen Text jeder Zeile voranstellt. Für welche Dateien dies zu tun ist, wird mit den restlichen Positionsparametern festgelegt.

Wenn nun im Working Directory zwei Dateien mit dem Suffix "`.txt`" existieren, nämlich

einr1.txt:

```
=Manuela Meier
2 Geschichte
3 Mathematik
4 Physik
1 Latein
```

einr2.txt:

```
Programmierer : Manuela Meier : Stormstrasse 12 : 91058 Erlangen

Lehrer : Gudrun Boller : Wassergasse 17 : 97322 Schweinfurt

Programmierer : Franz Grabowsky : Torstrasse 11 : 81479 Muenchen

Arzt : Ronald Elliot : Mainstrasse 189 : 96049 Bamberg
```

dann liefert der Aufruf

```
einrueck "    : "  einr*.txt
```

folgende Ausgabe:

```
-- einr1.txt:
    : =Manuela Meier
```

```
    : 2 Geschichte
    : 3 Mathematik
    : 4 Physik
    : 1 Latein
-- einr2.txt:
    : Programmierer : Manuela Meier : Stormstrasse 12 : 91058 Erlangen
    :
    : Lehrer : Gudrun Boller : Wassergasse 17 : 97322 Schweinfurt
    :
    : Programmierer : Franz Grabowsky : Torstrasse 11 : 81479 Muenchen
    :
    : Arzt : Ronald Elliot : Mainstrasse 189 : 96049 Bamberg
```

Das zugehörige Shellskript *einrueck* kann wie folgt aussehen:

```
if [ $# -lt 2 ]
then
   echo "richtiger Aufruf:  $0  voranzustellende_zeichen  dateil ...."
   exit 1
fi
einr=$1
shift
while [ $# -ne 0 ]
do
   echo "-- $1:" >& 2    # Ausgabe des Dateinamens erfolgt auf die
                         # Standardfehlerausgabe
   sed "s/^/$einr/" $1
   shift
done
```

Es sei darauf hingewiesen, dass in diesem Shellskript der jeweilige Dateiname auf die Standardfehlerausgabe geschrieben wird. Wenn also die Standardausgabe beim Aufruf umgelenkt wird, werden trotzdem die Dateinamen wieder auf den Bildschirm ausgegeben.

Das folgende Shellskript *catcc* gibt alle auf der Kommandozeile angegebenen C-Dateien aus, wobei es jedoch alle Kommentare invers darstellt.

```
INVERS=`tput smso`
NORMAL=`tput rmso`
cat $* |
   sed "s/\/\*/$INVERS&/g
        s/\*\//&$NORMAL/g"
```

Bei dieser Möglichkeit ist zu beachten, dass Sonderzeichen (wie **$**), die auch in der Shell vorhanden sind, ein \ vorangestellt werden muss, um ihre Interpretation durch die Shell zu unterbinden.

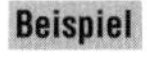

Es sind alle Dateien aufzulisten, die neuer als eine angegebene Datei sind. Diese Aufgabe löst das nachfolgende Shellskript *lsneuer*:

```
if [ $# -ne 1 ]
then
   echo "richtiger Aufruf:  $0  dateiname"
   exit 1
fi
ls -t | sed "/^$1\$/q"
```

Die Angabe der Option **-t** beim Kommando **ls** bewirkt, dass die Dateien bei der Ausgabe nach dem Zeitpunkt ihrer Erstellung sortiert werden (die zuletzt geänderten zuerst).

Im sed-Skript ist zu erkennen, dass das **$**, das das Zeilenende abdecken soll, mit **\$** anzugeben ist, um es vor der Interpretation durch die Shell zu schützen.

3.4 sed-Anwendungsbeispiele

3.4.1 Durchsuchen aller PATH-Pfade nach Dateien

Das nachfolgende Shellskript *woist* durchsucht alle in der Shellvariablen `PATH` vorgegebenen Pfadnamen nach Dateien, die beim Aufruf dieses Skripts als Positionsparameter angegeben sind:

```
for i
do
   for j in `echo $PATH | sed -e 's/^:/.:/
                                 s/::/:.:/
                                 s/:$/:./
                                 s/:/ /g'`
   do
      if [ -s $j/$i ]
      then
         echo $j/$i
      fi
   done
done
```

3.4.2 Erstellen einer Cross-Reference-Liste für C-Programmdateien

Das hier vorgestellte Shellskript *xref* erstellt eine einfache Cross-Reference-Liste für C-Module.

Die beiden Dateien *extra.c* und *std_plan.c* sollen folgenden Inhalt (mit Zeilennumerierung angegeben) haben:

extra.c:

```
 1  /* Dieses Modul extrahiert Namen aus einer
 2     Datei
 3   */
 4  #include <stdio.h>
 5  #include <string.h>
 6  #include "stdtype.h"
 7
 8  main()
 9  {
10      FILE  *lzeig, *l2zeig, *dzeig;
11      char   zeile[100], lehrer[100], hilf[100];
12      char  *zeiger;
13      bool   gefunden;
14
15      if ((lzeig=fopen("lehrfrei.roh", "r")) == NULL) {
16          printf("Fehler beim Eroeffnen der Datei 'lehrfrei.roh'");
17          exit(1);
18      }
19      if ((l2zeig=fopen("lehrfr2", "w")) == NULL) {
20          printf("Fehler beim Eroeffnen der Datei 'lehrfr2'");
21          exit(1);
22      }
23      if ((dzeig=fopen("lehrdat", "r")) == NULL) {
24          printf("Fehler beim Eroeffnen der Datei 'lehrdat'");
25          exit(1);
26      }
27      while (fgets(zeile,100,lzeig)) {
28         if (zeile[0] == '*') {
29            rewind(dzeig);
30            gefunden = FALSE;
31            while (fgets(lehrer,100,dzeig)) {
32               zeiger = strchr(lehrer+2, ' ');
33               strncpy(hilf, lehrer+2, zeiger-lehrer-2);
34               if (!strcmp(zeile+2, hilf)) {
35                  gefunden =TRUE;
36                  break;
37               }
38            }
39            if (!gefunden) {
40               printf("Lehrer %s ist nicht vorhanden\n", zeile+2);
41               exit(1);
42            }
43            fprintf(l2zeig, "%s", lehrer);
44         } else
45            fprintf(l2zeig, "%s\n", zeile);
46      }
47  }
```

std_plan.c:

```
 1  /*******************
 2   **** std_plan.c ****
 3   *******************/
 4
 5  #include <stdio.h>
 6  #include "stdtype.h"
 7  #include "eingabe.h"
 8  #include "mix.h"
 9  #include "backtrac.h"
10  #include "symb_tab.h"
11  #include "ausgabe.h"
12
13  /*-------------------------------------------------------------*/
14                               main()
15  /*-------------------------------------------------------------*/
16  {
17     char  c;
18     bool  erstemal = TRUE;
19
20     printf("Nur Lehrer und Raeume selektieren ? (j/n) ");
21     c=getchar();
22     st_init();
23     if (c=='j') {
24        eingabe(TRUE);
25     } else {
26        eingabe(FALSE);
27        mix_tabelle_erstellen();
28        st_sortiere_datensaetze();
29        do {
30           if (backtrack(erstemal)) {
31              int  kurszahl, lehrerzahl, raumzahl;
32              erstemal = FALSE;
33              ausgabe();
34              printf("\nPlaene am Bildschirm anzeigen (j/n) ?");
35              c = getchar();
36              if (toupper(c) == 'J') {
37                 int    k;
38                 char   kursname[20], klassleit[40];
39                 plan_strukt stundpln;
40                 st_hole_anzahl(&kurszahl,&lehrerzahl,&raumzahl);
41                 for (k=1 ; k<=kurszahl ; k++) {
42                    st_hole_stundenplan(k, kursname,
43                                        klassleit, stundpln);
44                    aus_probier_stundenplan(kursname, stundpln);
45                 }
46              }
47              printf("Noch einen Stundenplan ? (j/n) ");
48              c = getchar();
49           } else
```

```
50              printf("Keine Loesung !\n");
51          } while (c == 'j');
52      }
53  }
```

Der Aufruf

```
xref extra.c std_plan.c
```

liefert folgende Cross-Reference-Liste:

```
Bildschirm                  std_plan.c  34
Datei                          extra.c  16, 20, 24
Eroeffnen                      extra.c  16, 20, 24
FALSE                          extra.c  30
                            std_plan.c  26, 32
FILE                           extra.c  10
Fehler                         extra.c  16, 20, 24
J                           std_plan.c  36
Keine                       std_plan.c  50
Lehrer                         extra.c  40
                            std_plan.c  20
Loesung                     std_plan.c  50
NULL                           extra.c  15, 19, 23
Noch                        std_plan.c  47
Nur                         std_plan.c  20
Raeume                      std_plan.c  20
Stundenplan                 std_plan.c  47
TRUE                           extra.c  35
                            std_plan.c  18, 24
am                          std_plan.c  34
anzeigen                    std_plan.c  34
aus_probier_stundenplan     std_plan.c  44
ausgabe                     std_plan.c  11, 33
backtrac                    std_plan.c  9
backtrack                   std_plan.c  30
beim                           extra.c  16, 20, 24
bool                           extra.c  13
                            std_plan.c  18
break                          extra.c  36
c                           std_plan.c  17, 21, 23, 35, 36, 48, 51
char                           extra.c  11, 12
                            std_plan.c  17, 38
der                            extra.c  16, 20, 24
do                          std_plan.c  29
dzeig                          extra.c  10, 23, 29, 31
einen                       std_plan.c  47
eingabe                     std_plan.c  7, 24, 26
else                           extra.c  44
                            std_plan.c  25, 49
erstemal                    std_plan.c  18, 30, 32
exit                           extra.c  17, 21, 25, 41
```

```
fgets                              extra.c  27, 31
fopen                              extra.c  15, 19, 23
for                             std_plan.c  41
fprintf                            extra.c  43, 45
gefunden                           extra.c  13, 30, 35, 39
getchar                         std_plan.c  21, 35, 48
h                                  extra.c  4, 5, 6
                                std_plan.c  5, 6, 7, 8, 9, 10, 11
hilf                               extra.c  11, 33, 34
if                                 extra.c  15, 19, 23, 28, 34, 39
                                std_plan.c  23, 30, 36
include                            extra.c  4, 5, 6
                                std_plan.c  5, 6, 7, 8, 9, 10, 11
int                             std_plan.c  31, 37
ist                                extra.c  40
j                               std_plan.c  20, 23, 34, 47, 51
k                               std_plan.c  37, 41, 42
klassleit                       std_plan.c  38, 43
kursname                        std_plan.c  38, 42, 44
kurszahl                        std_plan.c  31, 40, 41
l2zeig                             extra.c  10, 19, 43, 45
lehrdat                            extra.c  23, 24
lehrer                             extra.c  11, 31, 32, 33, 43
lehrerzahl                      std_plan.c  31, 40
lehrfr2                            extra.c  19, 20
lehrfrei                           extra.c  15, 16
lzeig                              extra.c  10, 15, 27
main                               extra.c  8
                                std_plan.c  14
mix                             std_plan.c  8
mix_tabelle_erstellen           std_plan.c  27
n                                  extra.c  40, 45
                                std_plan.c  20, 34, 47, 50
nPlaene                         std_plan.c  34
nicht                              extra.c  40
plan_strukt                     std_plan.c  39
printf                             extra.c  16, 20, 24, 40
                                std_plan.c  20, 34, 47, 50
r                                  extra.c  15, 23
raumzahl                        std_plan.c  31, 40
rewind                             extra.c  29
roh                                extra.c  15, 16
s                                  extra.c  40, 43, 45
selektieren                     std_plan.c  20
st_hole_anzahl                  std_plan.c  40
st_hole_stundenplan             std_plan.c  42
st_init                         std_plan.c  22
st_sortiere_datensaetze         std_plan.c  28
stdio                              extra.c  4
                                std_plan.c  5
stdtype                            extra.c  6
```

```
                              std_plan.c  6
strchr                            extra.c  32
strcmp                            extra.c  34
string                            extra.c  5
strncpy                           extra.c  33
stundpln                      std_plan.c  39, 43, 44
symb_tab                      std_plan.c  10
toupper                       std_plan.c  36
und                           std_plan.c  20
vorhanden                         extra.c  40
w                                 extra.c  19
while                             extra.c  27, 31
                              std_plan.c  51
zeiger                            extra.c  12, 32, 33
zeile                             extra.c  11, 27, 28, 34, 40, 45
```

Das Shellskript *xref*[1] besteht aus einer »großen Pipe«, die sich von Anfang bis zum Ende des Skripts erstreckt. Jedes Kommando erfüllt eine bestimmte Aufgabe, bevor es die so manipulierten Daten wieder über die »große Pipe« an das nächste Kommando weiterreicht:

```
# xref datei1 ...
#
#  Ausgabe einer einfachen Cross-Reference-Liste fuer die
#  als positionellen Parameter angegebenen C-Programmdateien
#

ueberschrift="====D_NAME===="

   #  Erzeugen einer Ueberschrift (mit "====D_NAME====" geklammerter
   #  jeweiliger Dateiname); diese Ueberschrift wird zusammen mit dem
   #  zugehoerigen Inhalt jeder angegebenen Datei ueber eine Pipe
   #  an das nachfolgende sed-Skript weitergeleitet
for i in $*
do
   echo "$ueberschrift  $i  $ueberschrift"
   cat $i
done  |

   #  Das sed-Skript ersetzt dann alle einzeiligen Kommentarzeilen durch
   #  Leerzeilen und leitet die so geaenderten Eingabedaten ueber
   #  eine Pipe an ein awk-Programm weiter
sed 's+/\*.*\*/++'  |

   #  Das awk-Programm ersetzt mehrzeilige Kommentarzeilen durch
   #  Leerzeilen und leitet die so geaenderten Eingabedaten ueber
   #  eine Pipe an ein weiteres sed-Skript weiter
```

1. Statt **\t** muss die Tabulator-Taste bei der Eingabe dieses sed-Skripts gedrückt werden.

```
awk '/\/\*/,/\*\// { printf("\n"); next }
                   { print $0 }'  |

    # Das sed-Skript ersetzt alle fuer C-Namen nicht erlaubten Zeichen
    # durch ein Leerzeichen; diese Ersetzung wird nur fuer Zeilen
    # vorgenommen, die nicht mit "====D_NAME====" beginnen.
    # Die so geaenderten Eingabedaten werden ueber eine Pipe an ein
    # weiteres awk-Programm weitergeleitet
sed '/'$ueberschrift' /!s/[^A-Za-z_0-9]/ /g' |

    # Wenn dieses awk-Programm eine "Ueberschrifts-Zeile"
    # (Zeile, welche als 1. und als 3.Feld $ueberschrift enthaelt) findet,
    # so haelt es den zugehoerigen Dateinamen in der Variablen DATEI
    # fest und setzt die Zeilennumerierung auf 1.
    # Fuer jede "echte Zeile" gibt es dann pro Feld den Feldnamen,
    # den Inhalt der Variable DATEI und die Zeilennummer aus; diese
    # Ausgabe wird wieder ueber eine Pipe an ein sed-Skript weitergeleitet
awk 'BEGIN { OFS="\t" }
     $1 ~ /^'$ueberschrift'$/ && $3 ~ /^'$ueberschrift'$/ {
         DATEI = $2
         zeil_nr = 1
         next
     }
     { for (i=1; i<=NF ; i++)
          print $i, DATEI, zeil_nr
       zeil_nr++
     }'  |

    # Dieses sed-Skript entfernt alle Zeilen, die nicht einen erlaubten
    # C-Namen besitzen; die so geaenderten Eingabedaten werden ueber
    # eine Pipe an ein sort-Kommando weitergeleitet
sed '/^[A-Za-z_][A-Za-z_0-9]*/!d'    |

    # Sortieren nach den Sortierschluesseln C-Name (1.Feld),
    # Dateiname (2.Feld) und Zeilennummer (3.Feld), wobei doppelte
    # Zeilen geloescht werden (Option -u). Die sortierte Ausgabe wird
    # ueber eine Pipe an ein awk-Programm weitergeleitet
sort -u +0 -1 +1 -2 +2n -3    |

    # (1) Falls das betrachtete Wort dasselbe ist wie das vorhergehende
    #     und falls dieses Wort in derselben Datei vorkam, dann wird
    #     nur die neue Zeilennummer an die vorherige Ausgabe angehaengt
    # (2) Falls dasselbe Wort in einer anderen Datei vorkam, wird in
    #     einer eigenen Zeile eingerueckt die neue Datei mit der
    #     entsprechenden Zeilennummer ausgegeben
    # (3) Falls das betrachtete Wort nicht identisch ist mit dem vorherigen,
    #     werden in einer neuen Zeile das Wort, der Dateiname und die
    #     Zeilennummer ausgegeben. Der neue C-Name wird in der Variablen
    #     name_vorher und der Dateiname in der Variablen datei_vorher
    #     abgelegt
```

```
awk '    {
            if ($1 == name_vorher) {
               if ($2 == datei_vorher) {
                  printf(", %d", $3)                             # (1)
               } else {
                  printf("\n%-25s %15s  %d", " ", $2, $3)  # (2)
                  datei_vorher = $2                              #
               }
            } else {
               printf("\n%-25s %15s  %d", $1, $2, $3)        # (3)
               name_vorher = $1                                  #
               datei_vorher = $2                                 #
            }
         }
    END {  printf("\n") }'
```

Das vorgestellte Skript *xref* ermittelt alle Strings, die nach Definition erlaubte C-Namen sind. Dadurch werden auch Schlüsselwörter (wie **char**, **while**, **do** usw.) oder in **printf** angegebene Wörter aufgelistet. Um die Einbeziehung von Konstrukten wie diese zu unterbinden, müßte ein wesentlich intelligenteres Skript geschrieben werden. Für den Hausgebrauch sollte diese Skript-Version allerdings ausreichen.

3.4.3 Ein Compile-Edit-Lauf

Nach der Ausgabe von Fehlermeldungen durch den C-Compiler muss meist wieder der **vi** aufgerufen und dann zur fehlerhaften Zeile gesprungen werden. Das folgende Shellskript sorgt dafür, dass nach Ausgabe der Fehlermeldungen der **vi** automatisch aufgerufen und der Cursor bereits auf die erste fehlerhafte Zeile positioniert wird. Nach der Korrektur dieses Fehlers und dem Verlassen des Editors wird der C-Compiler automatisch wieder aufgerufen. Dieser Zyklus wird wiederholt, bis der Compilerlauf fehlerfrei ist.

In diesem Skript wurde die folgende Syntax für Fehlermeldungen des Compilers angenommen (muss eventuell an Fehlermeldungen des jeweiligen Compilers angepaßt werden):

```
"a.c", line 2: syntax error
"a.c", line 5: redeclaration of formal parameter, b
"a.c", line 5: incomplete or misplaced function definition
"a.c", line 8: incomplete or misplaced function definition
```

Für das nun vorgestellte Beispiel eines Compile-Edit-Laufs wurden die folgenden fehlerhaften C-Quelldateien verwendet.

a.c:

```
main(
{
  int a+1, b=2;
```

```
  add(a,b);
  a=17;
  b=13;
  add2(a,b);
```

b.c:

```
add(x,y)
{
  printf("%d + %d = %d\n", x, y, x+y);
```

c.c:

```
add2(x1,x2)
{
  printf("%d + %d = %d\n", x1, x2, x1+x2);
```

Das Skript *ce*, das diesen Compile-Edit-Lauf realisiert, wurde für das nachfolgende Beispiel mit

```
ce  -o add  a.c b.c c.c
```

aufgerufen.

Beispiel für einen möglichen Dialogablauf bei obigem Aufruf:

```
                                              |
cc -o add a.c b.c c.c                         |
a.c:                                          |  Ausgabe am
b.c:                                          |
c.c:                                          |   Bildschirm
                                              |
Erster beim Kompilieren gefundener Fehler:    |
*                                             |
"a.c", line 2: syntax error                   |
*                                             |
RETURN druecken, um Editor aufzurufen         |
[↵]                                         <-------- Eingabe
                                              |
Aufruf von vi zur Bearbeitung von a.c         | Ausgabe am Bildschirm
                                              +
                                              |  Im Editor vi die
                                              |   Fehler in a.c
       [Editieren]                            |   beseitigen; werden
                                              |   nicht alle Fehler
                                              |   beseitigt, wird
                                              |   Zyklus
                                              +    (Compile-->Edit)
Nun erfolgt der Aufruf:                       |   wiederholt
    cc -o add a.c b.c c.c                     |
a.c:                                          |
b.c:                                          | Ausgabe am
```

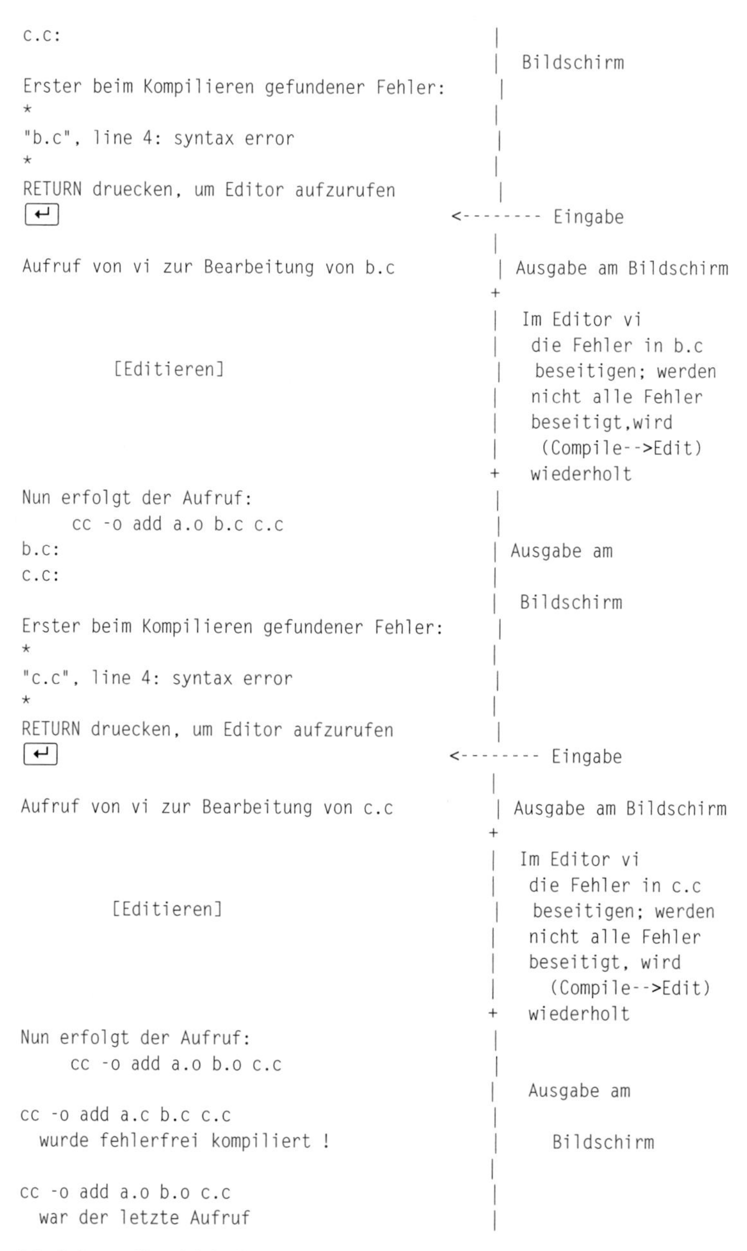

Nachdem alles fehlerfrei kompiliert ist, haben die Dateien *a.c*, *b.c* und *c.c* folgende Inhalte:

a.c:

```
main()
{
  int a=1, b=2;

  add(a,b);
  a=17;
  b=13;
  add2(a,b);
}
```

b.c:

```
add(int x, int y)
{
  printf("%d + %d = %d\n", x, y, x+y);
}
```

c.c:

```
add2(int x1, int x2)
{
  printf("%d + %d = %d\n", x1, x2, x1+x2);
}
```

Das zugehörige Shellskript *ce* lautet:

```
  # Signal-Handling installieren
trap 'rm $fehlerdatei 2>/dev/null; exit 1' 1 2 3 4 5 15

  # Initialisierungsteil
fehlerdatei="/tmp/${LOGNAME}.fehlerdatei"
arguments=$@
var=$arguments

  # Ausgabe der cc-Kommandozeile
echo
echo cc $@

  # Compiler-Fehlermeldungen werden in die Datei $fehlerdatei geschrieben
cc $@ 2> $fehlerdatei

  # Solange Fehler vorhanden sind (Fehlerdatei nicht leer)
while [ -s $fehlerdatei ]
do
  echo
  echo "Erster beim Kompilieren gefundener Fehler:"
  echo '*'
  sed '1q' $fehlerdatei       # Ausgabe der 1.Zeile aus $fehlerdatei
  echo '*'
  echo "RETURN druecken, um Editor aufzurufen"
```

```
    read X                         # Mit Read den Skript-Lauf anhalten
            # Namen der Datei ermitteln, in der erster Fehler bei der
            # Kompilierung gefunden wurde
    dateiname=`sed '1{s/"\([^"]*\).*/\1/1
                      q
                     }' $fehlerdatei`
    echo
    if [ -w $dateiname ]
    then
            # Nummer der Zeile ermitteln, in der erster Fehler auftrat
       zeil_nr=`sed '1{s/.*line \([1-9][0-9]*\).*/\1/
                      q
                     }' $fehlerdatei`
            # Editor vi aufrufen und Cursor auf die Zeile setzen, in
            # der Fehler vom Compiler gefunden wurde
       echo "Aufruf von vi zur Bearbeitung von $dateiname"
       vi +$zeil_nr $dateiname
            # Bei den fehlerfreien C-Quelldateien wird die Extension ".c"
            # durch ".o" ersetzt, um eine erneute Kompilierung zu
            # verhindern; die so entstandene neue Aufrufzeile wird in der
            # Variablen var festgehalten
       var=`echo $arguments |
                 sed "h
                      s/\(.*\)$dateiname.*/\1/
                      x
                      s/.*\($dateiname.*\)/\1/
                      x
                      s/\.c/\.o/g
                      G
                      s/\(.*\)\n\(.*\)/\1\2/
                      q"`
       echo
       echo "Nun erfolgt der Aufruf:"
       echo "     cc $var"
       cc $var 2> $fehlerdatei
    else
       echo "Keine Schreibberechtigung fuer $dateiname"
       exit 1
    fi
done
echo
echo "cc $@"
echo "  wurde fehlerfrei kompiliert !"
echo
echo "cc $var"
echo "  war der letzte Aufruf"
echo
rm $fehlerdatei
exit 0
```

Das zugehörige Shellskript für Linux *ce.linux* lautet:

```
  # Signal-Handling installieren
trap 'rm $fehlerdatei 2>/dev/null; exit 1' 1 2 3 4 5 15

  # Initialisierungsteil
fehlerdatei="/tmp/${LOGNAME}.fehlerdatei"
arguments=$@
var=$arguments

  # Ausgabe der cc-Kommandozeile
echo
echo cc $@

  # Compiler-Fehlermeldungen werden in die Datei $fehlerdatei geschrieben
cc $@ 2> $fehlerdatei

  # Solange Fehler vorhanden sind (Fehlerdatei nicht leer)
while [ -s $fehlerdatei ]
do
  echo
  echo "Erster beim Kompilieren gefundener Fehler:"
  echo '*'
  sed '2q' $fehlerdatei        # Ausgabe der 1.Zeile aus $fehlerdatei
  echo '*'
  echo "RETURN druecken, um Editor aufzurufen"
  read X                       # Mit Read den Skript-Lauf anhalten
        # Namen der Datei ermitteln, in der erster Fehler bei der
        # Kompilierung gefunden wurde
  dateiname=`sed -n '2{s/\([^:]*\).*/\1/p
                   q
                  }' $fehlerdatei`
  echo
  if [ -w $dateiname ]
  then
        # Nummer der Zeile ermitteln, in der erster Fehler auftrat
    zeil_nr=`sed -n '2{s/.*:\([1-9][0-9]*\).*/\1/p
                    q
                   }' $fehlerdatei`
        # Editor vi aufrufen und Cursor auf die Zeile setzen, in
        # der Fehler vom Compiler gefunden wurde
    echo "Aufruf von vi zur Bearbeitung von $dateiname"
    vi +$zeil_nr $dateiname
    echo
    echo "Nun erfolgt der Aufruf:"
    echo "     cc $var"
    cc $var 2> $fehlerdatei
  else
    echo "Keine Schreibberechtigung fuer $dateiname"
    exit 1
  fi
```

```
done
echo
echo "cc $@"
echo "  wurde fehlerfrei kompiliert !"
echo
echo "cc $var"
echo "  war der letzte Aufruf"
echo
rm $fehlerdatei
exit 0
```

3.4.4 Ein History-Mechanismus für die Bourne-Shell

Den von der bash, C- und Korn-Shell angebotenen History-Mechanismus vermißt man sehr in der ursprünglichen Bourne-Shell. Diese drei Shells speichern die zuvor eingegebenen Kommandozeilen und ermöglichen es so, früher eingegebene Kommandos erneut ausführen zu lassen. Das folgende Shellskript *hist* realisiert einen »kleinen History-Mechanismus« für die ursprüngliche Bourne-Shell.

Um einen History-Mechanismus richtig zu realisieren, muss die Kommandozeile gespeichert werden, bevor sie von der Shell ausgewertet wird. Wenn z.B. das Kommando

```
ls  *.c
```

gegeben wird, so hilft es wenig, wenn dieses Kommando von der Shell nach

```
ls  a.c  b.c  c.c
```

expandiert wird, und man dieses Kommando in einem anderen Directory wieder aufruft. Das Shellskript *hist* liest deshalb mit **read** das eingegebene Kommando und speichert es in einer History-Datei, bevor es das Kommando ausführt. Ein Nachteil des hier vorgestellten History-Mechanismus ist, dass er keine Substitutionen – wie die bash, C- oder Korn Shell – erlaubt.

Ein möglicher Dialogverlauf mit dem Skript *hist* könnte ist:

```
$ hist↵
/home/heh> ls↵
hh.ksh
hist.aus
history.dat
/home/heh> cd sed↵
/home/heh/sed>!h↵
Kommando nicht gefunden
/home/heh/sed> !l↵
hist1.ksh
hist2.ksh
hist3.ksh
hist4.ksh
```

```
/home/heh/sed> history⏎
    1   ls h*
    2   cd sed
    3   history
/home/heh/sed> ⏎
/home/heh/sed> cd ..⏎
/home/heh> !c⏎
/home> cd heh⏎
/home/heh> !h⏎
    1   ls h*
    2   cd sed
    3   history
    4   cd ..
    5   cd heh
/home/heh> !2⏎
/home/heh/sed> ....
......
......
```

Das Shellskript *hist*:

```
#---- Funktion kdo_auswert -----------------------------
#-------------------------------------------------------
kdo_auswert() {
    if [ -z "$kdo" ]
    then
       echo "Kommando nicht gefunden"
    elif [ "$kdo" = "history" ]   # Wenn Kommando history verlangt,
    then                          # so "von Hand" ausfuehren
       pr -t -n $history_datei
    else
       set +f # Fuer Kommandoausfuehrung Dateinamengenerierung anschalten
       echo "$kdo"
       eval $kdo
    fi;
}
#---- Skript-Beginn -------------------------------------
#-------------------------------------------------------
trap ' ' 1 2 3 4 5 6 15
history_datei="$HOME/history.dat"
rm -f $history_datei 2> /dev/null      # keine Fehlermeldungen ausgeben
echo -n "`pwd`> "     # Prompt ausgeben
set -f           # Dateinamen-Generierung (fuer read) ausschalten

  # Schleife wird verlassen, wenn das Lesen nicht erfolgreich (STRG-D)
while read kdo
do
   if [ ! -z "$kdo" ]   # Nachfolgendes nur ausfuehren, wenn kein
   then                 # leeres Kommando (nur <CR>) eingegeben wurde
      case $kdo in
         history) echo $kdo >>$history_datei
```

```
                letzt_kdo=$kdo
                pr -t -n $history_datei;;

            !!) kdo=`sed -n '$p' $history_datei`  # Letztes Kommando
                kdo=$letzt_kdo
                kdo_auswert;;

        ![0-9]*) zahl=`echo $kdo | sed 's/^!//'`  # ! am Anfang entfernen
                  # entsprechend numeriertes Kommando aus der Datei
                  # $history_datei filtern
                kdo=`sed -n "$zahl p" $history_datei`
                letzt_kdo=$kdo
                kdo_auswert;;

        ![!-~]*) zeichen=`echo $kdo | sed 's/^!//'`  # ! am Anfang entfernen
                  # Letztes Kommando, das mit $zeichen beginnt,
                  # aus der Datei $history_datei filtern
                kdo=`sed -n '/^'$zeichen'/h
                             ${g
                               p
                              }' $history_datei`
                letzt_kdo=$kdo
                kdo_auswert;;

             *) echo "$kdo" >>$history_datei
                set +f      # Fuer die Kommandoausfuehrung die
                            # Dateinamengenerierung wieder anschalten
                letzt_kdo=$kdo
                eval $kdo;;
    esac
  fi
  echo -n "`pwd`> "      # Prompt ausgeben
  set -f  # Dateinamengenerierung fuer das Einlesen wieder einschalten
done
```

3.4.5 Ein finger-Kommando für das System V

Das UNIX-Kommando **finger** durchforstet die Paßwortdatei (`/etc/passwd`), um bestimmte Benutzer zu identifizieren. Zusätzlich gibt es Informationen aus, die in bestimmten Dateien (*.plan* und *.project*) der Home-Directories der gefundenen Benutzer gespeichert sind.

finger wird mit einem Pattern-Argument aufgerufen und findet alle Benutzer, deren login-Name oder wirklicher Name durch dieses Pattern abgedeckt ist.

Das folgende Shellskript *finger* bildet einen Teil der Funktionalität des UNIX-Kommandos **finger** nach.

Jeder Eintrag in der Datei `/etc/passwd` enthält mit Doppelpunkten voneinander abgegrenzte Felder[1], wie z. B.

```
root:jhsdhj:0:2:Super-User:/:
hh:jhdhjh:14:3:Helmut Horten:/home/hh:
fm:jhsduzizfduh:127:3:Fritz Meier:/user2/fm:
mike:hgjdhjfhjfh:63:6:Michael Kermer:/home/mike:
```

Das Skript *finger* interessiert sich für das 1. Feld (Login-Name), das 5. Feld (Kommentar-Feld, das meist den wirklichen Benutzernamen, Telefonnummer usw. enthält) und das 6. Feld (Home-Directory). Wenn das auf der Kommandozeile angegebene Pattern entweder das 1. oder das 5. Feld abdeckt, so wird nicht nur die Login-Kennung und der wirkliche Name dieses Benutzers, sondern auch der Inhalt der Dateien *.plan* und *.project* in dessen Home-Directory ausgegeben.

Ein Aufruf

```
finger  i
```

liefert z. B. folgende Ausgabe:

```
Login: fm     Real Name: Fritz Meier

Meinen Beitrag zu einem fehlerfreien, benutzerfreundlichen
und leistungsfaehigen C-Compiler leisten.

Test-Skripts fuer die C-Compilergruppe erstellen


Login: mike     Real Name: Michael Kermer

 No plan

Mitarbeit an der Erstellung eines ADA-Compilers
Zustaendig fuer das front-end
```

Das Shellskript *finger*:

```
if [ $# -ne 1 ]
then
   echo "Richtiger Aufruf:  finger  name|Pattern"
   exit 1
fi

  # Alle Zeilen in /etc/passwd suchen, die $1 enthalten.
  # Optionen bei egrep:
  #   -i  Klein-/Gross-Schreibung nicht unterscheiden
```

1. Aus Sicherheitsgründen wird die Paßwort-Datei ab System V Release 4 in zwei Dateien (*/etc/passwd* und */etc/shadow*) aufgeteilt. Die Datei */etc/passwd* enthält in diesem Fall das verschlüsselte Paßwort, ist aber nicht für jedermann lesbar.

```
  #   -n  Zeilennummer voranstellen
  # Der letzte cut-Befehl in der for-Bedingung bewirkt, dass die
  # Zeilennummer der Laufvariablen b zugewiesen wird.
for b in `cut -d: -f1,5 /etc/passwd | egrep -in "$1" | cut -d: -f1`
do
      # In passwd_zeile die entsprechende Zeile (ueber Zeilennummer $b
      # festgelegt) abspeichern
   passwd_zeile=`sed -n "$b p" /etc/passwd`
      # Home-Directory aus dieser Zeile herausschneiden
   home_dir=`echo $passwd_zeile | cut -d: -f6`
      # Wirklichen Namen und Login-Namen aus der Passwort-Zeile
      # herrausschneiden
   echo $passwd_zeile |
     cut -d: -f1,5 |
       sed 's/:/     Real Name: /
            s/^/Login: /'

   if [ -f "$home_dir"/.plan ]   # Ueberpruefen, ob eine Datei .plan
   then                          # existiert; wenn ja, dann wird der
      echo                       # Inhalt dieser Datei ausgegeben, sonst
      cat "$home_dir"/.plan      # der Kommentar "No plan"
      echo
   else
      echo "No plan."
   fi
   if [ -f "$home_dir"/.project ]   # Ueberpruefen, ob eine Datei .project
   then                             # existiert; wenn ja, dann wird der
      echo                          # Inhalt dieser Datei ausgegeben, sonst
      cat "$home_dir"/.project      # der Kommentar "No project"
      echo
   else
      echo "No project."
   fi
   echo
done
```

3.4.6 Heutigen Tag in einem Kalendermonat hervorheben

Das Shellskript *heute*:

```
monat=`date +%m`
set `date`
jahr=$6
tag=$3
INVERS=`tput smso`
NORMAL=`tput rmso`

cal $monat $jahr |
     sed "s/^/ /
          s/$/ /
          s/ $tag / ${INVERS}$tag${NORMAL} /g"
```

gibt den aktuellen Kalendermonat aus, wobei es den heutigen Tag invers (hier fett gezeigt) darstellt, wie z. B.

```
     July 1998
Su Mo Tu We Th Fr Sa
          1  2  3  4
 5  6  7  8  9 10 11
12 13 14 15 16 17 18
19 20 21 22 23 24 25
26 27 28 29 30 31
```

3.4.7 Einige Schlußbemerkungen zum sed

sed ist – aufgrund seiner Ein-Buchstaben-Kommandos – schwer zu erlernen. Dieser Nachteil wird jedoch durch seine Verarbeitungsgeschwindigkeit und die Fähigkeit, komplexe Änderungen an sehr großen Dateien vorzunehmen, ausgeglichen. Je vertrauter man mit sed wird, umso mehr setzt man es auch für die kleineren, alltäglich auftretenden Aufgaben – wie z. B. für temporäre Änderungen an Dateien – ein.

Noch ein Wort zur Vorgehensweise von sed: Bevor die sed-Anweisungen für die entsprechenden Eingabedateien ausgeführt werden, werden sie kompiliert. Die sed-Kommandos werden dabei in der Reihenfolge kompiliert, in der sie angegeben sind; dies ist im allgemeinen auch die Reihenfolge, in der sie dann ausgeführt werden. Die einzelnen sed-Anweisungen werden Schritt für Schritt nacheinander ausgeführt; die Eingabe für jede einzelne sed-Anweisung ist die Ausgabe aller zuvor ausgeführten sed-Anweisungen.

A Übersicht über die regulären Ausdrücke

<table>
<tr><th>deckt ab / bewirkt</th><th>Dateinamen-Expandierung</th><th>awk, egrep</th><th>sed, ed, grep, csplit</th><th>ex, vi</th><th>lex</th></tr>
<tr><td>ein beliebiges Zeichen</td><td>?</td><td>.</td><td>.</td><td>.</td><td>.</td></tr>
<tr><td>beliebige Zeichenkette</td><td>*</td><td>.*</td><td>.*</td><td>.*</td><td>.*</td></tr>
<tr><td>keine, eine oder mehrmalige Wiederholung</td><td>--</td><td>*</td><td>*</td><td>*</td><td>*</td></tr>
<tr><td>eine oder mehrmalige Wiederholung</td><td>--</td><td>+</td><td>\{1,\}</td><td>--</td><td>+</td></tr>
<tr><td>keine oder eine Wiederholung</td><td>--</td><td>?</td><td>\{0,1\}</td><td>--</td><td>?</td></tr>
<tr><td>n-malige Wiederholung</td><td>--</td><td>--</td><td>\{n\}</td><td>--</td><td>\{n,n\}</td></tr>
<tr><td>n- bis m-malige Wiederholung</td><td>--</td><td>--</td><td>\{n,m\}</td><td>--</td><td>\{n,m\}</td></tr>
<tr><td>mindestens n-malige Wiederholung</td><td>--</td><td>--</td><td>\{n,\}</td><td>--</td><td>--</td></tr>
<tr><td>Klasse von Zeichen</td><td>[...]</td><td>[...]</td><td>[...]</td><td>[...]</td><td>[...]</td></tr>
<tr><td>Komplement-Klasse von Zeichen</td><td>[!...]</td><td>[^...]</td><td>[^...]</td><td>[^...]</td><td>[^...]</td></tr>
<tr><td>Zeilenanfang</td><td>--</td><td>^RA</td><td>^RA</td><td>^RA</td><td>^RA</td></tr>
<tr><td>Zeilenende</td><td>--</td><td>RA$</td><td>RA$</td><td>RA$</td><td>RA$</td></tr>
<tr><td>Wortanfang</td><td>wort*</td><td>--</td><td>--</td><td>\<RA</td><td>--</td></tr>
<tr><td>Wortende</td><td>*wort</td><td>--</td><td>--</td><td>RA\></td><td>--</td></tr>
<tr><td>a oder b (Alternation)</td><td>--</td><td>RA1|RA2</td><td>--</td><td>--</td><td>RA1|RA2</td></tr>
<tr><td>\runde Klammern</td><td>--</td><td>--</td><td>\(RA\)</td><td>\(RA\)</td><td>--</td></tr>
<tr><td>n-ter Teilausdruck</td><td>--</td><td>--</td><td>\n</td><td>\n</td><td>--</td></tr>
</table>

RA, RA1, RA2 stehen für reguläre Ausdrücke.

Zu **awk** und **egrep** sei noch folgendes angemerkt:

- runde Klammern:
  (*r*) deckt den gleichen String wie *r* ab; um vorgegebene Prioritäten aufzuheben

- Die Priorität der Operatoren (in aufsteigender Folge):
  |
  Konkatenation
  *** + ?** (besitzen untereinander gleiche Priorität)
  ( ) (besitzen untereinander gleiche Priorität)

- Die Operatoren *****, **+** und **?** beziehen sich immer auf das vorhergehende Zeichen; sollen sie sich auf einen längeren Ausdruck beziehen, so ist dieser mit **(..)** zu klammern. Um runde Klammern in einem Text abzudecken, ist deren Sonderbedeutung mit \ auszuschalten: **\(** bzw. **\)**. Die Alternation kann bei **egrep** auch durch ein Neuezeilezeichen (Carriage-Return) angegeben werden.

B Die Datei kaltabel

(zur Verwendung beim Lesen des Kapitels 2.2)

Für viele Beispiele in Kapitel 2.2 wird die Datei *kaltabel* als Eingabedatei benutzt. Diese Seite kann der Benutzer verwenden, wenn er sich bei den entsprechenden Beispielen ein ständiges Nachschlagen dieser Datei auf der entsprechenden Buchseite ersparen möchte.

Die Datei *kaltabel* beinhaltet folgende Nährwert-Tabelle:

Lebensmittelname	*kcal*	*Eiweiß*	*Kohlen-hydrate*	*Cholesterin*	*Lebensmittelgruppe*
	bei 100 g				
Roggenbrot	222	7.5	45	0	Brot
Tintenfisch	68	15.3	+	170	Seefisch
Pumpernickel	201	5	43	0	Brot
Filet	182	18.6	+	60	Schweinefleisch
Bierschinken	235	15.5	+	85	Wurst
Spaghetti	362	12.5	75.2	0	eifreie Teigwaren
Aal	281	15	+	142	Suesswasserfisch
Leberwurst	420	12.4	+	85	Wurst
Hering	201	16.8	+	85	Seefisch
Vollkornnudeln	343	15	64	0	eifreie Teigwaren
Rotwurst	400	13.3	+	85	Wurst
Weissbrot	238	7.5	48	0	Brot
Kotelett	193	19	+	70	Schweinefleisch
Makrele	180	18.8	+	70	Seefisch
Karpfen	115	18	+	0	Suesswasserfisch

+ bedeutet dabei in Spuren

Falls die Bezeichnung der Lebensmittelgruppe sich aus mehreren Wörtern zusammensetzt (wie z.B. eifreie Teigwaren), dann sind diese Wörter durch ein Leerzeichen (nicht Tabulatorzeichen) voneinander getrennt.

Stichwortverzeichnis

D

E

F

G

I

K

L

M

N

O

P

R

S

T

V

W

Z